慧海拾珠

中华历史千问

Classic Reading And Collection

探寻华夏文明发展之路·解读中华千年璀璨历史

王永鸿　周成华◎主编

陕西新华出版传媒集团
三 秦 出 版 社

图书在版编目（CIP）数据

中华历史千问 / 王永鸿，周成华主编. —西安：三秦出版社，2012.1（2022.6 重印）

（慧海拾珠）

ISBN 978-7-5518-0076-1

Ⅰ. ①中… Ⅱ. ①王… ②周… Ⅲ. ①中国历史—问题解答 Ⅳ. ① K2-44

中国版本图书馆 CIP 数据核字（2012）第 006062 号

慧 海 拾 珠

中华历史千问

王永鸿　周成华　主编

出版发行	陕西新华出版传媒集团　三秦出版社
社　　址	西安市雁塔区曲江新区登高路 1388 号
电　　话	（029）81205236
邮政编码	710061
印　　刷	永清县晔盛亚胶印有限公司
开　　本	787mm×1092mm　1/16
印　　张	15
字　　数	400 千字
版　　次	2012 年 1 月第 1 版 2022 年 6 月第 3 次印刷
标准书号	ISBN 978-7-5518-0076-1
定　　价	46.00 元

网　　址　http://www.sqcbs.com

前言

中国是一个由56个民族长期共同缔结而成的多民族国家。它具有悠久的历史、光辉灿烂的文化、广袤的土地。中华民族数千年的古老文化不仅照亮了世界的东方，对世界文化历史的发展所作出的贡献也是不可磨灭的。因此，学习祖先所创造的历史文明，继承并发扬祖先艰苦奋斗、勤劳勇敢的精神和不畏强暴、敢于抗争的光荣传统是每个华夏子孙树立民族自信心和自豪感，培养爱国主义精神的源泉。

历史是一部教科书，我们祖国的历史，更能教育、激励、鞭策我们积极向上，奋发前行。学习历史，就是要了解它的过去，认清它的未来。历史的风帆，从来都是在乘风破浪中前进的，不论遇到什么样的大风大浪、困难险阻，它都不会改变航行的方向，依然沿着人类社会发展的轨迹前进。

中华民族的历史源远流长，治乱兴衰交错更迭，其中不乏可歌可泣的民族抗争史，也不乏悲痛屈辱的民族血泪史。古有云：以铜为镜，可以正衣冠；以人为镜，可以知得失；以史为镜，可以知兴废。历史不是简单地记录事件的发生，史学家们所争论不休的也绝不仅仅局限于无足轻重的细枝末节，学习历史的目的是为了了解历史、感悟历史，借鉴前人得失，古为今用。

本书在吸收国内史学研究成果的基础上，全方位介绍了中国历史的基础知识，生动、真实、客观、全面地反映了中国历史中的重大事件、重要人物、科技文化的突出成就，内容涵盖政治、军事、经济、文化、外交、科技、法律、宗教、艺术、民俗等各个领域。本书将中华文明悠久历史沉淀下来的丰富资料按历史编年的形式进行编排，记述了中国从原始社会至辛亥革命前的历史进程，是一本通俗易懂且全面介绍中国历史的简洁读本。

本书的主旨就是以全新的视角解读中国历史，以最新的形式整合中国历史，带读者跨越千年时光，全面领略中华民族博大精深、源远流长的文化传统。我们的祖先，无论是社会下层的劳苦大众还是社会上层的才俊精英，他们都对中华民族的辉煌历史作出了巨大贡献。本书以冷静客观的态度进行“历史叙事”，把评判留给读者，我们更倾向于对中华民族伟大的祖先的辉煌成就予以肯定，并为我们祖先的智慧和成就感到骄傲。

第一章 原始社会 1

第五章 魏晋南北朝......43

第一章　原始社会

早期的中华人类有哪些？

猿人出现于距今500万年前。中国境内发现的元谋猿人、北京猿人、蓝田猿人、和县猿人等，在科学研究上有极其重要的阶值。

直立人文化发展的重大突破就是火的使用。直立人向智人发展，距今20万～10万年之间。4万年以前晚期智人就形成了。

中国晚期智人丰富宝贵的材料历来为世人所重。地理环境和气候的变化对人类的形成和发展具有重要影响。在晚期智人阶段，各地人类遗传造成了肤色、毛发、鼻唇等体质和面貌的差别，逐渐形成了黄、白、黑、棕等几大人种。后期，人类社会步入文明时代，社会面貌日新月异，原始时代遂告结束。

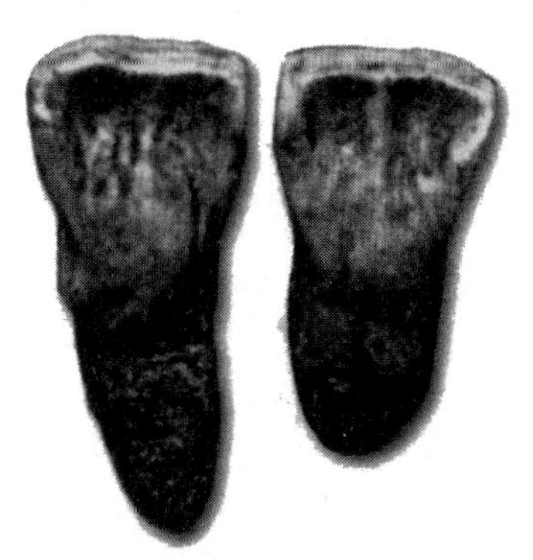

元谋猿人牙齿化石

什么是旧石器时代？

旧石器时代指的是原始人普遍使用打制石器的时代。旧石器时代中期与早期智人阶段相合。这个时期的石器主要以用石片制作的刮削器和三角形的尖状器为主。

在中国，旧石器时代晚期文化分布得很广。据统计，中国华北地区所发现的旧石器晚期遗址就有100多处，如峙峪文化、小南海文化、山顶洞文化、水洞沟文化、下川文化等都有重要而丰富的遗存，就连西藏、台湾、贵州、云南等地区也有不少发现。

什么是新石器时代？

距今大约1万年前，人类社会步入了新石器时代，它指的是原始人普遍使用磨制石器的时代。新石器时代最具代表、最显著的特征就是原始农业的出现，它起源的时间和西亚地区大致相同。陶器的制造、磨光石器的广泛流行、原始畜业的出现等，也具有重要影响。磁山文化、裴李岗文化、河姆渡文化以及甘肃秦安大地湾遗址的粟类、稻谷堆积和石制、骨制农具的大量发现对新石器时代农业情况的研究具有极其重要意义。在新石器时代末期，金属的使用有逐渐增多的趋势。

原始社会的社会组织是怎样的？

就社会组织情况看，人类开始还没有系统的社会组织机构，当时还只是松散的原始人群。随着社会生产力的发展和人的思维水平的提高，婚姻形式逐渐由没有任何限制的杂交（排除了祖先与子孙、父母与子女的婚姻），变成按辈分通婚，人类社会逐渐发展到血缘家庭公社时期。而氏族公社随着人类体质、智慧和劳动技能的发展逐渐代替家庭血缘公社，成为社会

主要组织形式。也许从旧石器时代中期开始，随着族外群婚的发展，氏族制度已逐渐萌芽。

你知道蓝田猿人吗?

中国旧石器时代文化遗址分布很广，其地点多在山前地区或者两条河流的汇合处。这样的地方便于采集、狩猎和生活，符合初期人类发展的需要。

20世纪60年代中期，在陕西蓝田县东的公王岭和县西北的陈家窝发现有中更新世时代的猿人化石，被称为“蓝田猿人”。公王岭发现有猿人的头盖骨，头盖骨甚低平，骨壁极厚，脑容量约为780毫升，具有比较原始的特征；鼻骨、右上颌骨和三颗臼齿，属于同一个30多岁的成年女性。陈家窝发现有猿人的一个完好的下颌骨并附连十三颗牙齿，属于老年女性。专家们对化石的年代存有争议。一般认为公王岭猿人距今约为100万年，陈家窝猿人距今约50万年。蓝田猿人遗址还发现有数十件石器和四五十种动物化石。

你知道北京猿人吗?

20世纪考古学和古人类学的重大收获是“北京猿人”的发现和研究。北京猿人遗址在北京西南的周口店龙骨山，文化堆积层厚达40多米，原为一个长约140米、宽约20米的山洞。北京猿人的肢骨虽然带有一些原始性质，如股骨稍稍向前弯曲，因管壁厚而使髓腔较小、股骨主干上部平扁等，但是其总体特征则与现代人相近。这是长期劳动所形成的体质进化的结果。根据五个成年人头骨化石测算的结果，可以知道北京猿人的平均脑容量为1088毫升，比南方古猿的脑容量大一倍。

你知道北京猿人是怎样生活的吗?

北京猿人在周口店一带先后生活近50万年之久。

据研究，北京猿人采用砸击、锤击、碰砧等方法制造石器。石器分为刮削器、尖状器、石锥、雕刻器、砍砸器、石球等六类，其中以刮削器、尖状器居多。北京猿人遗址所发现的各种石器有十万多件，此外还有大量石片和石核。北京猿人的用火遗址是目前所能见到的内容最丰富的古人类的用火遗迹。北京猿人遗址有四层面积较大并且较厚的灰烬层，有的灰烬层厚达6米。灰烬层里不仅有木炭，而且有因被烧烤而布满龟裂纹的石块和石器、因烧烤而扭曲变形的鹿角、烧烤过的朴树籽和各种兽骨等。根据各种方法测定，北京猿人底部堆积层形成于70万年前，顶部堆积形成的时间距今23万年左右。

猿人时期的物质生活极其匮乏，据统计，在北京猿人的40个个体中有半数是夭折的，大多死于40岁以下。

你认识许家窑人吗?

“许家窑人”于20世纪70年代中期在山西阳高许家窑村和与其紧临的河北阳原侯家窑发现，是目前中国旧石器中期古人类化石和文化遗物最丰富、规模很大的遗址。这一带所发现的古人类化石主要有顶骨11块、枕骨2块、附有4颗牙齿的左上颌骨1块、右侧下颌骨1块、牙齿2枚。这些化石材料分属于10多个男女老幼不同的个体，既有幼儿，又有年过半百的老人，平均寿命在30岁左右。

总的看来，许家窑人的体质特征既具有一定的原始性，又比较接近于现代人。有的专家推测许家窑人是北京猿人向智人过渡的一个类型，是曾在周口店地区居住数十年之久的北京猿人后裔外迁的一

支。许家窑遗址所发现的文化遗物中，石制品、骨器和哺乳类动物化石的数量都很多。许家窑人的石制品至今所发现的有3万多件，其类型虽然和北京猿人的石器属同一传统，但在技术上却大有进步。例如用厚石片加工而成的龟背状刮削器，其形状劈裂而平直，背部隆起，周围边缘为刃口，可用于剥皮、刮肉、加工兽皮等操作。还有一种短身圆头形的刮削器，圆弧形的刃缘多经过精细的加工。石器类型有刮削器、尖状器、雕刻器、钻孔器、砍斫器和石球等。其中最为引人注目的是石球，这一带遗址中发现的石球有1500多件，最大的重1284克，最小的只有112克。

你知道大荔人吗？

20世纪70年代末期，在陕西大荔甜水沟的砂相砾层中发现一个保存完好的头骨化石，属于一位年龄不到30岁的男性青年，定名为“大荔人”。大荔人头顶低矮，眉脊粗壮，骨壁很厚，与北京猿人接近。但是其顶骨较大，枕骨隆凸前面呈凹陷状，鼻骨窄长，眼眶近乎方形，虽然颧骨较为朝前，可是吻部并不突出，脑容量达1120毫升，这些特点又比北京猿人进步。

你知道丁村人吗？

“丁村人”是20世纪50年代初期在山西襄汾丁村一带发现的，遗址散布在汾河两岸，其晚期文化距今约7万年。这里有旧石器时代早期直至晚期的丰富文化遗址，发现了一个十二三岁儿童的两颗门齿和一颗臼齿化石，其臼齿咬合面结构形态介于猿人和现代人之间，齿冠舌面中部低陷呈铲形，与现代黄种人较为接近。在砂砾层中还发现一个大约两岁小孩的右顶骨化石，它比北京猿人小孩的顶骨薄，显示了人类体质的进步。丁村人所用石器的原料是附近东山上的角质岩砾石。

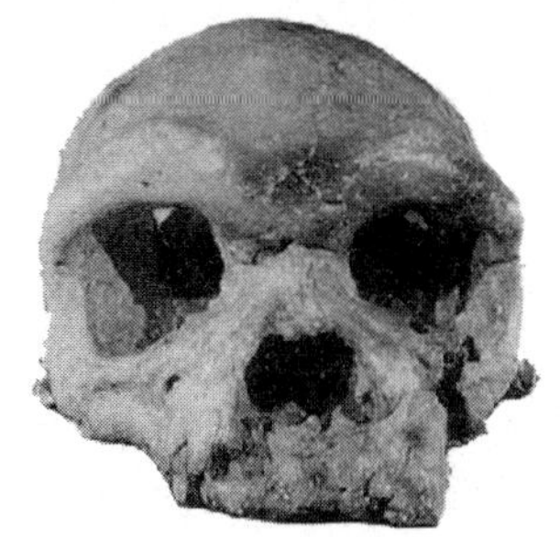

丁村人头骨

你知道马坝人吗？

在中国原始人类区域分布上，位于东南方的代表是20世纪50年代末期发现的“马坝人”。马坝人的时代比许家窑人要晚，属于更新世中晚期。当时在广东曲江马坝狮头峰的岩洞中发现有额骨、顶骨、眼眶和鼻骨，虽有残缺，但对于复原当时人的体貌亦有重要意义。这些化石属于一个中年男性，仍有相当大的原始性质，如眉脊粗壮，鼻骨较宽等。但是马坝人的头骨比北京猿人高，眉脊上方不再深陷，而是与额骨相续，脑容量估计有1225毫升，这说明它与北京猿人相比已经有了不少进步。和马坝人一起被发现的哺乳类动物化石有熊、熊猫、犀牛、鹿、剑齿象等。

你知道中国的晚期智人吗？

晚期智人又称现代智人，过去曾被称为“新人”，生活在旧石器时代晚期，距今4～1万年左右。旧石器时代晚期较早阶段的智人应当是柳江人。中国境内，从北疆到南陲，从喜马拉雅山到台湾，许多地方都有晚期智人化石或文化遗存发现，地点数以百计。“柳江人”是20世纪50年代末期在广西柳江通天岩的岩洞中发现的，化石包括一个完整的头骨、两段股骨以及髋骨、椎骨、肋骨等，脑容量为1480毫

骨角器

升。柳江人明显具有原始黄种人的特征。“资阳人”是20世纪50年代初在四川资阳黄鳝溪发现的，主要有颅顶部分保存完整的1件头骨以及腭骨化石，还发现一件刮制三棱状骨锥。“普定人”是20世纪70年代末和20世纪80年代初在贵州普定县新寨村的穿洞发现的。人类化石有下颌骨、上颌骨残部、牙齿等，分别属于老年、中年和儿童个体，后来又发现一个较完整的头骨化石。这个遗址出土石制品上万件，骨、角器近千件，还有用火遗迹和动物化石10余种。其中的骨角器是很有特色的文化遗存，骨器种类有锥、铲、叉等，角器则是用鹿角磨制而成的铲。

你知道保山人吗？

“保山人”是20世纪80年代后期在云南保山塘子沟发现的，主要有上颌骨2件、头骨和下颌骨各1件、牙齿3枚，分属4个青、中、老年个体。遗址还出土石器、骨器等500余件。遗址距今8000年左右，其石器全部为打制品，并且没有发现陶器，因此其文化仍属于旧石器时代晚期，可以视为南方地区新、旧石器时代过渡阶段的一个类型。

中国南方哪些地区还曾出现过原始人？

中国南方，发现晚期智人化石的还有江苏泗洪、浙江建德、广西都安、贵州水城和桐梓、云南呈贡和丽江等地。文化遗存丰富的，首推四川汉源的富林遗址，20世纪70年代初期在这里发掘时，仅在30平方米的小范围内就出土石制品5000多件。“富林文化”大约距今两万年。

中国北方有原始人吗？

中国北方地区晚期智人的遗址分布也很广泛。20世纪20年代初期有内蒙古乌审旗萨拉乌苏发现一枚被称为“河套人”的幼童门齿化石。20世纪50年代以来，在萨拉乌苏遗址又进行了多次发掘，发现人类的顶骨、枕骨、额骨、下颌骨、肩胛骨、肱骨等共20多件，还有大量石制品以及动物化石。河套人的时代在距今5万年～3500年。20世纪60年代前期在山西朔县峙峪发掘出人类的一块枕骨化石，石制品1500余件，其中有一件用薄长石片磨制的尖端周正的燧石箭头，为弓箭的最初使用提供了物证。

你知道山顶洞人吗？

“山顶洞人”是晚期智人的代表。山顶洞遗址位于北京周口店龙骨山的山顶，洞口高4米，下宽5米，分为洞口、上室、下室和下窨四个部分。上室为居室，南北宽8米，东西长约14米，地面中部有一堆灰烬。洞口和上室发现 有幼儿残头骨、骨针、装饰品和少数石器。下室在洞穴西半部稍下处，有一垂直陡崖与上室相隔。下室发现三具完整的人头骨和部分骨架化石，分别属于青年妇女、中年妇女和老年男子。人骨周围散布有赤铁矿粉末，并有许多装饰品。下室深处为竖井式深洞的下窖，发现许多没有经过扰动的兽骨架。

新石器时代是从什么时候开始的？

中国大部分地区从距今大约1万年开始陆续进入新石器时代。新石器时代区别于旧石器时代的主要标志是陶器制造的开始、农业的出现、居民村落的普及、氏族制度的形成等。新石器时代延续了五六千年之久，到距今4000年左右结束。这是人类由蒙昧走向文明的过渡阶段，是原始历史上的“野蛮时代”。

新石器时代分为哪几个时期？

按照时间顺序，新石器时代可以分为早期、中期和晚期三个阶段。大体说来，仰韶文化以前是早期，在距今10 000～7000年；仰韶文化属于中期，在距今7000～5000年；龙山文化是其晚期，在距今5000～4000年。

你知道老官台文化吗？

20世纪50年代末在陕西华县老官台发现了位于黄河流域上游泾渭流域的新石器时代早期文化——“老官台文化”。可以分为早、晚两期。早期的“北刘类型”发现有半地穴式房址5座、以单人仰身直肢葬为主的墓葬50座，还有一些窖穴。陶器质地松脆，多夹砂，颜色不匀，但有目前中国最早的彩陶。北刘类型距今约8000～7300年。老官台文化的晚期称为“北首岭类型”，以20世纪70年代后期发现的陕西宝鸡北首岭遗址的下层文化为代表。这个类型的文化距今约7000年，是北刘类型的继续和发展。

你知道兴隆洼文化吗？

北方地区时代较早的新石器时代早期文化有“兴隆洼文化”。兴隆洼文化距今7000多年。20世纪80年代前期在内蒙古敖汉旗兴隆洼发现了由灰土带所围绕的半地穴式房址120多座。陶器为手制褐陶，常附以压印纹、堆纹、网格纹等。石器有石铲、磨盘、磨棒、凿等。辽宁阜新县查海遗址也有重要发现。遗址发现了具有红山文化特征的“之”字纹筒形罐，还有锄、斧、刀、铲、磨盘、磨棒等比较齐全的石质农具。其年代距今7500年左右，是新石器时代中期的红山文化的前身，又被称为“前红山文化”。

你知道彭头山文化吗？

长江流域时代较早的新石器时代早期文化有“彭头山文化”。彭头山文化距今在8200～7800年。这个文化遗址于20世纪80年代末期发现于湖南澧县彭头山，有墓葬18座、灰坑15个，还有稻壳和稻谷的遗存，是世界上已知最早的稻作农业资料。陶器制作工艺粗糙，较大的陶器多以泥片贴塑法成形，小的陶器直接用手捏塑。石器多为打制，也有少数加工较精的磨制石器。

你知道仰韶文化吗？

仰韶文化是新石器时代中期最有典型意义的文化。它因1921年首次发现于河南渑池县仰韶村而得名。这种文化的遗址迄今已经发现1000多处，其中心区域在黄河中游，遍布中国北方的陕西、河南、山西、河北等省的大部分地区，并远及甘

仰韶文化陶器

肃、青海、内蒙古、湖北等省区。仰韶文化是在裴李岗文化、磁山文化、老官台文化等的基础上发展而形成的。广泛分布的仰韶文化可以划分为许多类型，可以说新石器时代中期是区域文化发展十分繁荣的阶段。

你知道半坡遗址吗？

“半坡类型”因西安半坡村遗址而得名。该遗址发掘出房基40多座、各类墓葬200多座、陶窑6座，其彩陶全部是红陶黑绘，所绘人面鱼纹、对顶三角纹、鹿纹等纹样都极有特色，展现了仰韶文化时期的村落面貌。陶器均为手制，绝大多数为夹砂或泥质红陶，器表除了绳纹、弦纹等以外，剔刺纹是其最富特征的纹饰。这个类型著名的遗址除了西安半坡外，还有陕西宝鸡北首岭、临潼姜寨等，分布在关中平原及其附近地区，其时代在距今6700~6000年。

你知道仰韶文化还有哪些典型代表吗？

距今在6000~5200年，和半坡类型分布区域一致而稍广的是“庙底沟类型”。它是半坡类型的继续发展。这个类型的遗址中富有特色的器物有植物花纹或鸟形花纹图案的彩陶盆、双唇小口尖底瓶、曲腹钵、砂陶罐等。另外还有“西王村类型”，其陶器的彩绘花纹简单，陶器中灰陶比例比半坡类型和庙底沟类型都高。“大河村类型”陶器盛行白衣彩陶和双色彩陶，有一整套造型固定的彩陶器物。“南杨庄类型”陶器以泥质红陶和灰陶为主，彩陶只占很小比例。

你知道大汶口文化吗？

大汶口文化的区域在仰韶文化以东，得名于山东泰安和宁阳交界处的大汶口遗址。在这个遗址发掘了133座墓葬，出土陶器1000多件，有1/3以上的墓葬用猪骨随葬，特别是完整的猪头骨来随葬。其早期陶器均手制，烧制火候不高，多为红陶；中期以后，灰陶、黑陶增加；到了晚期则采用轮制技术生产大件器物。属于大汶口文化的有江苏邳县刘林遗址、山东胶县三里河遗址、江苏新沂县花厅遗址等都有殉猪现象，说明大汶口文化时期饲养业发达，所以才有用猪随葬的习俗。大汶口文化分布在鲁中、南和东南的丘陵地区以及江苏淮北一带。大汶口文化的时代在距今6300~4600年，延续近1700年之久，其后发展成为山东龙山文化。

你知道红山文化吗？

红山文化分布在辽西及其附近地区，是彩陶和细石器共存的一种新石器时代中期的文化。其陶器以横“之”字形纹和直线划纹为最富特征的纹饰。辽宁喀左东山嘴遗址除发现石砌建筑群以外还出土了两类陶塑裸体女像。凌源县和建平县交界处的牛河梁有积石冢、“女神庙”、大型祭祀遗址、墓葬等重要发现。其转山“金字塔”式建筑存有夯筑石砌圆形台阶，规模宏伟，基部直径100余米，残存高尚有20余米。红山文化的陶钵、圆腹罐等与仰韶文化后岗类型、半坡类型的很相似，可以推测其时代是相近的。

你知道陕西的龙山文化吗？

以渭水流域为主并遍布陕北、陕南许多地区的陕西龙山文化一般分为早晚两期。房屋以半地穴式为主，有内室和外室。在外室，正对斜坡出口处常有炊爨或保存火种的壁龛；在内室，有储藏粮食的袋形窖穴。临潼康家遗址发现有成行排列

龙山文化遗物

的100多座房屋基址，其布局为考察当时社会结构情况提供了资料。陶器以灰陶为主，也有些红陶，器形和纹饰多有与其以东的河南龙山文化、以西的齐家文化的相似之处，反映了这几个文化之间的相互交流。齐家文化距今4000年左右，得名于甘肃广河县齐家坪遗址，在甘肃以及青海、宁夏、内蒙古等地广泛分布。齐家文化的房屋多半地穴式建筑，居室铺一层白灰面，不仅坚固美观，而且防潮，很有特色。齐家文化的制陶业比较发达，当时已掌握了复杂的烧窑技术，这与齐家文化颇具特色的冶铜业的出现很有关系。

你知道岭南地区的石峡文化吗？

石峡文化是岭南地区有代表性的新石器时代晚期文化，得名于广东曲江石峡遗址，其时代在距今4000～5000年。石峡文化发现大量石制工具和作为武器的石钺和石镞，最具特色的是薄体利刃的长身亚腰式及双肩式的石钺。其遗址还发现有琮、瑗、璧等贵重玉器。其陶器盛行三足器、圈足器和圜底器。

你知道新石器时代的农业发展情况吗？

由于不同的自然环境，南方与北方的农业发展在新石器时代已显露出地域差别。北方地区以粟为主，半坡遗址中的一些瓮、罐和室内小窖都发现有粟的遗存。南方地区多有稻作农业的遗物。河姆渡遗址普遍发现稻谷、谷壳、稻秆、稻叶等的堆积。当时的农业生产工具除了石器以外，还有骨器、木器、陶器等，也有木柄的石斧和石锛，装柄的骨镰和蚌镰，有柄的鹿角镐等许多采用复合形式的工具。属于仰韶文化的河南临汝阎村遗址的沙质红陶缸和属于大汶口文化的山东莒县陵河遗址的灰陶陶缸，分别绘有石斧、石锛图像，展示了工具制造的捆扎组合的方法。

你知道新石器代的墓葬情况吗？

新石器时代是氏族组织高度发展的时期。裴李岗墓地的114座墓葬皆为长方形竖穴，排列密集并且有一定规则，以单人直肢埋葬方式为主，墓穴虽略有大小之分，但是随葬品却都较少而且差别不大。随葬品皆为生产和生活的实用器物，可知此时生产力水平低、氏族组织的规模不大，氏族成员间往往比较平等。半坡遗址的中心是一座大型的近乎方形的房屋，为氏族公共活动场所，在它北面的45座中、小型房子都面向大房屋，形成一个半月形。

随着社会生产力的发展，氏族内部的家族势力逐渐强大，慢慢变成氏族内部很有影响的一个阶层。到了仰韶文化早期，这种排列密集且直肢埋葬方式仍居主要地位。

你知道仰韶文化时期的原始村落吗？

陕西临潼姜寨遗址是一处典型的仰韶文化时期的原始村落,和半坡遗址类似。这种原始村落是一个组织严密的社会集团，每座房屋都是一个供单独生活的单位，可以推测，属于对偶家庭范畴的小家庭已经是氏族组织的基本细胞。原始时代往往由

几个氏族组成胞族，若干胞族组成部落。姜寨这样的村落应当是一个胞族的聚居地，其人口大概450～600人。属于“兴隆洼文化”的原始聚落遗址在其早期阶段，居住基址布局十分规整，可见其房屋是统一营建的。到了其晚期阶段，房址冲破了整体统一的格局，房屋室内面积变小，说明当时人们的生活方式已经有了变化。

你知道什么是母系氏族公社吗？

母系氏族公社的初期阶段约为距今10万年至1万年，为旧石器时代晚期。这时人类的体质特征已与现代人基本相同，学术界称为晚期“智人”，亦称“新人”，在中国已发现的代表性人类化石有山顶洞人。

母系氏族公社是氏族社会的主要阶段。妇女居于支配地位，丈夫居住在妻方，辈分从母系计算，财产由母系继承是其主要特征。实行同一氏族内部不许通婚、只有不同氏族之间的同辈男女可以互为夫妻的族外婚制。后来发展为对偶婚，就是在互婚的男女群中各有一个主要配偶，但不严格。因此，所生子女仍知母不知父。这时氏族共财，实行原始共产主义。母系氏族公社分为初期和发展时期两个阶段。

母系氏族公社的发展时期始于距今10 000年左右。从这时起，人类所用石器主要为磨制石器，考古学上称之为新石器，称此时代为新石器时代。此时已发明并使用陶器，这是原始人类文化的一大进步。

你知道什么是父系氏族公社吗？

父系氏族公社时期为考古学上的新石器时代晚期和铜石并用时代。这一时期的生产工具仍以石器为主，还有木器、骨器、蚌器等。石器磨制得很精致，种类也增多，有石斧、石铲、石刀、石镰等。石斧的形体既大又厚，刃部锋利，便于砍伐。这些工具的进步，促进了农业生产的发展。饲养业也有很大发展，家畜种类增多。这时的手工业也有很大进步。陶器以轮制为主，生产速度快，质量好。

在父系氏族公社时期，死者生前的贫富差距很大，例如大汶口文化的墓葬大小不同，个别大墓有随葬品多达一百多件。其中一座大墓埋了一个成年女性，头上有象牙梳，手上有指环，左腕戴着一只玉臂环，颈部戴着大理石和松绿石串起的装饰品。此外，还有大量的随葬品如陶器、雕花象牙筒、猪头骨等。小墓的随葬品极少，有的只有一件獐牙，或有一个纺轮、一把蚌镰、一件陶鼎等。随葬用猪头骨或下颚骨，是死者生前的财产多少的象征，大墓多者用六十多个，少的只用一二个。

我们为什么被称为炎黄子孙？

著名的部落联盟领袖有炎帝和黄帝。炎帝即是神农，居于姜水流域，以姜为姓。他是农业生产和医药的发明者，用木制作耒耜，教民耕种；又曾尝百草，发现药材，教人治病。黄帝又称轩辕氏、有熊氏，居于姬水流域，以姬为姓。他的妻子、臣属发明养蚕、舟车、文字、音律、医学、算数等。传说中国的文明起源于炎帝和黄帝时代。因此“炎、黄”被奉为中华民族的祖先。

禅让是什么意思？

当时中原地区部落联盟领袖尧年老，选择舜为继承人，四岳十二牧（部落领袖）同意，尧传位给舜。舜老，又得四岳十二牧同意，传位给禹。这种职位禅让的做法仍是氏族公社选举制的传统，史称“禅让时代”。可见此时国家已在形成。禹在位时，天下诸侯（部落领袖）都“朝

禹”，禹已是帝王，国号夏。公元前21世纪，中国的历史进入奴隶社会。

原始社会有哪些著名的部落？

有关中国父系氏族公社瓦解的资料，在古代神话传说中保存甚多。不少传说表明，大约在4000多年之前，从黄河流域经淮河流域到长江流域，分布着许多父系氏族和部落。最为著名的有西方炎帝部落，北方黄帝部落，东方太皞部落和南方九黎部落。

原始社会有哪些著名的战争？

各部落间的战争，规模大的有过三次。第一次共工氏和蚩尤战争。共工同黄帝结成联盟，在黄帝支持下打败蚩尤。第二次是黄帝同蚩尤战争。蚩尤请出风伯雨师，黄帝请来旱神女魃，结果蚩尤被彻底打败，为黄帝所擒杀。第三次是黄帝同炎帝战争。在阪泉（今河北）开战，炎帝战败，炎帝部落也归服于黄帝统领，两部落合二为一。黄帝部落统一炎帝部落之后，由北向南发展，连打了许多胜仗，大多数部落都归服于他。他便成了传说中的中华民族的鼻祖。

你了解新石器时代人们的崇拜吗？

新石器时代的人们有不少关于女阴崇拜、男根崇拜、男女同体等方面的观念。相传原始时代原为兄妹后来配为夫妻的伏羲、女娲就是“二神混生”即男女同体的神的形象。当时的人们普遍关切人类自身繁衍的问题，各种生育崇拜都是对于这个问题思索的结果。青海乐都柳湾马家窑文化遗址发现一件泥质褐色彩陶壶，上面塑绘裸体人像。人像胸前有一对男性乳头，还有一对丰满的女性乳房，下身的生殖器既像男性又像女性。这种男女同体的情况还见于辽宁东沟县后洼红山文化遗址的一件陶塑，这件作品一面为男性，一面为女性。

原始人有没有宗教观念？

从旧石器时代晚期开始萌芽的原始宗教在新石器时代有了较快的发展，原始宗教观念存在着大量的落后、闭塞、愚昧的成分，但是也在一定程度上反映了当时人们对于宇宙和人生的思考。对于人类社会从蒙昧时代迈向野蛮时代的进程来说，原始宗教也有一些历史进步的因素。

新石器时代的迷信与科学常混杂一起而难以区分，在原始的宗教观念中往往有某些积极成分。占卜习俗是当时人们对于自然与社会进行探索的一种特殊方式。新石器时代文化的许多遗址发现有占卜用的甲骨。新石器时代的巫术主要有驱除魔鬼、诅咒敌人、比拟模仿等形式，施行巫术者最初可能是氏族内的长者、酋长或其他有威望的人，以后才出现了专门化的巫师。

这个时期的人们所敬慕的是英雄，是比自己更高大、更神圣的东西。新石器时代后期的器物上屡见云雷纹、饕餮纹等纹饰，以繁复的回旋纹路突出了神人或神兽的巨眼，在其上的云雷纹中还有神面和双眼，犹如天神在变幻莫测的云雷中俯视人间，其形象处于若隐若现之间，显得非常神秘。良渚文化常见以神人兽面像为主题的纹饰，神人和神兽的形象毫无和善妩媚之态，但却在狰狞与丑陋中表现出一种降龙伏虎般的威力之美。它能使人肃然，使人敬畏。

你知道古代历史中的五帝吗？

在中国上古时代的历史中，黄帝、颛顼、帝喾、帝尧、帝舜被尊称为五帝，是

最有影响的部落联盟首领。

在黄帝族所繁衍的众多子族中，颛顼与帝喾是时代较早的最著名的两支。颛顼又称高阳氏，帝喾又称高辛氏。颛顼和帝喾曾经对社会上的一些制度进行改革。那个时代的宗教正由低级向高级发展，颛顼顺应了这种形势，改变了以前人人都能与神灵交往的局面，使宗教祭祀专业化。颛顼的这些改革后来被称为“绝地天通”。

舜

尧是怎样成为部落联盟首领的？

尧，名放勋，号陶唐，所以又称唐尧，是帝喾以后的著名部落联盟首领。尧的时期，自然灾害严重，社会也不安定，尧就采取措施进行各种斗争，尧还命令羲氏、和氏观测日月星辰的运行情况以制定历法。尧的时期开始实行禅让制度。他在位的时候，洪水泛滥成灾，大家推荐鲧负责治水，尧认为鲧品德不好而无法担此重任，可是在大家的坚持下鲧还是被任命前往治水尧在年老的时候，让大家推荐继承人，大家一致推荐舜。尧便采取各种办法对舜进行考验和培养，证明舜确实合格以后才把权力让给他。

唐尧

舜是怎样成为部落联盟首领的？

舜正式继位以前，曾把权力让给尧的儿子丹朱，自己避居于南河之南。然而天下诸侯和民众却不信任丹朱而拥戴舜。在这种情况下，舜才正式继位。

舜是冀州人，出身微贱，曾在历山种过地，在雷泽打过鱼，在黄河之滨做过陶器，在寿丘做过家具，在负夏做过买卖。舜所在的应当是一个既善于农耕渔猎，又善于制陶手工的氏族。舜继位以后，部落联盟发展更快，高辛氏和高阳氏的许多首领都被舜所任命。舜还命禹为“司空”，主持治理洪水、平定水土的事情；命弃为“后稷”，主持谷物播种；命契为“司徒”，主持教化；命皋陶为“士”，主持刑罚。这反映了舜与各部落的广泛联系和受到尊崇的情况。

第二章　夏朝与商朝的奴隶制度

你知道我国历史上的第一个奴隶制国家吗？

夏朝是我国历史上的第一个奴隶制国家。奴隶主是由氏族贵族转化而来，处于统治地位。

夏禹时，军队人数就不少了。启强制夺取王位，遭到氏族制旧势力有扈氏的反对，启召集部队举行誓师大会，与有扈氏大战于甘（今陕西户县西南），并使用新式青铜兵器，克敌取胜，实现了“家天下”的目的。

夏朝是怎样进行统治的？

国王亦称天子，为了确保一个家族对广大奴隶的统治，夏王朝设立了一系列国家机器：中央设置六卿，协助夏王统治，主要官吏有羲氏、和氏，掌政教和农业；有牧正、庖正、车正等，分掌畜牧、膳食、车服等事；六卿掌军事。又有法律和刑罚，著名的监狱叫做“夏台”，用于镇压反抗行为。

在国家机器中任职的官吏，是脱离体力劳动的，他们专门负责征收捐税。以前的氏族社会完全不用捐税。

夏朝农业经济的发展状况如何？

夏朝实行土地国有制。土地所有权由原属于氏族公社而转向属于国家。原来的氏族成员这时转变为奴隶，在官府或贵族们的指挥下从事劳动，接受“贡法”。这是说每户奴隶领种公田五十亩，以五亩的产量为贡赋，即“什税一”。当时的主要农具为木器和石器，有木耒、木耜、石铲、石镰、石斧、石刀等，此外还有骨铲、蚌镰、蚌刀等。

据古籍记载，夏后氏的九牧必须“贡金”，土地税是“五十而贡”。即国家分配给每个农户以一定数量的耕地，令农民按耕地数量50%交纳捐税。不过土地质量不同纳税额也略有不等。规定各地根据当地物产品种纳贡，运输路程远近不同，可酌情增减贡物数量。

夏朝手工业的发展状况如何？

夏朝的手工业已相当发达，最有代表性的是青铜手工业。青铜是铜、锡合金。铜和锡一起冶炼，熔点低，合金硬度高。根据器具用途的不同，铜与锡的配合比例也有不同。青铜铸造技术是中国古代劳动人民的一项极为重要的发明。青铜器的出现标志着中国历史结束了野蛮时期，进入文明时期。制陶业也有进步，器型有觚、爵、角、盆、鬲、瓮等。此外还有玉器制造业，所制玉戈、玉琮、玉版等，技艺水平都很高。

夏朝奴隶的状况如何？

夏朝共传14世、17君，历471年。夏代的政权是奴隶主政权。当时两大对抗阶层是奴隶和奴隶主。奴隶称“众”“庶人”或“有众”。在奴隶主眼里他们是“会说话的工具”，奴隶主有权随意打骂或屠杀他们，如同牲畜，被称为“畜民”，是统治者的私有财产。

夏启是一个怎样的国王？

在夏王朝建立之初，夏启即好酒耽乐，其子太康更为荒淫。太康死后其弟仲康继位，同样荒淫无度，社会矛盾和夷夏矛盾日益尖锐。仲康死后，他的儿子相被立为国王。这时东夷族有穷氏势力正在由东向西发展，其首领羿乘机造反。羿后来又被伯明氏首领寒浞所杀。但是，寒浞这个贪婪行骗之徒，激起了奴隶们的反抗，将他杀死并煮食分吃了。

启像

你知道夏朝的“少康中兴”吗？

在长达四五十年的夷夏激烈斗争中，子相的儿子少康，利用矛盾，纠集势力，夺回夏王朝的统治，史称“少康中兴”。少康及其子后杼统治时期，夏政权有一度稳定发展期。

你知道夏朝是怎样灭亡的吗？

夏代到了夏王孔甲时，其统治开始走向崩溃，奴隶斗争、方国叛离的形势急剧发展。孔甲以后的四世是夏桀。夏桀荒淫无度，无端杀戮奴隶，摧残劳动力，严重破坏生产，是历史上有名的暴君。奴隶们群起反抗，誓与奴隶主统治者斗争到底。与此同时，统治阶级内部矛盾也日益激化，夏桀众叛亲离。在内外矛盾交锋之际，商族首领汤兴师伐夏，夏亡。

商朝为什么屡迁国都？

商朝建立后，中原地区屡遭洪水灾害，国都再度迁徙。从汤至阳甲时，迁都五次；又因贵族内部发生不少篡权夺位之事，国力一度衰弱。阳甲之弟盘庚即位后，自奄（今山东曲阜）迁都至殷（今河南安阳小屯），从此安定下来，二百七十余年未再迁都，直至商朝灭亡。商迁殷后，政治有所改善，社会比较稳定，经济、文化都有很大发展。武丁统治时期，国力很强盛。

商朝的国家机构是怎样的？

商的国家机构比夏代更加完善，主要表现在官制、军队和刑罚三个方面。商王是最高统治者，独揽大权。王之下设相，也叫做冢宰，是百官之长，辅佐商王以统治全国。相之下有小耤臣、耤臣、小众人臣等，管理农业生产；有工、多工，管理手工业生产；有卜、史、巫、尹等，为卜筮、记事之官；有马、射、多射等，为统领军征战之武官。商朝的地方政区以原有的部落或方国为单位，一般称作邑或方，以其头人方伯统治地方，后代称之为诸侯。商朝的军队庞大，有一定的编制。据甲骨文记载，商王一次出兵3000人或5000人，有时多达13000人。又记载商王编军队为左、中、右三师，士兵主要由平民组成，有时也有奴隶在内。

商朝农业的发展的状况如何？

商朝经济与夏朝相比有很大发展，农业生产规模相当大，种植的农作物有粟、黍、稻、麦等。

商朝亦实行土地国有制，广大农业劳动者是奴隶身份。借民力助耕公田。就是每户奴隶领田七十亩为私田，另外为官府贵族义务耕种公田七亩，其管理率亦为“什一”。对公田实行“包产到户”的大包干管理制度，又允许奴隶有“自留地”，这种管理方式大大提高了农奴的劳动积极性。所用农具为奴隶们私有。商代使用的农具，目前考古学界一般认为仍以石、骨及蚌制铲、斧、镰、刀等为主，偶尔也发现有一些铜锸、铜铲等青铜工具，但不一定用于农业生产。

商朝手工业的发展状况如何？

商代的手工业中的青铜冶铸、玉器制作和酿酒等手工业都很发达。

商代的手工业劳动者为奴隶身份，都是从农业生产中分离出来的专业技术队伍，并能通过创造性的劳动获得奖赏和自我解放，因之技术提高很快，比农业更为突出。代表性的手工业为青铜铸造业，此外还有制陶业、制骨器业、纺织业、木工、石工、玉工、漆工、酿酒等业。商代的青铜业有飞跃的发展，不但产量大，工艺水平也很高。青铜冶炼技术和青铜器制造工艺的高度发展，更集中反映了当时手工业的技术水平和时代特点。

此外，还有鼎等蒸煮器，盘等洗濯器。青铜还大量地用于制作兵器和生产工具。主要兵器有戈、矛、斧、钺、镞、刀等，主要生产工具有刀、锥、斧、锛、铲、凿、钻、针、鱼钩等，此外还有车马器和乐器。

商朝的商业发展状况如何？

商业已发展到一定水平，交易是用海贝、骨贝、玉贝和铜贝等作货币。

商代的商业在农业和手工业生产发展的基础上发展起来的，在各个生产部门内部分工日趋巩固和日益复杂的情况下，商代的商业有一定程度的发展。在周灭商后，据周公说在殷民中有一部分人是“肇牵车牛远服贾，用孝养厥父母”。这些人就是从事长途贩运贸易活动的商贾。殷都和其他重要城邑的贵族们，在日常生活中所需用的一些比较珍贵的物品，如龟、贝、玉、珠宝、青铜、皮毛、齿革、丝帛等，已参与商品流通。贝在商业交换关系中，已充作媒介、支付、价值尺度和贮藏手段。

玉贝

商朝是怎样灭亡的？

商朝后期，社会贫富差距拉大，贵族的生活奢侈，财大气粗，对待自己的奴隶财产不再珍惜。例如商王常用人祭祀祖先、鬼神。一次祭祀要杀奴隶数十人至数百人，最多达五百人。如用火烧死女奴以

求雨，将女奴投入水中以祭神等。有的奴隶被砍头、焚烧、宰割或活埋。奴隶主还用人殉葬。社会矛盾日益加剧，连年对外进行战争。百姓疾苦，国内矛盾加剧，奴隶们和破产平民们的反抗不断发生。这时，渭水流域的周族日益强大，乘商王朝空虚之机，发兵进攻商的别都朝（zhāo）歌（今河南淇县）。纣王战败后不愿做亡国奴，自焚而死。商朝建国六百余年，至此灭亡。中国历史上的奴隶制生产关系开始逐渐消亡。

你知道中国最早的文字吗？

商朝政府为了发展生产力，调动大批奴隶脱离体力劳动，专门从事文化、科学、艺术等方面的工作，创造了辉煌的商代文化，为中华民族的文化奠定了基础。

商代已有文字，刻在龟甲和牛肩胛骨上的，今人称之为甲骨文。甲骨文虽仍以象形为主，但也有些卜辞的文字整齐、笔画均匀、刻技熟练、字形美观。甲骨卜辞是商朝的国家档案。辞一篇约四五十字，最长的有百字左右。在少量铜器上亦铸有一些文字，称为铜器铭文。铜器铭文长的有四五十字，短的只有一二字或五六字。当时的人们信奉神灵，凡遇祭祀、征伐、田猎、疾病、农业的丰歉等大事，都要用占卜的方法询问鬼神，祭拜祖先的灵魂来保佑子孙后代。

商代的历法的发展水平如何？

商代的历法已相当完善，为阴阳合历，以太阴（月）纪月，以太阳纪年，用闰月调整季节。平年12个月，闰年13个月，年终置闰，叫做十三月。大月30日，小月29日。商代后期，也在年中置闰。用干支纪日，十干和十二支相配合，六十日为一个周期。在祖甲以后，历法又作了改进，将闰月置于年中，甲骨文中有祖甲三年闰九月的纪录。甲骨文中还有“今春”“今秋”和“日至”等记载，当时已有季节划分，可能已有了二分（春分、秋分）、二至（夏至、冬至）。商代的天文学和历法的进步，与农业生产的发展有密切关系。

西周是一个怎样的历史时期？

周朝处于中国奴隶社会向封建领主制社会的大转型时期。这一时期从西周奴隶社会的盛极巅峰跌落至东周春秋战国诸侯混战的深渊，人文社会大动荡、大分化、大组合。各种政体、多种经济、军事兵法、哲学思想纷纷登上历史舞台，形成一个百花齐放、百家争鸣的开放局面，最终为秦始皇一扫六合、统一中华、建立中国第一个大一统的封建君主制帝国奠定了基础。

周武王灭商，标志着中国的奴隶制时代基本结束，封建社会的初期阶段即封建领主制（亦称农奴制）阶段开始。这一社会阶段经历了西周、春秋和战国三个时期，至秦始皇统一六国后，中国的历史进入以地主阶层为代表的官僚体系阶段。

西周是怎样兴起的？

周族原居于今陕西渭水中游以北，是戎族的一支。传说有邰（tái）氏之女名姜嫄，踩了“巨人”的脚印而生弃，弃是周族的始祖。弃善于经农，为尧的农师。舜封他于邰（今陕西武功），号后稷，以姬为姓。弃的四世孙公刘迁居于豳（今陕西旬邑），社会经济有了较快的发展。公刘之后又九世，传到古公亶父，古公亶父死，子季历立，季历后被商王文丁所杀。季历之子昌立，商封之为西伯，后世谥号为文王。文王曾被商纣王囚于羑里（今河南汤阴），后被放回。西周以后出现“仕者世禄”的政治制度——贵族精英世卿世禄制度。这时的周人已进入封建社会的初期阶段——封建领主制社会，或称封建农奴制社会。

西周的宗法制是怎样发展来的？

宗法制度是由原始社会末期的父系制演变而来的，是以嫡长子继承制为基本特点的权力分配制度。周王为天下的大宗，其嫡长子为宗子，是王位继承者，称世子；庶子为小宗，周王封其为诸侯，或留在中央为卿、大夫。诸侯、卿大夫或士，各为本支的大宗，其嫡长子为职禄继承者；庶子为小宗，再分封。此小宗又为本支的大宗，如此推演无穷。周王被视为天之元子，受天之命以君临人间，所以称“天子”。

西周的官职是怎样分类的？

西周官职分为冢宰、司徒、宗伯、司马、司寇、司空六卿。冢宰就是宰相，统率百官，辅佐天子。司徒管土地和人民，宗伯管王族事务，司马管军事，司寇管刑法，司空管公共工程。

什么是分封制？

西周的地方行政制度是“分封制”，所封诸侯都在王畿以外，各建邦国。受封者称为诸侯，诸侯对天子有隶属关系，有镇守疆土、捍卫王室、交纳贡税、朝觐述职的义务。

诸侯在封国内是君主，初封时就是半独立状态，在封国内亦实行分封制。国内土地的一部分归诸侯直辖，一部分土地作为采邑分封给他的卿大夫，卿大夫又以同样情况分土地给士，士直接统治庶民。封国内的层层分封制也是与宗法制度相结合的，就是嫡长子世袭制。这样的层层分封，形成为一座政治权力金字塔的政权体系。自天子至士，为各级贵族，庶民主要是劳动者。

西周的田地是怎样分类的？

贵族们将田地分为两类：一类为分封给贵族的土地，名“公田”，由所属农奴们集体无偿代耕，就是劳役地租；另一类大致以百亩为单位分给农奴各家耕种，收获物归农奴所有，以保证农奴自生自养。

西周时期青铜铸造业的发展水平如何？

工匠和商贾都是官家（贵族）的食客、家仆，类似于雇员，主要为封建领主贵族的政治或生活需要而从事工商管理和代理活动。由于商品经济不发展，独立经营的手工业者和商人极少。

青铜铸造业是西周时期的主要手工业，其技术继承了商代而有所发展。器形和数量都比商代增多，主要青铜器有礼器、兵器、手工工具、生活用具和车马饰等。有些铜器的铭文，记载着封建贵族赏赐、赠送、交换、赔偿土地、奴隶或其他财物的情况，也有记载战争的。周宣王时的毛公鼎有铭文497字，记载了宣王诰诫和赏赐其臣毛公的情况；这些铭文从不同角度反映了当时的政治和社会的一些重要情况。

西周时期手工业的发展水平如何？

制陶业也有发展，除制作一般陶器之外，原始瓷的制作也有进步。纺织业有家庭副业，也有专为贵族们的生活需要而生产的。所用原料有丝、麻、葛和羊毛等。丝织业的发展较快，大约在西周后期，出现了锦，锦是一种用复杂技术织成的比较

名贵的丝织物。

西周的商业活动是怎样进行的？

西周的商业是为贵族服务的，是以交换奴隶、牛马、兵器和珍宝异物为主。奴隶的价格很低，5名奴隶才换得一匹马，民间也存在着商品交换关系。西周的主要货币仍然是贝，以朋为单位。还有金（铜），以为单位。

西周是怎样灭亡的？

公元前782年，宣王死，幽王宫涅继位，它是一个昏暴的国君。幽王继位后，天灾人祸纷至沓来，社会上呈现出“山雨欲来风满楼”的景象。朝政昏暗,引起国人的强烈不满，周幽王嬖爱褒姒,为博得褒姒一笑,竟将军国大事视同儿戏。更重要的是，他破坏宗法制度,“废后立妾，废嫡立庶”，废正妻申后及太子宜臼，立妾褒姒为后，其子伯服为太子。宜臼逃往其外祖父申侯家，幽王兴兵讨伐申侯,欲杀宜臼。申侯大怒,联合犬戎，吕（今河南南阳）、缯（今河南方城）等国举兵攻周，犬戎攻破镐京，杀幽王于骊山之下，复立宜臼为太子，继承王位，即周平王。平王后迁都洛邑。西周结束，东周开始。

第三章　历史过渡的春秋战国

你知道春秋五霸吗？

平王东迁以后，王室的势力日益衰弱，在政治上和经济上都依靠一些比较强大的诸侯支持。平王时，相继任用郑武公及其子郑庄公为卿士（相当于宰相）。平王死，桓王继位，不想再用郑庄公。公元前707年，桓王以周、蔡、卫、陈四国之师伐郑，为郑师所败，桓王被射伤。从此，天子威信大减，徒有共主的虚名。于是出现了大国“挟天子以令诸侯”的情况，形成了大国争霸的局面。

春秋时的齐桓公、晋文公、秦穆公、宋襄公、楚庄王为“五霸”，他们先后做过霸主。

齐桓公是怎样成为春秋时期第一个霸主的？

公元前650年，齐桓公率齐、宋、陈、卫、郑、许、曹等国的军队伐楚，与楚军对峙于陉（今河南郾城县东南），双方互不退让。后齐、楚在召陵（郾城县东）订立盟约，双方撤兵，史称“召陵之盟”。齐桓公这次出兵，虽未与楚作战，但却打击了楚北进的锋芒，暂时消除了楚对中原诸国构成的威胁，因此进一步得到中原诸侯们的拥护。

公元前651年，齐桓公在葵丘（今河南民权东北）大会诸侯，参加会盟的有齐、鲁、宋、卫、郑、许、曹等国的国君，周天子也派代表参加。盟约申明：“凡我同盟之人，既盟之后，言归于好。”还规定同盟诸国不要乱筑河堤，不要囤积粮食，使受灾之国买不到粮，扰乱国际贸易；不要擅以田邑封给别人而不报告天子。这次会盟史称“葵丘之会”。齐桓公为盟主，就是霸主，得以挟天子以令诸侯。齐桓公是春秋时期的第一位霸主，史称“齐桓公始霸”。

晋文公是怎样成为中原霸主的？

晋是周成王之弟虞的封国。初封于唐（今山西翼城西），后以境内有晋水，改称晋。春秋前期，国势发展。晋献公时，迁都于绛（今翼城东南）。兼并了数十个小国和戎、狄部落，疆域扩大到整个汾水流域。献公死，文公重耳继位，对政治、经济进行了一些改革，国势更强大。这时齐桓公已死，齐国转弱，楚国又不断北侵。

晋献公

公元前632年，楚北上围宋，宋向晋告急，晋文公率军救宋。晋军为避开楚军的北进锋芒，在未战之前，主动退至城濮（今山东鄄城西南），晋文公

会晋、宋、齐、秦等军，大破楚军。这就是著名的"城濮之战"。战后，晋文公又大会诸侯于践土（今河南原阳西南），参加会盟的有晋、鲁、齐、宋、蔡、郑、卫、莒等国，周天子也派代表参加。史称"践土之盟"。晋文公成为中原诸侯的霸主。

楚庄王是怎样成为中原霸主的？

楚是江、汉流域的一个蛮族国家，西周时，活动在丹阳（今湖北秭归）一带。公元前689年，始建都于郢（今湖北江陵纪南城），逐渐强大，兼并了附近许多小国。楚庄王（前613～前591年）时，孙叔敖为宰相，整饬内政，兴修水利，国势更加强盛。

公元前606年，楚庄王率军至雒邑的郊外，周定王被迫派人为他举行慰劳欢迎之礼。公元前598年，楚围郑，晋救郑。次年，晋、楚军战于邲（今河南郑州市东），晋军大败。史称"邲之战"。公元前594年，楚又围宋，宋向晋告急，晋畏楚而不敢出兵。从此，中原各国背晋向楚，楚庄王成为中原的霸主。

你知道吴越争霸吗？

吴、越都是长江下游的国家。吴属荆蛮，都于吴（今江苏苏州）；越属越族，都于会稽（今浙江绍兴）。春秋中期，晋楚争霸时，晋曾联吴以制楚，吴的国力也日益强大。公元前506年，吴王阖闾用楚亡臣伍员率军伐楚，楚军大败，吴军直入郢都。这时楚得到秦的救援，越国又乘虚攻吴的都城，吴被迫撤兵。阖闾死，子夫差继位，于公元前494年伐越，败越于夫椒（今江苏吴县太湖洞庭西山），围越王勾践于会稽。勾践求和，请为属国。公元前487年，吴筑邗城（今江苏扬州）于江北，又开邗沟，联结江、淮，通粮运兵，大败齐兵于艾陵（今山东泰安）。公元前482年，又与晋、鲁的国君及周天子的代表会盟于黄池（今河南封丘）。因当时越王勾践又进攻吴国，夫差让霸主与晋定公而回师吴国。公元前473年，越再伐吴，夫差战败自杀，吴亡。

越国灭吴后，成为江、淮下游最强大的国家。勾践率师北上，与齐、晋等诸侯会战于徐州（今山东滕州东南），成为霸主，后来被楚国所灭。

秦穆公是怎样成为中原霸主的？

秦国原是活动在陕西西部的一个小国。西周灭亡，秦襄公护送平王至雒邑有功，被封为诸侯，以岐为中心，势力逐渐发展。至前753年，秦的经济、文化有较大发展。

秦穆公（前659～前621年）时，任用百里奚为大夫，整顿内政，奖励生产，国家逐渐富强，疆土向东扩展，与晋国相接。

公元前645年，秦伐晋，大破晋军于韩原（今山西芮城），生俘晋惠公。公元前627年，秦又袭郑，在回军至殽（今河南洛宁西北）时，遭晋军截击，秦军的三个将军被俘，全军覆没，史称"殽之战"。此后，秦、晋屡有战争，互有胜负。但秦国为晋所阻，无法向东发展，就向西戎地区发展。

你知道第一次"弭兵"运动吗？

"弭兵"运动是由经常处于备战状态的宋国发起的，前后共有两次。第一次是在公元前579年，由宋大夫华元向晋、楚两大国提出倡议，双方勉强响应，各派代表会于宋，订立盟约。可是才过三年，楚国首先撕毁盟约，北侵郑、卫。公元前

575年，晋、楚战于鄢陵（今河南鄢陵西北），楚大败。

你知道第二次“弭兵”运动吗？

第二次“弭兵”运动是由宋大夫向戌倡议的。当时晋国的六卿（赵、韩、魏、知、中行、范）之间，争权激烈，无暇外顾。楚又东面受制于吴，不敢北进。其他小国多有内争，自顾不暇。所以这次“弭兵之议”提出，很快得到各大小诸侯的响应。公元前546年，晋、楚、齐、秦、鲁、宋、郑、卫、曹、许、陈、蔡、邾、滕共十四诸侯会于宋，共尊晋、楚两大诸侯国为盟主；又齐、秦两国较大，商定不作为从属国看待；其他原从属于晋、楚的较小诸侯国今后要互朝晋、楚两大国，并承担晋、楚两国供给的义务。

这次会盟之后，晋、楚之间四十多年没有发生大的战争，其他国家间的战争也很少。这种形势对恢复、发展各国的社会经济，安定人民的生活，都有很大的好处。

春秋时期最先进行赋税改革的是哪个诸侯国？

最早进行改革的是齐国和晋国。齐国的赋税改革叫做“案田而税”，也叫做“相地而衰征”。晋国的赋税改革叫做“作爰田”。稍后，鲁宣公十五年（前594年）“初税亩”，是最著名的赋税改革。

初税亩就是开始实行以亩积为单位征收耕地税的制度。这一制度的实行，实际也就开始承认私有土地的合法性，不分公田、私田，一律按亩纳税，税率为亩产量的十分之一。相继进行赋税改革的，还有楚国于公元前548年书土田“量入修赋”；郑国于公元前538年“作丘赋”；秦国于公元前408年“初租禾”。赋税制度的改革在一定时期中扩大了诸侯们的税源，充实了府库。可是，各国实际放弃了实行已久的井田制度，也放弃了国家对土地的所有权，承认了土地私人占有制。这就加速了井田制的瓦解过程。

晋分哪三家？

晋在春秋中期，政权已逐渐为赵、韩、魏、知、范、中行氏六卿所控制。后来，赵、韩、魏、知四家联合起来，消灭了范氏和中行氏，并瓜分了两家的土地。公元前453年，赵、韩、魏三家又联合起来，消灭了知氏，晋国的政权就控制在这三家手中，晋国的绝大部分土地也在他们的控制之下。

赵氏占据晋的北部地区，以晋阳（今山西太原）为都城；韩氏占据晋的中部地区，以平阳（今山西临汾）为都城；魏氏占据晋的南部地区，以安邑（今山西夏县）为都城。晋君只保有绛和曲沃（今山西翼城东和闻喜）两小块土地。公元前403年，周威烈王承认韩、赵、魏三家为诸侯，晋国名存实亡。

你知道田氏代齐吗？

齐国的田氏原是陈国公子完的后裔。公子完在齐桓公时，因避陈之内争，逃来齐国，姓田氏，任齐“工正”。春秋中期，田氏势力逐渐强大，在向贫苦民众放贷时，用大斗借出，小斗收入，民众很拥护他。公元前490年，齐景公死，贵族国氏、高氏立景公的儿子公子荼（tú途）为国君。田氏乘机发动武装政变，打败了国氏、高氏，立景公的另一个儿子公子阳生为国君（齐悼公），田乞为相。田乞死后，其子田常（田成子）继续为相。公元前481年，田常又发动武装政变，把几家

强大的贵族如鲍氏、晏氏等全部消灭，并杀死了齐简公，另立简公之弟为国君（齐平公），政权完全控制在田氏手中，国君实际成为傀儡。田常的曾孙田和于公元前391年废掉齐康公，自立为国君，完成了田氏代姜氏之齐的过程。公元前386年，周安王承认田和为诸侯。

春秋时期鲁国哪三个大夫最有势力？

三桓是春秋时期鲁国的三个大夫，新兴势力的代表。它们是季孙氏、孟孙氏和叔孙氏，以季孙氏力量最为强盛。春秋后期季孙氏已占有大量私田，还有私人武装甲兵7000人，实力远远超过公室。公元前562年，季孙氏联合叔孙氏和孟孙氏向公室发动武装进攻。季孙氏适应历史潮流，采用封建制的管理方式，势力发展很快。公元前517年，鲁昭公组织旧势力反扑，被三桓联合起来打得大败，鲁昭公逃往齐、晋，最后死在国外。在新旧势力斗争的过程中，民众纷纷归附三家新势力，成为它们的“隐民”，鲁公室被架空，徒有虚名，鲁国政权实际上掌握在三家大夫手里。

“战国”名称是怎样得来的？

自公元前403年韩、赵、魏三家分晋到公元前221年秦统一六国，史称战国时期。战国初期，尚有二十余个诸侯国。其中以秦、楚、齐、燕、韩、赵、魏七国最强大。七国之间长期混战，人们称这七国为“战国”。以后，人们亦称这段历史为“战国时期”。

战国“七雄”的布局是怎样的？

经过春秋时期的长期兼并战争，各国卿大夫势力都不同程度地崛起，加之各地区性经济的发展不平衡，春秋时期大的诸侯国到了战国时期发生了急剧的变化。有的地处边陲古国，逐渐强盛而活跃起来；有的大国强国，由于内部势力的兴起，而被肢解退出了历史舞台。晋国正是被新兴的赵、韩、魏三国所取代。于是战国初期，在北起辽东、南至长江流域的广大地区，形成了楚在南，赵在北，燕在东北，秦在西，齐在东，韩、魏夹在中间的形式。

为什么说战国时期是一个过渡时期？

七国的社会发展是不平衡的。齐国和“三晋”的赵、魏、韩，地主阶层已在春秋战国之际夺取了政权，建立官僚体系管理制国家。秦、楚、燕三国的地主阶层，直到战国初期尚处在夺权斗争之中，正在为官僚制度的建立开展着激烈斗争。战国初年，各国为了强大自己的实力，都在自己国内进行着程度不同的社会改革，史称“变法运动”。

李悝改革发生在哪一个诸侯国？

魏国的建立者魏文侯（名斯，前424～前396年在位）是著名的政治家。他任用李悝（约前445～前395年）为相，约于公元前400年进行改革。

李悝主张，要打破干部世袭制，改变旧的“世卿世禄”制度，选贤任能，赏罚严明。重要官职要选任有才能的人充当，优厚俸禄要奖给有功劳的人。还主张赏罚严明。这样改革的结果，大大削弱了魏国的“世卿世禄”制度，以后的封君在封国食邑内没有治民之权，只衣食租税，只能靠经营分封的土地吃饭；“官商一体”的情况有所改变；官吏制度有所改善，政治有所进步。

吴起改革发生在哪一个诸侯国

吴起，卫国人，是著名的政治家和军事家。魏文侯曾任他为西河（今陕西东部）郡守。文侯死，武侯立，与吴起不睦，吴起逃至楚国。

吴起改革的重点和李悝一样，主要也是在于削弱旧的“世卿世禄”制度，选贤任能，赏罚严明。楚国经过此次改革，政治得到整顿，军力也日益强大。

可是，吴起改革遭到楚国贵族保守派的反对，双方的斗争也很尖锐。公元前381年楚悼王死，保守派立即发动政变，把吴起杀掉，吴起的改革几乎都被废除。

战国时期最彻底的改革是哪一次?

商鞅变法是战国时期各国改革中最彻底的改革，秦在春秋时期，社会经济的发展落后于山东各大国。土地私有制产生的赋税改革，也迟于山东各国很多。可是这时，秦国已使用铁农具，社会经济发展较快，这不仅加速了井田制的瓦解和土地私有制的产生过程，而且还引起社会秩序的变动。公元前384年，秦献公即位，下令废除用人殉葬的恶习。

商鞅变法第一次开始于公元前359年，第二次开始于公元前350年。变法内容归纳如下：

政治方面，商鞅对政治的改革以彻底废除旧的“世卿世禄”制、建立新的中央集权制为重点。

商鞅对经济的改革以废除土地国有性质的“井田制”、实行土地私有制为重点。重农抑商，奖励耕织，凡努力耕织、生产多的，免除徭役；因懒惰而贫穷的，全家没入官府，罚为官奴婢。此时，生产性质的奴隶制度已经被各国废除，仅存有半奴隶性质的家庭仆奴。中国奴隶制的废除，比西方早了两千多年。统一度量衡并颁行了标准度量衡器，全国都要严格执行，不得违犯。

社会方面主要推行小家庭政策，以利于荒地开发、征发徭役和户口税等。具体规定：凡一户有两个以上儿子到立户年龄而不分居的，加倍征收户口税。禁止父子兄弟（成年者）同室居住。

商鞅变法，侵犯了贵族们的利益，因之遭到他们的强烈反对。太子傅公子虔和太子师公孙贾还教唆太子驷公开出来反对。商鞅割了公子虔的鼻子，杀了公孙贾，狠狠地打击了贵族保守派势力。商鞅又著书立说解释新法令，以解放思想，新法得到推行。

地主阶层形成于何时?

战国时期的近二百年中，地主阶层得到迅猛发展。但总的说来，各国地主的人数还不算多，所占有的土地的数量也不很大。地主主要有贵族地主、官僚地主和商人地主三种类型。贵族地主在关东六国中最多，保留的领主制残余较多，属于“爵位”分封制的承袭者，往往继承和拥有许多政治特权，大都是皇亲国戚及其后裔。官僚地主在秦国最多，关东六国也不少，属于官员购买和因功获赏的土地，其中主要是军功地主，有一定的政治特权。商人地主是在民间百姓中产生出来的，是地主阶层中最没有政治特权的一部分，这个阶层在当时的人数不很多，占有土地的数量也较少，在政治上没有什么特权。官僚地主和商人地主是新兴地主阶层，是当时社会挑战封建贵族、推动政治经济改革的主要力量。

佃农阶层形成于何时?

农民中最多的是自耕农。他们每家

大约占有田地百亩，有五到八口人，男耕女织。农民向官府缴纳的土地税，约为亩产量的十分之一。此外，还有户赋（户口税）等。与地主阶层同时产生的，是佃农阶层。这时的佃农与地主结合成的租佃关系和旧时的农奴与领主结合成的租佃关系已有很大的不同。旧时的关系是政治与经济结合在一起的，领主贵族是政治统治者，农奴只有半独立的人格，对领主的人身依附性是很强的，只能租耕领主的土地，没有选择权，当然也不会失业。到了地主时代，这时的关系基本上已不再具有政治统治的性质，而主要是一种比较平等的经济合作关系，农民有租种别家地主土地的自由选择权，属于市场化自由选择就业。佃农有独立的人格和尊严，地租以实物为主，约为亩产量的百分之五十。

战国时期手工业的发展状况如何？

战国时期的青铜业仍在发展，铜器的制作技术也有进步，复杂的器物已使用焊接技术。有些铜器制作精细，有的表面鎏金，有的刻以花纹或错以金银，工艺水平很高。

漆器业也相当发展。已发现的大批漆器中，有妆奁、羽觞、棺椁等家具和丧葬用具，制作讲究，花纹美观。战国后期有的漆器上加镶金属口沿，不仅使胎质极薄的漆器得以加固，而且使漆器更加美观大方。

羽觞

战国时期的造船业很发达，有海船、内河船、战船、民用船。海船已可行于近海，运货运兵。内河船已相当进步，而且有的很大。

战国时期著名的封建城市有哪些？

生产力的发展，促使了劳动分工，不断产生新的行业聚集城市。城市手工业和商业的发展，使城市人口不断增加，城市规模也在不断扩大，还不断出现新的城市。当时最大的城市有魏国的温（今河南温县）、轵（今济源），韩国的荥阳（今属河南），齐国的临淄，燕国的涿（今河北涿州）、蓟（今北京），赵国的邯郸，楚国的宛（今河南南阳）、陈（今淮阳），郑国的阳翟（今禹县），周国的三川（今洛阳）。仅临淄一城，就有七万户。都市与都市之间，都有大道相通连。

战国时期各国货币有哪几种？

战国时期的各国都大量地铸造金属货币。货币的形状不同，有些货币上铸有造币的地名或币值。一般说来，赵、韩、魏三国的货币主要是用铲形的“布”。“布”是“镈”的假借字，是古代的一种农具。已发现的布有空首布和平首布两类，作为布币来说，已前进了一步。布币的形制因铸造时间和地区的不同而不同。齐、燕两国主要用刀形币，赵国也有刀币。秦和周使用圆钱，中间有孔，铢为重量单位，一两等于二十四铢。楚的主币为一种带有印文的小方块金饼，印文有“郢爰”“陈爰”等，称为“饼金”。一块大金饼为十到二十小块不等。辅币为一种略似海贝的铜质币，俗称“蚁鼻钱”。

什么是“合纵”与“连横”?

战国初期，魏国很强大，曾强占了秦、楚、郑、宋等国的土地。至魏惠王时，秦经过商鞅变法之后，日益强盛。魏惠王即对秦取守势，转而向东，全力经营中原地区。公元前354年，魏伐赵，围邯郸，赵请救于齐，齐以田忌为将，孙膑（孙膑是春秋时期军事家孙武的后裔，是战国时期著名的军事家。）为师，出兵未去赵国，而是西向攻魏。当时魏虽已攻下邯郸，可是国内空虚，不得不急以主力回救本国。魏军行至桂陵（今河南长垣西北），遭齐军截击，魏军大败，主将庞涓被擒。这就是以“围魏救赵”的战法闻名于世的“桂陵之战”。魏在马陵失败不久，又为秦击败，并被秦夺回河西之地。魏为了安全，于公元前339年（魏惠王三十一年）将国都自安邑东迁大梁，并与关东各国议和。关东各国为了抗拒强秦，组成军事联盟，称为“合纵”。秦为了破坏关东的“合纵”，以便于它向东方发展，就用军事压力和政治离间等手段，在关东争取盟国，称为“连横”。从事“合纵”运动的主要人物是洛阳人苏秦，从事“连横”运动的是魏人张仪，都是鬼谷子的学生。

“合纵”与“连横”是怎样被破坏的?

公元前322年，张仪至魏国，劝魏背弃纵约，西亲秦国。魏王不听，秦出兵大破韩军，斩首八万余，诸侯震恐。魏迫于压力，就背弃纵约，与秦连横。后来关东各国又联合起来，赶走张仪，公推楚怀王为合纵长，出魏、楚、燕、韩、赵五国之兵以伐秦。可是兵到函谷关，即为秦军所败，“合纵”又瓦解，魏、韩两国又转而屈从于秦。形成秦、魏、韩三国“连横”，齐与楚两国“合纵”的对抗形势。秦为了拆散齐、楚“合纵”，就派张仪至楚，劝说楚怀王与齐绝交。后来，秦昭王约楚怀王至秦会盟，楚怀王赴会被秦扣押，死于秦国。此后，关东各国虽还想合纵，情况更困难。秦在破楚之后，又采取了“远交近攻”的策略，一面设法拉拢远方的齐国，一面加紧侵占邻国的土地。公元前293年，秦将白起大破韩、魏联军于伊阙（今河南洛阳南），斩首24万，虏韩将公孙喜，连夺五座城池。公元前288年，秦昭王自称西帝，尊齐湣王为东帝。几个月后，虽因秦欲伐赵，齐欲伐宋，意图不一，又各去掉了帝号，恢复王号，可是关东各国的合纵形势已彻底破坏了。

战国时期齐灭宋产生了怎样的后果?

当时宋是一个中等国家，由于地处中原地区的东部，与齐、赵、魏、韩、楚为邻，形势极为重要。公元前286年，齐灭宋，引起了其他各国的震恐。秦即作为主谋，联合楚、韩、赵、魏、燕共六国，出兵伐齐。不久攻破齐都临淄（今山东淄

燕昭王塑像

博东北临淄北），齐湣王逃至莒邑（今山东莒县），被楚将所杀。乐毅以功封昌国君。他在齐5年，攻下70余城。齐只有莒和即墨（今山东即墨）两个城未被攻下。前279年，燕昭王死，惠王即位，疑忌乐毅，以骑劫代乐毅为将，乐毅被迫逃往赵国。燕军易帅，士卒纪律松弛，到处抢劫，齐国人民纷起反抗。齐将田单在人民的支持下，利用燕军混乱之机，设计大破燕军于即墨，燕军溃退，齐军收复了全部失地。

嬴政是怎样完成统一大业的？

秦的统一战争可分为两个阶段：第一阶段，秦从公元前278年起，开始对关东六国展开了凌厉的攻势。秦国著名的将军白起率军攻下了楚都郢（今湖北江陵纪南城），秦在这里设立了南郡，迫使楚迁都于陈（今河南淮阳）。白起因功封为武安君。这就揭开了秦灭六国、统一中国的序幕。次年，秦派蜀守张若夺得楚的巫郡和黔中郡。公元前260年（秦昭王四十七年），白起攻韩，又与赵争夺韩的上党郡。在长平（今山西高平），大破赵军，杀赵军统帅赵括，坑埋赵的士卒四十余万人。此战役的胜利奠定了秦灭六国统一中国的基础。

秦始皇雕像

第二阶段，此阶段是在秦王政的直接领导下进行的。秦王政于公元前246年即位，时年13岁。由相国吕不韦掌权。公元前238年，秦王亲政，镇压了嫪毐的叛乱。次年，免除吕不韦的相国之职，后吕不韦自杀。秦王政整顿了国内的政治之后，就展开了对六国的进攻。公元前230年派内史腾灭韩，公元前225年灭魏。公元前224年，秦将王翦以60万大军伐楚，次年灭楚。公元前222年灭燕、赵，前221年灭齐，统一了六国。从此，中国由一个诸侯割据称雄的国家转变为一个中央集权的国家。

“四书五经”中的“五经”指的是什么？

“五经”是《诗》、《书》、《易》、《礼》、《春秋》，这五部书是中国保存至今的最古的文献，也是中国古代的重要思想学术流派——儒家的主要经典。

《诗》也即《诗经》，是中国最早的一部诗集，现存305篇，由风、雅、颂三部分组成。风共160篇，包括15篇国风；雅共105篇，分大雅和小雅；颂共40篇，分周颂、鲁颂、商颂。各篇的创作年代，大部分已不可确知。根据部分诗篇考查，最早的约作成于西周初年，最晚的约作成于春秋中期。全书是经过五六百年的积累、并经过搜集者的加工和润色而成的。

《书》也即《书经》或《尚书》，是中国最早的一部文集。全书分为《虞书》、《夏书》、《商书》、《周书》四

部分，主要记述商、周两代的一些重大政治事件，如重要战争、政治制度和政策等，有很高的史料价值。

《易》也即《易经》或《周易》，是中国最早的占卜用书。内容包括《经》和《传》两部分，可能出现于商、周之际，成书于战国或秦汉之时。其对人、自然或社会变化的论述，富有极高的哲学思想。

《礼》也即《仪礼》、《士礼》或《礼经》，共有17篇，是春秋、战国时期的部分礼仪制度的汇编。传说由周公制作，经孔子修定。

“三传”的内容是指什么？

《左传》、《公羊传》和《穀梁传》“三传”是解释《春秋》的三部书。《左传》也即《春秋左氏传》或《左氏春秋》，相传是春秋战国之际的左丘明所撰。《左传》以《春秋》为纲，博采各国史事，编次成书，叙事明晰，繁简得宜，保存了较丰富的历史资料。《公羊传》也即《春秋公羊传》或《公羊春秋》，旧题战国时公羊高撰，唐人考证，为西汉前期人所作。《穀梁传》也即《春秋穀梁传》或《穀梁春秋》，旧题战国时穀梁赤撰。

什么是诸子百家？

春秋战国时期是由封建领主制向地主制过渡的时期，新旧力量之间、各阶层之间的斗争复杂而又激烈。代表各阶层、各派政治力量的学者或思想家，都企图按照本阶层或本集团的利益和要求，对宇宙、社会的世间万物做出解释，或提出主张，于是出现了一个思想领域里的“百家争鸣”的局面。参加争鸣的各派，史称为“诸子百家”。其中在思想领域影响最大的是儒、道、墨、法四家。

儒家学派的创始人是谁？

孔子（前551～前479年），名丘，字仲尼，春秋后期鲁国人，曾在鲁国任下级和中级官吏，是一位伟大的思想家和教育家。后自办学校，以教书为业，是中国古代私人办学的先驱。“仁”是孔子的政治观和社会观的核心和最高境界。孔子主张上对下要仁，下对上要尊，这样才能保证社会文明秩序，这也是他从诸侯国不遵从周室，反逆抗上导致天下大乱的现实中体会出来的。任何思想的产生，总有其时代需要的背景，孔子在这种历史背景下，提出了仁与礼的社会道德思想。孔子以礼、乐、射、御、书、数六科即六艺教育学生。他的教育思想进步，主张因材施教。孔子的主要言论保存在《论语》中。

道家学派的创始人是谁？

老子姓李名耳字聃，楚国人，约与孔子同时，是道家的创始人。老子《道德经》一书约成于战国时期。老子在政治上消极，提出“弃智绝圣”，主张“无为而治”，于个人主张逍遥退隐。被道教追尊为思想教主。道家在战国时期的代表人物是庄周，庄周（约前369～前286），宋国人，著有《庄子》一书。他的世界观和老子相同。

墨家学派的创始人是谁？

墨子（约前468～前376年），名翟，鲁国人，是墨家的创始人。《墨子》一书基本上保存了他的思想。他反对战争，谴责由于战争而给人民造成的灾难，反对精英阶层的奢华生活，反对铺张浪费的厚葬礼俗。他的信徒称为“墨者”，多是下层民众，生活比较艰苦朴素。墨子死后，

墨子

"墨者"的首领称为钜子，领导"墨者"活动。

法家学派的创始人是谁？

法家是反映新兴地主阶层利益的思想流派。前期法家的代表人物有李悝、商鞅和申不害，后期法家的代表人物是韩非。韩非（约前280~前232年）出身于韩国贵族，和秦国宰相李斯同是荀子的学生。《韩非子》一书阐明了他的思想和主张。他反对儒家的说教，也反对民间的游侠的横行。秦王欲征服六国，很欣赏韩非的强权政治思想。后韩非入秦做官，与秦相李斯的政见相左，成为李斯的政敌，后被李斯处死。

西周至战国时期重要的文学作品有哪些？

西周至战国时期，文学的代表作，前期有《诗经》，后期有《楚辞》。屈原的著作又是《楚辞》的代表。

《左传》、《孟子》、《庄子》、《荀子》、《韩非子》等都是优秀的散文集，书中的许多篇章说理透彻，语汇丰富。《左传》叙事生动；《孟子》长于论辩；《荀子》的个别篇章还采用了民歌形式，对后来的赋产生了一定影响；《韩非子》中的"守株待兔""自相矛盾"等寓言，对后代的文学创作也有一定的影响；《庄子》一书，文辞多彩，想象宽广。第一篇《逍遥游》叙述了一个能展翅九万里的大鹏和腾跃不过丈尺的小雀等的对话，用这个故事来阐述一种超然物外、无往而不适的理想。这种铺张的文学手法对中国古代的浪漫主义派文学有着深刻的影响。

世界上最早的天文学著作是什么？

战国时期还出现了我国也是世界上现存最早的一部天文学著作。齐国的天文学家甘德著的《天文星占》，魏国人石申著的《天文》，后人将这两部著作合为一部，称作《甘石星经》。甘德还用肉眼发现了木星的卫星，比意大利天文学家伽利略在1609年用天文望远镜发现该星早2000多年。石申则发现日食、月食是天体相互掩盖的现象，这在当时也是难能可贵的。为了纪念石申，月球上有一座环形山就是用他的名字命名的。

战国时期的医学成就有哪些？

春秋时期，中国人已掌握治疗知识与技术，及至战国又有新的发展。治病已分科进行，据说还掌握了人类解剖学知识，已知人体有三百六十节、九窍、五脏、六腑。当时已有医学专门著作《黄帝内经》，阐述了生理、病理、诊断、预防和药物性能等方面知识，内容丰富，是中国第一部医学著作，也是世界上最早的医学专著。战国著名医学家是扁鹊，姓秦，名越人，生于春秋末年，齐国人。扁鹊毕生行医，积累了丰富的医疗经验，能医治疑难病症，传说还能"起死回生"。

第四章　强大的秦汉帝国

秦始皇的中央机构都有哪些内容?

秦朝在皇帝之下，设中央政府机构，此中央机构采用“三公九卿制”，执行以宰相为首的政府内阁管理体制，以协助皇帝领导全国，并处理政务。三公为“百官之长”，设左、右丞相，以右为尊；太尉掌军事，处理全国的军事事务；御史大夫“掌副丞相”，主管监察，处理政法事务。九卿有奉常，掌宗庙礼仪；郎中令，掌宫殿警卫；卫尉，掌宫门屯卫；太仆，掌御用车马；廷尉，掌刑法；典客，掌外交和民族事务；宗正，掌皇族、宗室谱系、名籍，管理史料档案；治粟内史，掌财政；少府，掌山海池泽之税及皇帝的生活供应。

秦始皇是怎样加强对地方的管理的?

秦朝在全国范围普遍实行从中央到地方郡县的三级管理制度，彻底废除诸侯制度。初设三十六郡，后增至四十郡。郡的最高长官是郡守，掌政事和军事；另有郡尉，辅佐郡守，并分管军事；还有监御史，是中央派遣的监察官吏，类似于省纪委书记的权力和职责。郡下设若干县，万户以上的大县设“令”，不满万户的小县设“长”，令（长）全权处理该县事务；另有丞，分管文书、刑法；尉，分管军事，是县长的左右助手。

县以下有若干乡，乡以下有若干亭，亭以下有若干里，里就是村落。这是最基层的干部，通常都是基由层民意推举产生，政府不再任命，大都是有威信、有文化的地主乡绅担任，由有影响力的大家族长者组成村委会和乡委会，负责推举和任免，把结果上报县政府备案，这是中国式的基层民主制度。

秦始皇又是怎样巩固统一的?

秦始皇二十六年（前221年），下令废除六国旧货币，制定新的统一货币，消除了过去由于币制复杂而造成商业交换中的困难，促进了商业的发展。铜钱的价值单一，交换方便；圆形中孔，规格一致；个体轻巧，便于携带，是一种进步的币制形式。自秦朝至于清朝末年，此种币制形式一直被采用了两千多年。秦始皇下令废除其他六国旧的度量衡制度，向全国颁行新的统一度量衡制度及标准器。秦始皇还在全国范围统一车轨，大车的两轮之间皆宽六尺。这一措施对发展交通运输业起了促进的作用。

秦始皇是怎样开疆扩土的?

秦始皇灭六国后，军事继续向前推进，不仅巩固了六国的原有疆土，还进占了与楚、秦、燕等国已有密切的政治、文化关系的民族地区，并在那里设置了郡、县行政管理机构，为我们伟大祖国的统一的多民族国家的形成和疆域的奠定，打下了基础。越族是居住在中国东南沿海和五岭以南的古老民族，古称“百越”。居住在今浙江和江西东部的为瓯越（东瓯），居住在今福建境内的为闽越，居住在今广

东和广西东部的为南越，居住在今广西西部、南部及云南东南的为雒越（西瓯、西瓯骆）。

战国时，百越大部分臣属于楚国，受楚文化影响很大。秦灭楚，在瓯越地区置会稽郡，在闽越地设闽中郡。公元前214年（始皇三十三年），秦始皇命屠睢率大军50万，五路南下进攻南越。为了转运粮草，命监御史禄开凿沟通湘江、漓江的灵渠（在今广西兴安县境，后称兴安运河）。秦军遭越人顽强抵抗，屠睢战死。秦始皇增派援军，终于征服越人。于是在南越之地置桂林、南海、象三郡。次年，秦始皇又发徙50万人戍守五岭，与越人杂居并带去铁器及其他先进生产工具、生产技术，促进了岭南地区经济、文化发展，也加速了当地民族融合的过程。

你了解匈奴民族吗？

匈奴是中国北方草原上的一个古老的游牧民族，商、周时期，称为猃狁、荤粥，战国时期始称匈奴。匈奴人没有城郭，不经营农业，而是随畜牧而转移，过着游牧的生活。主要牲畜有马、牛、羊、橐（骆驼）等。战国中期，匈奴一再南侵，多次与秦、赵、燕三国发生战争。三国在北部边境地区修长城，驻重兵，以防卫匈奴。

约在秦灭六国期间，匈奴已建立奴隶制国家，其最高统治者称单（ch á n蝉）于，名头曼。他乘中原地区战乱纷争，赵、燕、秦的北部边防都松弛之时，就率领控弩之士（能骑善射者）进占河南（今内蒙古鄂尔多斯）。秦灭六国后，秦朝于始皇三十二年（公元前215年）使将军蒙恬率士卒三十万人北击匈奴，收回了河套地区。

秦朝为什么要修筑长城？

秦在这里设置了三十四县，都筑有县城，从中原迁来人口，以充实这一地区的农业发展。蒙恬又北渡黄河，据守于阳山（狼山之西）和北假（阴山下）一带，利用地势，修缮、增补旧秦、赵、燕长城，并连接起来，西起临洮（今甘肃岷县），东至山海关，延袤万余里，这就是著名的万里长城。匈奴因战败而向北面迁徙。秦始皇北防匈奴，修筑长城，对保卫黄河流域先进的经济、文化的发展，起了巨大的作用。

什么原因导致秦王朝的短命？

秦始皇灭六国之后，大部分失去官职的知识分子的充满“爱国之心”和“爱国之情”的复国主义思想的文章和书籍不断问世，秦始皇看到这些文人学者蛊惑分裂主义，企图把刚刚统一起来的中国再次搞得四分五裂，于是在意识形态领域内对主张分裂国家的反动文人进行残酷镇压，于是出现了著名的焚书坑儒。其出发点符合当时的政治需要，只是他错误的推崇“强力治国”的法家思想，对待反动文人过于残忍，对知识分子的打击面过大，并因此排斥主张仁义治国的儒家学说。结果缺乏仁义的酷法暴政导致秦王朝的短命。

秦始皇统一中国并建立了中央集权制度，胜利地进行了北逐匈奴、南略五岭的战争，确是雄才大略的皇帝。同时他也实行了许多暴虐措施，激起百姓的反抗，加上几十年的和平，人口猛增，农民失业严重，饥民和无业流民增多，致使了全国农民大起义的爆发。

你了解陈胜、吴广起义在中国历史上的地位吗？

陈胜，字涉，阳城（今河南登封）

雇农。吴广，字叔，阳夏（今河南太康）农民。他们于秦二世元年（前209年）七月领导了中国历史上第一次农民起义。他们与900名农民被征兵入伍，到渔阳（今北京怀柔）戍边。后因天气恶劣而误期，秦法规定误期当斩。军令如山，他们都很恐惧，认为与其被杀，不如造反，于是陈胜、吴广就发动这群刚入伍的农民举行了起义。先后攻占大泽乡、蕲县，在攻下楚的故都陈县（今河南淮阳）时，已有兵车六、七百乘，战马千余匹，战士数万人。陈胜的造反，得到了各地分裂复国主义者和不满秦朝的反政府力量的响应。

在陈胜起义不久，六国旧贵族也乘机起兵，企图趁乱恢复旧国。这时他们的反政府活动与农民起义是一致的，是农民起义的“同盟军”。

“破釜沉舟”典故是怎样得来的？

秦政府命戍守长城的将军王离率军回中原镇压农民起义。王离军大约有二十万人，准备南下攻击赵国。赵为新恢复的国家，都邯郸（今属河北）。王离军进攻邯郸，赵王歇逃至巨鹿（今河北平乡西南），楚怀王命宋义为上将军、项羽为次将，率七万人救赵。宋义畏缩不前，项羽杀宋义，率军北渡漳水，破釜沉舟，每人只带三日的粮食，与秦军进行决战。九战九捷，大破王离军，王离被虏。秦军被破后，各路反秦军组成联合阵线，组成联军，推项羽为诸侯上将军，统率联军，继续追击章邯部秦军。章邯退至殷墟（今河南安阳），率二十万人投降项羽。项羽怕降卒有异心，行至新安，把这二十万人全部坑杀。巨鹿之战是秦末农民大起义中最激烈的、具有决定性的一场战斗。这场大战的胜利，基本上消灭了秦王朝的军队，扭转了整个战局，为最后推翻秦王朝的统治创造了极有利的条件。

楚汉之争的双雄是谁？

刘邦，丰（今江苏丰县）人，原为秦的泗水亭长（类似于乡镇派出所所长）。陈胜起义后，他与沛县县吏萧何等杀掉沛公，举行起义，自称沛公，后投奔项梁。秦军围攻巨鹿时，楚怀王与项羽、刘邦约定，谁先入关灭秦，谁为“关中王”。在项羽救巨鹿时，刘邦奉命西击秦。刘邦起初只有数千人，一路收集散于各地的起义军，以扩大自己的势力，又对秦军避实攻虚。经过一年的迂回进军，于二世三年（前207年）八月，攻入武关。

项羽听说刘邦已先入关，要当“关中王”，就大怒，也率军于同年十二月入函谷关。这时，项羽有士卒四十万人，刘邦只有十万人。项羽压服了刘邦，刘邦军队撤出京城住在城外以迎接项羽的到来，项羽以霸（盟）主身份封随他入关的主要将领和秦的重要降将为王，时称“新王”；又封或改封关东已恢复旧国的贵族的王号，时称“故王”。刘邦被封为汉王，都南郑（今陕西汉中）。关中被分为三国，封给秦降将章邯等三人。新、故王合计十八人。项羽自立为西楚霸王，都彭城（今江苏徐州）。分封完毕，项羽带着复仇的怒火，西屠咸阳，杀死了投降的秦王子婴，烧秦宫殿，大火烧了三个月，又把宫中的财宝和妇女抢劫而去。

刘邦乘机自汉中出兵北上，迅速占领关中。又东向出关，与项羽展开争夺天下的长期内战。军阀混战的结果就是最强大的两大势力决一雌雄。

楚汉之争最后的结果是怎样的？

刘邦采用“斗智不斗力”的战略方针，长期把项羽及其主要兵力吸引在荥

阳、成皋（在今荥阳汜水镇西）一带，另派大将韩信自关中东渡黄河，先后灭掉河北诸国，又东向灭齐，最后再南下与刘邦夹击项羽。汉五年（前202年）十二月，刘邦、韩信等会师于垓下（今安徽固镇），项羽大败，逃至乌江（今安徽和县境），因无颜见江东父老，憾恨自杀。刘邦建立了西汉王朝，开创了一个强盛的朝代。

西汉是怎样加强中央集权的？

刘邦在创建西汉王朝时，在政治上未采用周代的分封诸侯制度，基本上沿用了秦始皇创立的中央集权制度，设立以皇帝为首的中央政府机构，即朝廷，由三公九卿组成，地方行政基本上是郡县制度。他在实行郡县制的同时，又大封子弟为王，称为“诸侯王”。

刘邦封韩信等人为王，史称“异姓王”。后来所封他的子弟为王，史称“同姓王”。同姓王共有九国，自北而南，为燕、代、赵、齐、梁、楚、淮阳、淮南、吴。异姓王尚存长沙王吴芮。这些封国几乎占去了旧时燕、赵、齐、魏、楚等国的全部疆土。而且他们的地位、权力不同于列侯，在封国内是国君，权力很大。王国的政权机构和中央基本相同，除太傅和丞相由中央任命外，自御史大夫以下的各级官吏，都由诸侯王自己任命。诸侯王还有一定的军权、财政权，可在国内征收赋税。

什么是文景之治？

文景之治是指中国西汉汉文帝、汉景帝统治时期。汉初，社会经济衰败，朝廷推崇黄老治术，采取“轻徭薄赋”“与民休息”的政策。

刘邦的儿子文帝和孙子景帝统治时期，由于他们父子进一步改善政策，减轻了人民的负担，使社会经济不断恢复发展，广大农民积极生产，生活更加安定，物资丰厚。史称“文景之治”。

汉文帝是怎样发展农业的？

汉文帝重视农业，曾多次下令劝课农桑，根据户口比例设置三老、孝悌、力田若干人员，并给予他们赏赐，以鼓励农民生产。

文帝二年（前178年）和十二年（前168年）分别两次“除田租税之半”，即租率最终减为三十税一。文帝十三年（前167年），还全免田租。同时，对周边敌对国家也不轻易出兵，维持和平，以免耗损国力。这就是轻徭薄赋的政策。

文帝生活十分节俭，宫室内车骑衣服没有增添，衣不曳地，帷帐不施文绣，更下诏禁止郡国贡献奇珍异物。因此，国家的开支有所节制，贵族官僚不敢奢侈无度，从而减轻了人民的负担。这就是休养生息的政策。

你知道文景之治的影响吗？

西汉自文帝时开始，人口已达到饱和，人多地少，农民失业率日益增加，土地兼并日益激烈。至汉武帝时，情况更为严重。大量的农民失掉土地，到处流亡，社会治安开始混乱，没有出路自卖为奴婢就食的人极多，流民无法生活，只有铤而走险，青壮者结帮成匪，老弱者饿毙路边，各地相继发生农民起义。汉武帝也征调大量的民工在长安大造宫殿苑囿，以增加无业农民的就业机会。其他贵族官僚也是如此，但是也解决不了越来越大的失业大军吃饭问题。人口过多的问题严重地威胁了国家的稳定和安全，极大的破坏了社会生产秩序。汉武帝后期，土地的压力才

得到了一定程度的缓解，为以后的朝代中兴奠定了人口基础。

汉武帝是怎样加强中央集权的？

西汉前期，丞相都由列侯充任，有自己的“根据地”，位高权重，成为国家的不稳定因素。汉武帝为削弱丞相的权力，加强中央政府的权力，就重用身边的非贵族官员，于是尚书令一职日益重要。尚书令原是少府的属官，为皇帝掌管章奏文书。此时，大臣的奏章不得直接进呈皇帝，要先送尚书台（尚书令的官署）。武帝又选用一些有才能的士人为郎，加以侍中、给侍中、常侍等头衔，出入宫廷，与尚书令共议军国大事，组成“中朝”。“中朝”是皇帝身边的内阁枢要机关和办事机构。原先以丞相为首的三公九卿组成的中央政府为“外朝”。从此以后，尚书台的权力日重，大臣要参与中枢，必须加“领尚书事”或“平尚书事”的头衔。

汉武帝是怎样加强对地方的统治的？

武帝时，为了加强对地方的控制，于元封五年（前106年），分全国为13个州部（监察区），每个州部设刺史一人，以监察地方。

汉武帝为了维护他的统治，重用“酷吏”。酷吏主要是因曾对某些豪强地主或宗室、外戚进行过“严酷”打击而著名，起过积极的作用。但他们多为非作歹，嗜杀成性，妄杀无辜，鱼肉人民。后多为汉武帝罢官或杀掉。

汉武帝是怎样进行财政改革的？

西汉前期，币制很不稳定，经常改变，严重影响了国家的赋税征收和商业发展。元狩五年（前118年），汉武帝下令由上林三官（钟官、技巧、辨铜）铸造五铢钱，作为法定货币，通行于全国。这种货币式样规整，重量为五铢，盗铸不易，流通方便，相当稳定，一直沿用到三国时期。

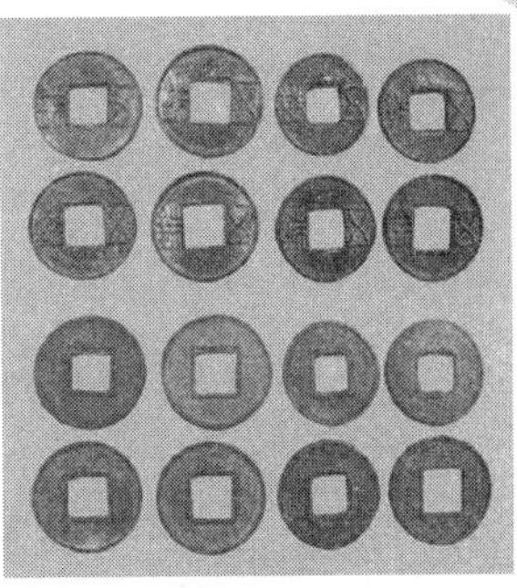

五铢钱

西汉前期，国家对盐铁业实行自由经营政策。汉武帝认为许多大盐铁商家累万金，为非作歹，违法乱纪，从不支援国家之急。于是他为了增加国家的财政收入，以支援对匈奴的战争和其他经济需要，断然采取了废止盐铁自由经营、代之以国家垄断经营的政策。

西汉前期的民族政策是怎样的？

西汉前期，对匈奴实行羁縻政策，主要是汉匈“和亲”政策。可是这时的匈奴一再南侵，曾火烧汉之回中宫（在今陕西陇县），迫使文、景二帝一面继续执行与匈奴“和亲”政策；一面储备军粮，增殖马匹，训练士卒，准备反击匈奴。

汉武帝是怎样击败匈奴的？

西汉时期，随着国家的日益富强，国家的统治逐步深入到边疆的民族地区。边疆各民族的经济、文化也在发展，与中原地区的联系日益密切，这些情况促进了多民族国家的统一和发展。

汉武帝即位以后，于元光二年（前133年）开始对匈奴进行战争。从元朔元年（前128年）到元狩四年（前119年）的十年中，共有大战三次。第一次大战是在元朔二年（前127年）汉使将军卫青以3万

骑击匈奴，收复了河南地（今内蒙古鄂尔多斯），设朔方、五原郡，解除了匈奴对首都长安的威胁。第二次大战是在元狩二年（前121年），由将军霍去病率数万骑北击匈奴，出陇西、北地，深入匈奴2000余里，夺得祁连山和河西走廊。第三次大战是在元狩四年（前119年），匈奴各以数万骑入侵右北平和定襄郡，杀掠惨重。武帝以卫青出定襄，霍去病出代郡，各将骑5万，步兵数10万，另有志愿从征者4万匹马，粮食辎重还不计在内。卫青大破单于军，北至寘（tián田）颜山赵信城（今蒙古杭爱山南）而还。霍去病出代郡2000余里，大破左贤王军，至狼居胥山（今蒙古乌兰巴托东），临瀚海（今呼伦湖与贝尔湖）而还。从此，匈奴北徙漠北。

你了解昭君出塞吗？

汉匈战争，汉损失士卒数万人，马十余万匹，无力再进行大规模的战争。匈奴也损失惨重，后分裂为五部，互相攻杀。其中的一部首领为呼韩邪单于，投降汉朝，南徙于长城一带，要求与汉和亲。公元前33年，呼韩邪单于到长安，汉元帝以宫人王昭君嫁给了呼韩邪单于，号宁胡阏氏（单于的妻子）；元帝亦改年号为“竟宁”。汉、匈从此友好相处，在四十多年间没有发生战争。

丝绸之路是怎样开通的？

西汉王朝在西域设置行政机构以后，促进了中国与中亚、西亚的经济、文化联系。当时，自长安经河西走廊通向中亚，共有两条道路：一条出阳关，经鄯善（今罗布淖尔附近），沿昆仑山北麓西行，过莎车，西逾葱岭，出大月氏，至安息，西通犁靬（罗马共和国）；或由大月氏南入身毒。另一条出玉门关，经车师前国、沿天山南麓西行，出疏勒，西逾葱岭，过大宛，至康居、奄蔡。这就是著名世界的“丝绸之路”，促进了东西方经济文化的交流和民族间的友好往来。

什么是宣帝中兴？

昭帝和宣帝前期，霍光辅政，继续奉行武帝的这一政策，减少徭役和赋税；放弃酒榷政策，改归民营；又在首都长安和各郡县广置常平仓，控制物价；还“假民公田”，就是将国有土地出借给贫苦农民耕种，不收租税。这些办法亦促进了社会的安定，所以史称“宣帝中兴”。

赤眉军是怎样失败的？

更始三年（25年）冬，徐宣部在弘农（郡治河南灵宝东北故函谷关城）击杀刘玄的守将和士卒3万余人，由陆浑关（今河南嵩县东北）打进关中。樊崇部也由武关打进关中。两路军连破刘玄军，至华阴附近会师。樊崇等在这里整编士卒，以万人为一营，共有30营，营置三老、从事各一人。他们立起义军中的年仅15岁的西汉宗室刘盆子为帝，由徐宣任丞相，樊崇虽为起义军所爱戴，但因不识字，就任御史大夫，这样就建立了赤眉军的政权。这时，原绿林军中以刘玄为首的贵族集团和以王匡为首的农民军将领在长安发生了激烈的战斗，王匡失败，投入赤眉军。九月，赤眉军攻入长安，杀死了刘玄。

赤眉军进入长安后，京城长安在战乱中，物质文明和精神文明的建设成果遭到巨大破坏。长安城外各县，到处是地主的武装壁垒，都打着“汉”的旗号，宣布独立自治、割据一方，与赤眉军相对抗。赤眉军在长安日久，因缺乏军粮，就离开长安，到安定（今宁夏固原）、北地（今甘肃庆阳）一带掠食就粮。由于饥寒交迫赤眉军又回到长安。这时，刘秀已派邓禹率军进入关中，一再进军赤眉军。赤眉军的士卒死伤惨重，势力大大削弱，于是决定东归。这时，赤眉军尚有20万人。在行至崤底（今河南洛宁）时，中了刘秀军的埋伏，士卒大乱。奋战到宜阳（在河南洛宁境），再中埋伏，士卒死伤极多。樊崇被迫投降，后为刘秀所处死，赤眉起义失败。

西汉末年的绿林军是怎样瓦解的？

绿林军的一支，由王匡率领，攻下洛阳；另一支由申屠建率领，攻破武关（今陕西商南东南）。更始二年（24年）十月，申屠建军攻破长安。此时，长安城里也爆发了市民起义。起义群众攻入皇宫，追捕王莽。王莽逃到渐台，被起义商人杜吴杀死，王莽试图力挽狂澜的努力彻底失败。刘縯被杀，农民军中的有知识、有文化、有实力的西汉贵族势力最终成为军队领袖。刘玄也是一个旧贵族，他进入长安以后，在他身边形成为一个旧贵族集团。刘玄住在长乐宫，生活奢侈，有宫女数千，又借口绿林军不可靠，阴谋杀死了申屠建、陈牧、成丹等起义军将领。王匡率领部分士卒武力反抗旧贵族集团的迫害，但却被刘玄等击败，王匡投降了赤眉军。绿林军基本上瓦解了。

东汉是在什么背景下建立的？

刘秀在消灭了赤眉军后，继续围剿其他农民起义军。这时，在中原地区和边疆地区还有若干割据势力，自立名号，分裂国家，与刘秀相对抗。主要的有睢阳（今河南商丘）的刘永，称梁王；东海（今山东郯城北）的董宪，称海西王；淮南（今安徽寿县）的李宪，称天子；陇西的隗嚣，称上将军；巴蜀的公孙述，称皇帝。此外，琅邪郡有张步，河西（今甘肃西部）有窦融等。刘秀从建武二年（公元26年）开始进行统一中国、清扫内乱和地方割据的战争，用招降和进攻两种手段，逐步消灭割据势力。

刘秀

刘秀，是西汉宗室春陵节侯刘买之后。当农民起义蓬勃发展时，刘秀与其兄刘縯起兵反莽，后归依于绿林军。后来刘縯与刘玄争权夺利而被杀。刘秀不露声色，卑躬屈膝，免得一死，被刘玄封为大将军，派往河北略地。刘秀到河北后，以恢复汉家天下为号召，积极发展自己的势力。一方面寻求官僚、地主的支持，凡王莽时代的官吏，只要归顺于他，既往不咎，一概任用。一方面，消灭了河北地区的王郎势力，镇压了河北铜马、高湖、重连等起义军，利用分化、利诱手段收编部分农民起义队伍，壮大势力，军队扩充到几十万人，基本上稳定了他在河北地区的统治。

刘秀想当皇帝，跟随他打天下的功臣们也愿意他当皇帝，以便将来捞到一个爵位或官职。官僚、地主们、社会精英阶层一再拥戴，百姓饱经战乱之苦，也呼唤时代英豪来快速结束战乱，刘秀于六月己未，在鄗南（今河北柏乡）千秋亭即皇帝位，恢复“汉”的国号，年号为建武，大封功臣。七月，攻下洛阳，以洛阳为国都。不久，又消灭赤眉军，在中原地区恢复了精英阶层的社会统治秩序，史称“东汉”，全国归于统一。

刘秀是怎样强化军队建设的？

刘秀一再削弱地方的军权，加强中央的军权。他在建国不久，就下诏撤销了郡国都尉的建制，将兵权并归守、相。后又取消了各郡、国的轻车、骑士、材官、楼船士四种常备军，还取消了每年一度的都试制度。从此，守、相的军权也被取消了。郡、国的军队很少，一般不能作战，仅够维护地方治安、打击土匪和小的民乱，大的战争要依靠中央的军队。

中央的军队主要有四支。在首都有两支，就是南军和北军。南军又分两部，一部归光禄勋管辖，下设有五官中郎将、左中郎将、右中郎将、虎贲中郎将、羽林中郎将、羽林左监、羽林右监，掌守卫宫殿和侍从七署；另一部归卫尉管辖，掌守卫宫门。北军置中候一人，下分为屯骑、越骑、步兵、长水、射声五营，每营设校尉一人，掌营兵，保卫京师。

地方上有两支，一支为黎阳营，合幽、冀、并三州兵骑而成，驻黎阳（今河南浚县东），主要任务是守卫黄河以北，为首都洛阳北面的屏障。另一支为雍营，驻雍（今陕西凤翔南），主要任务是守卫三辅（左冯翊、右扶风、京兆尹，为西汉皇陵所在地），亦是首都洛阳西面的屏障。

刘秀是怎样解决土地问题的？

东汉初年，在农民大起义之后，土地问题稍有缓和。当时刘秀亦未想对这一问题做进一步解决。他于建武十五年（39年）下令各州、郡，清查人们占有田地数量和户口、年纪。目的是限制豪强大家兼并土地和奴役人口的数量，制止了扩大再生产的资本集约化经营势头，以保障小农经济的稳定，便于国家征收赋税和征发徭役。

东汉是怎样重视农业发展的？

刘秀采取的社会经济政策，绝大部分都是西汉的政策的继承和发展。

东汉前期的社会秩序和经济生活的恢复、发展速度比西汉前期慢一些，至刘秀之子明帝时，东汉时期的农业生产较西汉更有发展，这和铁农具、耕牛更加广泛的使用有密切关系。

西汉后期以来，大地主都占有大量的田地和雇农，资本实力增强。至东汉时，这一情况有了很大的发展，农业开始向规模化、集约化、企业化经营方向发展。

对地主庄园而言，属于田庄范围的田地不仅为地主财团所有，而且在地主庄园内，绝大多数农民是地主的雇员，农民租地耕种，地主则雇佣一些有才华的知识分子组成一套班子来管理农业生产，进行企业化经营，以满足市场的生活需要为主组织生产，其中的山林川泽也为地主所购买。山林川泽的私有化和农民的雇员化，是以土地私有制为基础的生产关系进一步发展的标志，是走向资本主义发展道路的先声。

农具和手工工具也由本庄园制作。庄园对地主经济来说，是一个自给自足的单位。地主对农民的雇佣是全面的，就业范围逐步扩大。新生的青壮年待业农民，受雇于地主充当部曲或家兵，负责保安工作。

东汉时期重要的手工业有哪些？

东汉时期的重要手工业有煮盐、冶铁、铸铜、漆器、纺织等，以私营为主，生产技术都较西汉进步。

东汉时期，冶铁业自由经营，冶铁技术有很大的进步，低温炼钢法的发明就是一重大成就。国家或官府经营的冶铁业以制造国家或官府需要的兵器、车马具及其他生产、生活用具为主。民营的冶铁业以生产商品为主，以供市场上的需要。产品以农具、手工工具及生活用具为最多。生活用具有锅、剪、灯、刀、钉子、顶针等，还制作兵器。东汉时期的铸铜业仍有发展。官府在许多重要铜矿区设有冶铜场或铸铜作坊，制作皇家或官府使用的铜器。地主、商人经营冶铜业的也很多。东汉的桑、麻种植的范围比西汉扩大，养蚕和丝织业、麻织业都有很大的发展，纺织技术也有进步。

东汉时期商业的发展水平如何？

东汉时期，由于农业和手工业的发展，商品较多，因之商业也在发展。建武十六年（40年），刘秀下令重铸五铢钱，废除了一切旧币，消除了王莽制造的货币混乱的局面，对于商业的发展起了一定的促进作用。东汉的商品种类比西汉多，市场扩大，交通发达。在城市中都设有交易市场，叫做“市”。市内按所卖商品种类，分为若干“市列”或“列肆”，每个列肆又有很多店铺或商摊。在人口较密的乡村或交通要道地区，也有市集出现。

什么是“互市”？

合市民族间由官方组织的定期（或不定期）的商业交换关系，叫做“合市”或“互市”。合市在西汉已出现。东汉时期，汉和匈奴之间，定期“合市”。每次合市，汉商以巨量的铁器、丝织品和其他手工业品，交换匈奴的数以万计的牛马。汉和羌、乌桓、鲜卑以及西南各族之间，也定期合市。合市这一交换形式在促进民族间的经济、文化交流方面，起了重大的作用。汉族的小商贩还载负货物，深入到少数民族地区，以商品换取民族地区的土特产，进行民族间的物资交流。

东汉时期与南匈奴的关系如何？

东汉时期，中国各民族间的经济、文化关系进一步发展，边疆地区各民族的社会发展变化较快，朝廷对于边疆地区的政治统治也逐步加强。

永平十六年（73年），明帝派将军窦固、耿忠率士卒出酒泉塞，入伊吾庐（今新疆哈密），进行屯田驻兵。第二年，又进军车师（今吐鲁番、吉木萨尔一带），置西域都护，驻乌垒城（今新疆轮台东北小野云沟）。这时，西域多数国家向汉，少数追从匈奴。窦固派司马班超率吏士三十六人与南道诸国联系。班超得到鄯善、于阗、疏勒的支持，杀匈奴使者，控制南道。这时，匈奴与北道的焉耆、龟兹等国，攻杀西域都护陈睦，控制了北道。

东汉时期与北匈奴的关系如何？

章和元年（87年），北匈奴为鲜卑所破，北单于被杀，北匈奴五十八部降汉。永元元年（89年），汉以车骑将军窦宪、征西将军耿秉发汉和南匈奴共四万余骑，分三路击北匈奴于稽落山（今蒙古国西北部），单于遁逃，北匈奴八十一部二十余万人投降，窦宪和耿秉登燕然山（今蒙古国杭爱山），去塞三千余里，刻石纪功而还。此后，北匈奴有的降于汉或南匈奴，有一部分随北单于逐步西迁。

班超是怎样经营西域的？

东汉政府决定放弃南道，召回班超。可是南道诸国惧怕匈奴的报复，苦留班超。班超决心留在西域，组织西域兵马反击匈奴。匈奴控制的姑墨（今新疆阿克苏）和莎车被班超先用疏勒兵击败，控制了南道。班超又率领南道各国的士卒，击

退了大月氏贵霜王国七万人的入侵。和帝永元三年（91年），班昭击败北道的龟兹被中央委任为西域都护，驻龟兹（今新疆库车东郊皮朗旧城）。永元六年（94年），班超又控制了焉耆。至此，西域五十余国又摆脱了匈奴的奴役，纳于东汉都护的统辖之下。

甘英出使大秦的路线是怎样的？

永元九年（公元97年），班超派甘英出使大秦（罗马帝国）。甘英西经条支（今伊拉克）、安息（今伊朗）诸国，至安息西界（波斯湾），未过海而还。甘英是中国古代继张骞的副使之后到达西亚的使节，为打通欧、亚贸易交通做出了重要贡献。

东汉初年与鲜卑族的关系如何？

东汉初年，乌桓和鲜卑都曾侵扰东汉的东北边境。建武二十五年（公元49年），辽西的乌桓大人郝旦与汉通好，到洛阳朝见刘秀。刘秀封乌桓八十一人为王、侯等，允许乌桓迁居于沿边诸郡，协助汉防御匈奴和鲜卑。汉在上谷宁城（今河北宣化附近）置护乌桓校尉，兼领与乌桓、鲜卑互市等事。

鲜卑继乌桓之后，也归附东汉，刘秀封鲜卑的首领为王、侯。和帝时，北匈奴大部分西徙，鲜卑向西发展，占据了蒙古高原的大部。北匈奴未西徙的部属十余万落（户），都自称是鲜卑人，鲜卑更加强大。桓帝时，鲜卑大人檀石槐统一鲜卑各部。

两汉时期西南各族的发展状况如何？

西南夷居于今之贵州西部、云南全部、四川西部和西藏的昌都一带。西汉武帝经略西南夷，势力仅达于今洱海以东，设置西南七郡。此后，中原地区的先进文化、技术相继传入七郡，这里各族居民的社会变化较快，经济发展迅速。东汉时期，夜郎和滇人地区已兴办学校，读儒家经典，和中原地区差不多。

东汉时期为什么会出现外戚专权？

东汉从中期开始，政权主要控制在外戚和宦官两大集团手中。这两大集团各谋私利，互相斗争，政治黑暗。东汉后期，宦官专权，一部分比较正直的官吏和太学生结合起来，与宦官集团展开了激烈的斗争。

东汉前期，皇帝很注意外戚干政，为不使他们权势过大，严格限制了他们的政治权力。皇帝死后，和帝10岁即位。以后的继位皇帝也多是小儿，太后则是少年寡妇。太后临朝听政，实是依靠娘家的父兄掌权，因之往往形成庞大的外戚权力集团，左右朝政。小皇帝多非太后血亲，年长之后，畏忌外戚的权势，怕被废黜，就以身边的宦官为心腹，伺机除掉外戚集团，宦官又掌大权。这样的斗争在东汉中期的和、安、顺、桓四帝时各发生过一次，宦官干政的情况日益严重。第四次斗争是外戚梁冀擅权和宦官单超等诛除梁氏。

你知道东汉“五侯”吗？

公元159年（延熹二年），梁皇后死，桓帝与中常侍单超、具瑗、唐衡、左悺、徐璜五人合谋，以虎贲、羽林千余人包围了梁冀的府第，梁冀自杀，梁氏的族人亲戚不论年龄大小，一律杀之并弃之于市。其中公卿、列校、刺史等有数十人之多，故吏、宾客被免官的有三百余人。一时朝廷几乎无人了。没收梁冀的财货被出卖后，共得钱三十余亿。这是宦官对外戚

的第四次打击。单超等五人以功同日封侯，史称“五侯”。诛除梁冀及其党羽，对当时的政治、社会都有好处。但从此以后，东汉政权为宦官垄断。

党锢之争是怎样出现的？

宦官专权以后，排斥打击一般官僚士大夫，重用宦官的子弟、亲属和投靠他们的官僚。政治腐败加速了土地的兼并，此时的人口压力已经超重，广大农民纷纷破产，又无业可就，饥民流离失所，社会治安严重混乱，经济秩序也被严重打乱。

这一时期，太学生已发展到三万余人，各郡县的儒生也很多，政府部门早已人满为患，他们上进无门，前途暗淡，于是对政府大为不满，就与官僚士大夫结合，在朝野形成一个庞大的官僚士大夫反宦官的社会政治力量。

太学生以郭泰为首，奉司隶校尉李膺、太尉陈蕃为领袖，公开与政府相对抗。

官僚士大夫和太学生们不仅在舆论上抨击宦官，还试图在政治上打击宦官势力。桓帝永兴元年（153年），冀州刺史朱穆在安平（今河北冀县）逮捕了宦官赵忠的不法家属。桓帝大怒，把朱穆撤职，关进左校服劳役。太学生刘陶等数千人诣阙上书，为朱穆申辩。桓帝迫于知识分子们的舆论压力，赦免了朱穆。

“党锢”之争是何时被废止的？

这次党锢直到中平元年（公元184年）黄巾大起义时才被解除。建议解除禁锢的也是一个宦官，即中常侍吕强。他怕受禁锢的人心怀不满，与张角等合谋，因此提出这一建议。灵帝接受了这个建议，下诏解除了“党锢”。中央政府内部的这场长达数十年的整风运动和政治斗争，在农民起义面前暂告中止。

太平教是谁创立的？

太平教是早期道教的一支，大约产生于东汉中期。东汉末年，太平道首领张角是巨鹿（今河北平乡）人，自称大贤良师，在各地传教，手执节杖，教病人叩头思过，饮符水以治病。

张角传教治病十余年，在青、徐、幽、冀、荆、扬、兖、豫八州，有信徒几十万人。他为了准备发动推翻政府的战争，分各郡国为三十六方，大方有部众万余人，小方六、七千人，为暴动的基本力量。口号为：“苍天（东汉）已死，黄天当立，岁在甲子，天下大吉。”意思是汉朝气数已尽，改朝换代的时候到了，他是上天受命的新天子，鼓动广大农民拥护他推翻政府，建立新王朝，跟随他的人将来都是开国功臣，可以当官发财。他还派人到京师洛阳和各州郡，在官府的门上，用白土书写“甲子”二字，以警告政府官员，并扩大宣传鼓动工作，策反政府军队投奔于他。当时的形势，已是山雨欲来风满楼。

黄巾起义是谁领导的？

张角原定于184年3月5日起义。可是由于叛徒唐周告密，决定提前于2月间起义，各地起义军以黄巾包头。张角称天公将军，以示“替天行道”，其弟张宝称地公将军，张梁称人公将军，领导巨鹿的黄巾军。其他地区如颍川（今河南禹县）、汝南（今上蔡）、陈国（今淮阳）、南阳、东郡、扬州（今安徽和县）以及幽州、益州等地，都爆发了黄巾起义。

黄巾起义后，震怒了汉灵帝和宦官们。他们一面调集军队，保卫京师洛阳；一面以皇甫嵩、朱儁（jùn俊）、卢植为中郎将，率军进攻黄巾军。各地的豪强地

主也组成地主武装，修筑坞堡，保家卫国，抵制黄巾军的流动掠夺。

皇甫嵩和朱儁共有四万余人，在进攻颍川黄巾时，朱儁被击败，皇甫嵩被围困在长社（今河南长葛）城中。后来他们得到曹操的支援，打败颍川、汝南、陈国的黄巾军，斩杀黄巾军数万人，其他大都逃散而去，或投降后加入政府军。

东汉政府原派卢植进攻张角，被张角打败。朝廷撤了卢植的职，另派董卓进攻张角，亦被张角打败。朝廷再调皇甫嵩进攻张角。此时，张角病死，部众由张梁和张宝率领。皇甫嵩随后打败黄巾军，张梁战死，黄巾军战死八万多人。皇甫嵩又攻下曲阳（今河北晋县）张宝部，张宝战死，所部死伤被俘十余万人。东郡和南阳等地的黄巾军也先后被皇甫嵩、朱儁等清剿，义军的首领均战死。

五斗米道最后的发展结果是怎样的？

益州牧刘焉为了扩充势力，在益州搞独立王国，于初平二年（191年），以五斗米道首领张鲁为督义司马、张修为别部司马，攻占汉中（治今陕西汉中）。张鲁杀张修，又镇压了一些豪强地主，聚敛了大笔财富，在汉中、巴郡建立了一个农民政权。这个政权是政教合一、劳武结合的。他的经济、政治纲领主要为：

1.诸祭酒各在辖区内的大路上设置义舍（旅舍），以招关中地区的流民来充实汉中人口；2.犯轻微罪过的人罚修道路；3.犯法的人，以说服教育为主，初犯者处理从宽；4.不设置官吏，以宗教首领祭酒兼管政事。

张鲁利用农民采用杀富济贫的办法夺权成功后，又恢复正常的私有制秩序。在统治的二十多年中，土地兼并不断发展，张鲁及其统治集团也越来越贵族化了，和所有起义政权一样，曾一度站在农民利益一面的张鲁政权逐渐恢复为地主政权的经济秩序上来。建安二十年（215年），曹操率十万人进攻汉中，张鲁向曹操投降。

秦汉文化在中国历史上的地位如何？

秦汉时期，是中国古代文化大发展的时期。以地主土地所有制为基础的经济发展与国家长期的统一和社会的稳定是决定这一发展的主要因素。这一发展是对先秦文化成就的总结和升华，又为此后二千多年的中国文化的发展奠定了基础。

儒家思想是怎样成为正统思想的？

秦朝不仅“焚书坑儒”，还下“挟书令”，对藏有儒家经典者治罪，因此在秦代很少有传授和学习儒家经典者。

西汉初年，汉高祖刘邦很不重视儒学。至惠帝时，废除“挟书令”，儒家思想言论这个禁区开始松动。从这时起，到文帝时期，一些尚存的老儒依靠记忆，口头传经。弟子们因找不到书籍，就用当时通行的隶书将老儒背诵的经典本文和解释记录下来，这样的经典就是所谓的“今文经”。文帝时，开始设置经学博士，由今文经学家充任。武帝时，置五经博士，亦由今文经学家充任，在中央政府办的太学教授弟子。从此，今文经学得到广泛的传播，儒家思想也成为封建社会的正统思想。

东汉时期古文经是怎样发展的？

秦统一前，以篆书抄写的经典——古文经，在秦焚书时，被人们连同其他一些古书埋藏起来。西汉前期，由于拆除老房，相继发现了一些古书。武帝时，下令献书。

成帝时，设官负责收集古书，并予以整理。西汉末年，刘歆在整理古书时，发现古文经典不仅经文与今文经互异，而且篇章也多出不少。如《礼》多三十九篇，《书》多十六篇。《毛诗》和《左氏春秋》等则为今文经所不载。这些新发现的经典就叫做“古文经”。

刘歆对于古文经很赞赏，建议在太学立学官，但却遭到今文经学博士们的激烈反对。刘歆批评这些博士不思进取。可是由于执政大臣也反对，刘歆的建议未被采纳。平帝时，王莽主政改制，为了利用古文经进行“改制”，就立《古文尚书》、《毛诗》、《逸礼》、《左氏春秋》四个博士。东汉初，又被取消。

西汉唯心主义的代表人物是谁？

两汉时期，西汉中期的董仲舒为哲学唯心主义的代表人物。

董仲舒是今文经学派的《公羊》学家。他的思想集中体现在《天人三策》和《春秋繁露》中。他反对天道自然观，进一步发展了先秦的“天人同一”思想，这个思想的核心是“天人感应”说。

东汉唯物主义的代表人物是谁？

东汉前期的王充为唯物主义的代表人物。

王充出身于小户人家，曾做过州郡小史，大部分时间以教学为生。他著《论衡》一书，计八十五篇（今存八十四篇），二十余万言。他认为万物由元气构成，人和禽兽也是由元气演化而来。他认为元气是一种客观存在的物质。他反对天人感应说，反对有鬼神论，发展了古代的天道自然观。王充的论证方法是实践检验真理，是比较科学的。但由于当时自然科学不甚发展，引作论据的事物有些不真实，结论也难免有错误。他在对社会问题或历史人物评述时，往往归之于命，这是唯心主义。

东汉时期流传的主要宗教有哪些？

东汉时期开始流传的主要宗教有道教和佛教。道教是由黄老学说与巫术结合而形成的。东汉顺帝时，琅邪人宫崇向朝廷献其师于吉所得《太平清领书》一百七十卷。这是中国最早的道教经典。今存的《太平经》残本基本上保存了这部经典的面貌。

两汉时期的散文著作有哪些？

两汉时期有很多文字生动、说理深刻的政论文章，散文可以《史记》为代表，它既是一部史学著作又是一部文学著作。最有代表性的有贾谊的《过秦论》、《治安策》，晁错的《论贵粟疏》、《徙民实边策》。桓宽撰的《盐铁论》是一部以讨论西汉王朝的盐铁政策为中心内容的著作，文字生动、语言流畅，是一部优秀的对话体文学作品。

两汉时期最具代表性的诗歌是什么？

两汉的诗歌以《乐府》和《古诗十九首》为代表。《乐府》也叫做《乐府诗》，是汉武帝时期由乐府采集民间诗歌选编配乐而成的诗集，内容广泛地反映了当时社会生活的各个方面。其中《战城南》、《十五从军征》、《平陵东》、《思悲翁》、《东门行》、《有所思》、《陌上桑》等，分别反映了人民的悲惨遭遇，对繁重徭役、横征暴敛的不满，反映了妇女不幸的命运及其坚强不屈的性格等。

《古诗十九首》是东汉中后期的中

下层知识分子的作品。这些知识分子在当时的黑暗社会中，为求功名利禄，背井离乡，四处奔走。他们把对社会的感触，倾注到作品之中。两汉的诗歌形式自然朴素，用语通俗深刻，与赋体大不相同。它发展了《诗经》中《国风》的现实主义精神，对于后代文学的发展有很大的影响。

你知道秦始皇陵的兵马俑是何时发现的吗?

1974年发现秦始皇陵的兵马俑坑。这个俑坑陈列着武士俑六千余个，每个武士身高1.8～1.86米，形态各异、生气勃勃；出土陶马，高1.7米，长2米多，都栩栩如生、气宇轩昂，是一座雕塑艺术的宝库。

你知道《史记》的作者是谁吗?

司马迁（前135～ 前93年）字子长，夏阳（今陕西韩城）人。父司马谈，武帝时，为太史令，学识渊博。原拟撰写一部史书，未及撰述，就因病去世。司马迁幼时聪慧，10岁开始诵习古文。20岁时，周游各地许多名山大川和名胜古迹，了解了各地的一些风俗与民间传说，接触过各个方面的人物。后为郎中，奉使到今四川、云南等地，对当地少数民族等有所了解。继父亲之职任太史令后，又得博览史官所藏图书。他的学术根基牢固、经历丰富，这是后来他撰写中国古代第一部纪传体通史——《史记》的极有利的条件。

司马迁作为一位史官，原来写作目的是为了宣扬“明圣盛德”，为西汉王朝的统治服务。可是天汉二年（前99年），他为李陵投降匈奴一事辩护，触怒了汉武帝，被处宫刑，这对他是一个很大的打击，思想上起了某些变化。

他当时极度悲愤，曾想到死。可是为了完成《史记》一书的写作，还是需要活下来。他对西汉统治者极不满，揭露皇帝、宗室贵族、外戚和官僚在政治方面的残暴行为与奢侈的生活。他对陈胜、吴广等农民起义领袖，则给予同情。因而为陈胜、吴广作“世家”，同五霸、七雄等诸侯并列，评价很高。除此之外，还为其他各行业各阶层的代表人物立传，又对天文、历法、礼乐、水利、经济、少数民族，以专章论述，比较具体生动地反映了中国早期正在形成的多民族国家的面貌。

司马迁

你知道《汉书》的作者是谁吗?

班固（32～92年），字孟坚，扶风安陵（今陕西咸阳东北）人。他的父亲班彪，是著名的史学家。因司马迁的《史记》只写到汉武帝太初年间，乃收集史料，作《史记后传》六十五篇，以补足《史记》的西汉部分。书未成，班彪死后，其子固为兰台令史，转迁为郎，奉诏完成其父所著。他用了二十余年的时间，修成《汉书》一百卷（后分为一百二十卷）。全书分为十二纪、八表、十志、七十列传。始于刘邦起兵，终于王莽覆

灭，记述了二百三十余年间的史事人物。属于西汉前期的内容，多采自《史记》。《汉书》十志比《史记》八书的内容详备。《刑法》、《五行》、《地理》、《艺文》四志和《百官公卿表》等是班固的新创。《汉书》是中国第一部体例完整、内容丰富的断代史。

《汉书》的主要特点是维护正统思想，维护帝王的权威和形象。因此，《汉书》的记述没有《史记》公正。

你知道中国最早记载勾股定理的著作吗？

秦汉时期，科学技术远超欧洲。并从汉朝时代起，直到明朝后期，西方才赶上和超过中国，无论是科技，还是政治、思想文化，一路领先人类文明两千余年。

大约在西汉中期，中国古代的第一部讲述天文和历法的算学著作《周髀算经》成书。在数学方面，使用了相当复杂的分数算法和开平方法。还用竿标测日影以求日高，使用的是勾股定理，这部书是中国现存文献中最早引用勾股定理的著作。

你知道东汉著名的数学著作吗？

《九章算术》，约成书于东汉前期。全书分方田（分数四则算法和平面形求面积法）、粟米（粮食交易的计算方法）、衰分（分配比例的算法）、少广（开平方和开立方法）、商功（立体形求体积法）、均输（管理粮食运输均匀负担的计算法）、盈不足（盈亏类问题解法）、方程（一次方程组解法和正负术）、勾股（勾股定理的应用和简单的测量问题的解法）九章。其中负数、分数计算，联立一次方程解法等，都是具有世界意义的成就。全书由二百四十六个算术命题和解法汇编而成，标志着中国古代数学的完整体系的形成。

你知道张衡的贡献吗？

东汉安帝时，太史令张衡掌管天文，撰《灵宪》一书，比较正确地阐述了许多天文现象。张衡是一位伟大的科学家，他在西汉的浑天仪的基础上，设计了一种新的浑天仪，以漏水转动，星宿出没，与灵台观象所见的情况相符合。张衡还作候风仪和地动仪。候风仪制法失传。地动仪是用精铜制造的，圆径八尺，形似酒樽，内置机关，在八个方向各安一个龙头，口衔铜丸一枚。哪个方向发生地震，同方向的龙头就口吐铜丸，发出警报。浑天仪和地动仪的制造，不仅是科学技术上的一大成就，还促进了唯物主义世界观的发展，对东汉喧嚣一时的谶纬迷信思想是一个有力的打击。

你知道中国历法的第一次重大改革吗？

秦统一中国后，在全国颁行《颛顼历》。武帝时，《颛顼历》已行用百余年。武帝以司马迁、星官射姓、历官邓平和民间历算家唐都、落下闳等二十余人修改历法，于太初元年（前104年）编成新历，这就是有名的《太初历》。《太初历》比四分历科学，行用一百八十九年才出现重大差误。《太初历》根据天象实测和多少年来史官的记录，制定了一百三十五个月的日食周期。太初历还把二十四节气第一次收入历法，这对于农业生产起了重要的指导作用。《太初历》的编制是中国历法史上的第一次大改革。

你知道《伤寒杂病论》的作者吗？

张仲景，名机，南阳人，著名医学家，被称为医圣。相传曾举孝廉，做过长

张仲景

沙太守，所以有张长沙之称。张仲景广泛收集医方，写出了传世巨著《伤寒杂病论》，分为《伤寒论》和《金匮要略》二书。它确立的辨证论治，是中医临床的基本原则，是中医的灵魂所在。在方剂学方面，《伤寒杂病论》也创造了很多剂型，记载了大量有效的方剂。其所确立的六经辨证的治疗原则，受到历代医学家的推崇。这是中国第一部从理论到实践、确立辨证论法则的医学专著，是后学者研习中医必备的经典著作，是中国医学史上影响最大的著作之一。

你知道“五禽之戏”是谁发明的吗？

华佗字元化，又名旉，汉末沛国谯（今安徽亳县）人，是三国著名医学家。钻研医术而不求仕途。他医术全面，精通内、妇、儿、针灸各科，尤其擅长外科，精于手术，被后人称为“外科圣手”“外科鼻祖”。行医足迹遍及安徽、山东、河南、江苏等地。他曾用“麻沸散”为病人麻醉后施行剖腹手术，是世界医学史上应用全身麻醉进行手术治疗的最早记载。又仿虎、鹿、熊、猿、鸟等禽兽的动态创作名为“五禽之戏”的体操，教导人们强身健体。后因不服曹操征召被杀，所著医书《青囊书》已佚。今亳州市有“华佗庵”等遗迹。

你知道蔡侯纸吗？

周秦时期，以竹木简牍和缣帛作为书写绘画材料。简重帛贵，不便使用。西汉中后期，宫廷中已使用一种丝质纸，薄而小，叫做赫蹏。社会上已有用植物纤维制造的纸张。公元105年，蔡伦在东汉京师洛阳总结前人经验，改进了造纸术，以树皮、麻头、破布、旧渔网等为原料造纸，这种纸被后人称为“蔡侯纸”。大大提高了纸张的质量，扩大了纸的原料来源，降低了纸的成本，为纸张取代竹帛开辟了的前景，为文化的传播创造了有利条件。

中国的造纸术是怎样对外传播的？

中国的造纸术约在公元三四世纪传入朝鲜半岛，后又传到日本。唐中期，传到中亚，后经阿拉伯诸国传到北非和欧洲。造纸术的发明与传播，对于世界文化的发展起了重大的作用。

第五章　魏晋南北朝

魏晋南北朝时期的社会特征是怎样的？

魏晋南北朝时期（220～589年）是中国历史上长期分裂割据的时期，也是北方少数民族和汉族依次向南大迁徙、大同化、大融合的时期。在此时期，北方的割据势力之间，民族之间，曾发生过频繁激烈的战争。长江以南比较稳定，得到较好的开发，社会经济发展也比较快。

汉献帝是在谁的扶持下登上帝位的？

董卓原是临洮（今甘肃岷县）的地方豪强，曾镇压过羌人和黄巾大起义。后任并州（今山西太原）牧，驻河东（今山西夏县）。废少帝，另立9岁小儿陈留王刘协为帝，即献帝，董卓辅政，独揽大权，逼走袁绍。次年，关东各州郡牧守、军事集团推举袁绍为盟主，联兵进攻洛阳，讨伐董卓。董卓武力不敌，就带着献帝西走长安。行前，董卓大肆放火，洛阳周围二百里内尽毁。董卓到长安以后，中了反间计，为部将吕布所杀，部属分裂为数支，互相火拼，长安城内外的居民死亡逃散，关中一带路无行人。就在此时，汉献帝亦乘机东逃，投奔曹操以寻求保护。关东的联盟也随之就瓦解。

董卓

你知道反董卓联合军的盟主是谁吗？

袁绍，字本初，汝南汝阳（今河南汝南）人，父祖四代有五人官至三公，属于名门大族。袁绍初为司隶校尉，于190年被推举为反董卓联合军的盟主，与董卓交战，但不久联合军便瓦解了。此后，在汉末群雄割据的过程中，袁绍先占了冀州，先后又夺取青、并二州，于199年击败了割据幽州的军阀公孙瓒，势力达到顶峰，但在200年的官渡之战中被曹操击败。在平定冀州叛乱之后，于202年病死。

曹操是怎样统一北方的？

曹操，字孟德，沛国谯（今安徽亳州）人。他的父亲曹嵩是宦官曹腾的养子，曾任东汉太尉。建安元年（196年），他把在逃难中的汉献帝迎到许昌，取得了以“挟天子以令诸侯”的有利地位。曹操在巩固了他在兖、豫地区的统治之后，又继续进兵河北，歼灭了袁绍的儿子袁谭、袁尚、袁熙等势力。

建安十二年（207年），又北出卢龙塞（今河北迁西喜峰口），打败了与袁氏互相勾结的乌桓头人，从而基本上统一了中国的北方。在统一北方以后，于208年，乘胜挥师南下，便想攻下荆州，进而

出兵江东，统一长江流域。当时，荆州牧是刘表，有士卒数10万，物资十分丰厚。但在这年，他因病而死去。他的长子刘琦和异母弟刘琮不和，刘琮于是掌权。在曹军压境时，刘琮便投降了曹操。

刘备是怎样登上了汉末政治舞台的？

刘备，字玄德，涿郡涿县（今河北涿州）人，西汉中山靖王之后。年少时曾读过书，又以贩鞋织席为业。东汉汉灵帝末年，刘备因起兵讨伐黄巾军有功从而登上了汉末政治舞台，三顾茅庐后始得诸葛亮辅佐。后来参与镇压黄巾军，兵力比较薄弱，后为曹操所破，南下依附于刘表，驻樊城（今湖北襄樊）。曹军南下荆州，刘备便退至夏口（今湖北武汉），派遣诸葛亮与孙权结盟，共同对付曹军。

“生子当如孙仲谋”说的是谁？

孙权，字仲谋，吴郡富春（今浙江富阳）人，孙策的弟弟。孙策死后，他继续统治江东各郡，势力比曹操弱很多，对于曹操兼并荆州、顺流而下十分担忧。当时，刘备有关羽部下万余人，还有与他关系密切的刘琦部下1万余人。孙权派将军周瑜率兵3万余人和刘备联军。周瑜乘东南风之便利，用火攻曹营，全部烧毁了曹军的战船。周瑜、刘备水陆并进，曹军大败。这就是决定“天下三分”的著名战役——“赤壁之战”。

赤壁之战后是谁夺取了献帝之位？

赤壁之战以后，曹操知道一时还不能统一长江流域，就回了到北方，从而奠定了三国鼎立的基础。公元211年（建安十六年），大举进兵关中，打败了韩遂和马超，占据了凉州（今甘肃和青海的一部分）。公元215年，又进兵汉中，张鲁投降，曹操占领了汉中。公元213年，汉献帝封曹操为魏公。216年，曹操晋升为魏王。220年（建安二十五年），曹操病死，太子曹丕继位。不久，曹丕夺取了献帝之位，改国号为魏，历史上亦称为曹魏。曹丕自立为帝（魏文帝），追尊曹操为魏武帝，建都于洛阳。

孙权是怎样巩固他对江南统治的？

孙权在赤壁之战以后，巩固了他对江南的统治。公元211年，以建业（今江苏南京）为都城。同年，占据了岭南。公元219年，孙权乘刘备留守荆州的将军关羽北上与曹军作战之时，命令吕蒙乘虚而入，截杀关羽部队，夺得了荆州.关羽被害。曹丕称帝。以后，孙权于次年称为吴王。次年（222年），刘备亲自率领大军出巫峡，企图想夺取荆州。孙权任命陆逊为大都督，率领5万士卒，以逸待劳，在夷陵（今湖北宜昌东南）用火攻，于是蜀军大败。这就是历史上又一个以弱胜强的著名战例“夷陵之战”。自从这次战役以后，蜀、吴的势力均处于平衡的状态，但还是弱于曹魏。两国为了共同抵抗曹军，开始互相遣使通好，又从而恢复了联盟关系。公元229年，孙权称帝，国号为吴，历史上亦称为孙吴。

孙权

刘备是怎样加强对蜀中统治的？

刘备入蜀以后，实行了团结当地地主豪绅的政策，并归还地主们的田地和房屋，并鼓励他们组织和领导流民发展农业生产，恢复农业经济。这时的手工业和商业也由恢复而得到了很大的发展。最著名的手工业有织锦业。

诸葛亮接着对南中实行了羁縻政策，任用本地或本民族的地主豪绅为地方吏，任孟获为蜀的御史中丞，就这样民族关系有了很大的改善，南中的局势也渐渐地稳定了。南中的稳定不但消除了蜀的后顾之忧，而且还成为蜀的比较富饶的后方，为蜀对曹魏的斗争提供了一定的人力和物力。

吴国经济的发展水平如何？

吴国的政治制度与魏、蜀很相似。孙权同样也是依靠江南大地主建立统治的。这些大地主很多都是世代为吴的高官，有的甚至还拥有众多的私兵。

吴国地区在黄巾大起义的时候，这里相对比较的稳定。北方人口的南迁，带来了先进的农业生产技术。吴国还在很多郡县组织了屯田，并促进了农业生产的大力发展。吴国的手工业有制青铜镜和青瓷器等。养蚕业能在一年中培育八辈之蚕，都能作茧抽丝。

吴国对外交往的水平如何？

吴国的商业更加发达，水路交通便利，内河、海上都有很多的船舶来往。当时的造船经验和技术都有非常大的进步。海船也很坚固，大船长达20余丈，高出水面二三丈，远望如楼阁，可载六七百人，货运1万余斛。用4帆，帆随风势调整，可以逆风而行。远航罗马的巨型船舶有用7帆的。罗马的使者和商人经常来吴国。吴国与倭国（今日本）也有定期的船舶往来。公元230年，孙权派遣将军卫温和诸葛瑾率领甲士万人航行到夷洲（今台湾）。这就是中国古文献有关大陆人到台湾的最早记录。公元242年（赤乌五年），孙权又派遣将军聂友等人率领士卒3万人到朱崖（今广东徐闻）、儋耳（今海南省儋县），这些都是规模最大的海上航行。

蜀国是怎样灭亡的？

公元263年（景耀六年），魏派遣钟会、邓艾两路大军讨伐蜀。钟会率领10万大军为主力，由斜谷进入汉中，姜维在剑阁（今属四川）防守。邓艾以3万士卒出阴平道（今甘肃文县），直接逼进成都。于是刘禅投降了，蜀便灭亡了。这时姜维被迫投降于钟会。次年，钟会谋叛魏，姜维假与钟会联合，准备乘机以恢复蜀国，后来失败被杀。

魏国是怎样灭亡的？

曹魏后期，司马懿掌握了大权。公元260年（景元元年），司马懿的儿子司马昭杀了皇帝曹髦，立曹奂为帝，有成语道“司马昭之心，路人皆知”，就是出于此。263年，司马昭封晋公，后来又封为晋王。265年，司马昭病死，其儿子司马炎继位为晋王，便废曹奂而自立，称为晋武帝，国号晋，历史上称为西晋，魏国灭亡。晋代魏之后，即在长江上游大造战舰，训练水师，为灭吴做充分的准备。

吴国是怎样灭亡的？

吴帝孙皓为加强对长江上游的防守，于是迁都武昌（今湖北鄂城）。江南人民为统治者逆流转运粮饷财物，劳苦异常。，不断发生起义，来反抗孙吴的统

治。孙皓为了顺应民意，不得不还都建业。从此以后，上游的防守严重松弛。公元279年（天纪三年），晋调六路大军共20余万人讨伐吴，次年三月，水师到达建业的石头城，孙皓被迫投降了，吴国灭亡。

西晋政局为什么不稳定？

司马炎篡魏以后，认为魏最大的问题是没有给宗室诸王军政大权，认为皇帝的藩辅，没重用他这个外臣，所以他就篡权了。他为了避免别人学他的夺权路子，军权就不再交给外臣。所以，他就学习西周，大搞分封，希望司马氏的统治能因而历经百世。他封同姓王27国，公、侯、伯、子、男500余国。所封户数几乎占全国户口的半数。这些宗室贵族位高权大。特别是诸王，如出镇一方，则拥有特大兵权，又得自置官吏，确实是一方的土皇帝；假如人在朝中，则居卿相之位，权倾内外，专断独行。这样的情况在一定程度上严重地削弱了中央集权制，是西晋政局不稳定的重要原因之一。

太熙元年（290年），晋武帝死亡，其儿子司马衷即位，便为惠帝。惠帝是个白痴，皇后贾南风荒淫又凶残，是个极具野心的政治家。惠帝初即位时，外祖杨骏辅政。贾后为了掌权，即召都督荆州诸军事楚王司马玮入京，杀掉了杨骏。这是“八王之乱”的开始。杨骏死后，朝廷推举汝南王司马亮和元老卫瓘共同辅政。贾后因仍未掌政权，心中有所不甘，便让惠帝密令楚王玮杀掉汝南王亮和卫瓘，贾后又以“擅杀”的罪名杀掉王玮，从而夺得了大权。

西晋是怎样灭亡的？

惠帝元康四年至六年（294～296年），匈奴人在谷远（今山西沁源）、氐和羌人在关中，先后起义，多达数十万人。永康二年（301年），賨人在李特的领导下起义，大败晋军，攻占广汉，进围成都。太安二年（303年），李特自称为益州牧，建立革命政权。后来李特战死，其弟李流率领部队继续战斗。李流病死，李特之子李雄为首领，攻下成都，自称为成都王。永兴三年（306年），改称皇帝，国号为大成。

晋惠帝永兴元年（304年），匈奴贵族刘渊在汾河流域起兵，自称为汉王。晋怀帝永嘉二年（308年），刘渊称帝，建都平阳（今山西临汾），国号为汉。永嘉四年，刘渊死亡，其儿子刘聪继位。次年，派其族弟刘曜攻占洛阳，俘虏晋怀帝。晋在关中的官僚又拥立秦王司马邺为帝，是为愍帝，建都于长安。建兴四年（316年），刘曜又攻入长安，俘愍帝，西晋于是灭亡了。

“永嘉南渡”发生在何时？

西晋末年，琅邪王司马睿为安东将军，都督扬州诸军事，驻扎于建邺。这个时期的江南战争非常少，社会比较稳定，在永嘉及以后的时间中，北方的贵族、官僚及士族、大地主纷纷携眷南逃。

永嘉（307～313年）是西晋怀帝司马炽的年号。在这个期间，内迁的北方少数民族匈奴、羯、氐、羌、鲜卑等相继起兵，匈奴贵族刘渊、刘聪等先后称帝，还连续攻破洛阳、长安，俘虏晋怀帝、愍帝，灭亡西晋。这场战争有严重的民族仇杀倾向，因而非常的残酷。如匈奴人刘曜攻破洛阳时，杀戮贵族、官僚、庶民3万余人，京师洛阳变成一片瓦砾。羯人石勒在东郡击败晋军，杀王公以下10余万人。于是汉族官民纷纷向南逃，史称“永嘉南渡”。

东晋是怎样建立的？

公元316年（建兴四年），西晋灭亡，南方的官僚和南逃的北方士族的首领们于是在317年拥立司马睿为晋王，次年又称为元帝，建都建康，历史上称为东晋。司马睿称帝后，王导和他的族兄王敦的功劳最大。司马睿以王导任丞相，掌握大权；以王敦任镇东大将军、都督江扬荆湘交广六州（几乎包括当时东晋全境）诸军事、江州刺史，所以当时有“王与马，共天下”之说。

你知道“闻鸡起舞”的典故与谁有关吗？

东晋建立前期，很多爱国志士曾建议出兵北伐，意在统一全国。祖逖就是其中之一。他以为只要南方的晋兵一出，北方人民会群起响应，中原便可以能够收复。但是司马睿只想在江南建立他的统治地位，对北伐毫无兴趣。因此便给了祖逖以奋威将军、豫州刺史的名义，只给他一千人的口粮和3千匹布作为军用物资，让他北伐，但是却不给士卒与兵器，让他自行招募军队打造武器。

永嘉七年（313年），祖逖便率领自己原有的部队渡江北上。他在淮阴（今江苏清江）铸造兵器，大量招募士卒，队伍扩大到2千余人。他进军到今河南地区时，联合当地的起义武装，大破石虎（石勒之侄）军5万余人，并接连破石勒军。

正当祖逖准备渡河北上时，司马睿又派来了戴渊为都督兖豫幽冀雍并六州诸军事、征西将军，用来牵制祖逖。祖逖忧愤成疾，于公元321年（大兴四年）病死在雍丘（今河南杞县），北伐就停止了。祖逖已收复的土地又先后失去。

你了解桓温的爱国之心吗？

桓温是龙亢（今安徽怀远）人，又是晋明帝之婿，任都督荆梁四州诸军事、荆州刺史。公元347年（永和三年），他率领军队入蜀，消灭了賨人李氏的汉国，声威由此大震。他曾先后三次北伐。第一次是在公元354年（永和十年），他亲自率领步骑4万余人，屡败氐族所建的前秦，直抵霸上（今陕西长安东），受到当地人民的热烈欢迎。桓温因为军粮不足，没有能攻克长安，就退返襄阳。

第二次北伐是在公元356年，桓温击败羌族贵族姚襄，收复了洛阳。桓温曾向晋穆帝建议还都洛阳，又建议自西晋末年以来南迁的士庶人等，统统返回家乡。当时上自皇帝下至达官贵人，均安于江南一隅，不愿意北还。桓温便返回江南，洛阳和其他已收复的土地又先后失掉了。

第三次北伐是在公元369年（太和四年），桓温率领步骑5万人大破前燕军，进抵枋头（今河南浚县）。因为前燕得到了前秦的支援，截断了晋军的粮道，桓温不得不退兵。在退兵的途中，晋军又遭到前燕骑兵的追击，死者达3万余人。桓温这次北伐，虽然得到了广大人民群众的支持，但是东晋统治集团内部却钩心斗角，从而破坏北伐，也就很难成功。

桓冲是怎样缓和东晋统治集团内部的矛盾？

桓温死后，其弟桓冲为中军将军、扬豫二州刺史，代掌握兵权。此时前秦已基本上统一了北方，对东晋造成了严重的威胁。桓冲为了缓和桓氏与谢氏以及东晋统治集团内部的矛盾，以便有利联合起来抗击前秦，便主动解除了自己州刺史一职，让与辅政的谢安。他出镇京口，与谢安协

谢安

力，共同加强对前秦的防御。

谢安为了能组织一支归中央直接指挥的主力军队，便招募来自徐、兖二州的侨人及其子孙，组成军队，进行长期严格的训练，号为“北府兵”。北府兵的将卒都受过匈奴和羯人的仇杀之苦，因此都有抵御前秦、保卫江南的决心。

你知道成语“草木皆兵”吗？

前秦于公元382年统一了中国的北方地区。而东晋在前秦皇帝苻坚的眼中，是微不足道的。统一北方的第二年，苻坚决定调士卒90余万人南下灭东晋。秦军前锋25万人由苻坚的弟弟苻融率领，很快就攻下了寿阳（今安徽寿县）。后来他和弟弟苻融趁夜去前线视察，看到晋军阵容严整，士气高昂，连晋军驻扎的八公山上的草木，也影影绰绰像是满山遍野的士兵。

东晋派谢安的弟弟谢石为征讨大都督，谢玄为前锋都督，率领兵士8万人，在淝水的东岸和西岸的苻融军相对峙。因为秦军内部的士兵大部分是被胁迫而来的，并且是汉族和其他族人民，他们不愿意作战，尤其汉人心向南方。所以，一旦退却，不可复止，以为前方被击败了，便四处奔逃，自相残杀，死伤遍野。晋军就乘势猛攻，打败了秦军，苻融也被杀死，苻坚中了一箭，独自骑马北逃回洛阳，途经八公山收集了散乱士卒，仅剩10余万人。两年后（385年），苻坚被羌族首领姚苌杀死。

南北朝的对峙局面是怎样形成的？

淝水之战以后，东晋收复了徐、兖、青、司、豫、梁六州（今河南、山东、陕西等部分地区）。淝水之战中符坚惨败是因为，苻坚南侵是不义的战争，士卒和人民都不支持；在军事方面苻坚骄傲自满，缺乏周密的计划和正确的指挥。而东晋之所以取得胜利，是因为在强敌压境之时，统治集团内部的矛盾比较缓和，上下一心。这次战争的胜利，进一步稳定了东晋在南方的统治地位。但是东晋亦无力收复中原，因而南北对峙的局面便长期延续了下来。

历史上的南朝开始于何时？

刘裕，字德舆，原籍彭城（今江苏徐州），后来南迁至丹徒（今镇江东南）。幼年的时候家里贫困，长大后在北府兵中任将领，成为镇压孙恩、卢循农民起义军的主力。

东晋末期，民变此起彼伏，朝廷内部斗争也十分激烈。公元402年，东晋大将桓玄乘朝廷实力虚弱，起兵篡位，国号“楚”。刘裕与刘毅等起兵勤王，并最终消灭了桓玄的力量。此后，刘裕率军南征北伐，其势力不断得到稳固壮大，并先后攻灭刘毅、司马休等实力派，最终迫使晋恭帝将帝位禅让给他，建立宋朝。

刘宋建立后，中国的南方开始了“南朝”时期。南朝先后出现的王朝为宋、齐、梁、陈。这四个朝代的统治时间都非常的短，各为几十年，最后都被隋朝消灭。

刘裕是怎样整顿吏治的？

刘裕当了皇帝以后罢免和处死了很多官吏，有很多是士族或皇族出身的。他的亲信、功臣中也有骄纵的，他就严厉惩

罚，严重的甚至处死。

东晋时期，中央和州、郡的大权一直掌握在王、谢、庾、桓四个大家族手中，如果选拔官吏，要依据门第的高低，选出的官吏很多是无才无识之辈。刘裕掌权以后，下令改变这种状况，并且要求按照九品中正制初置时的精神来选拔人才。他还重用出身“寒微”的人，如刘穆之、檀道济、王镇恶、赵伦之等。

刘裕在义熙九年（413年）再次实行“土断”政策。除南徐、南兖、南青三州都在晋陵（今江苏镇江、常州一带）界内，不在土断之列外，其余都依界土断。多数侨置郡、县被合并或被取消。在户籍上，不再分土著和侨人。对于世家大族隐藏户口的，要严厉清查。还严厉禁止豪强封锢山泽、乱收租税，人民还可以任意樵采和捕捞。

刘裕对政治、经济的改革，不但平息了民怨，而且还改善了政治和社会的状况。

刘裕是怎样消除外来威胁的？

南燕是鲜卑贵族慕容氏建立的国家，在今山东和河南的东部，以广固（今山东益都）为都城，曾屡次南侵，东晋的北边非常不安宁。义熙五年（409年），刘裕亲自率领大军北伐，水陆并进，连破燕军。次年二月，便灭掉了南燕。

后秦是羌族贵族建立起来的国家，在今陕西、甘肃和河南西部，以长安为都城。桓玄、谯纵之所以叛乱，都是得到了后秦的支持。义熙十二年（416年），后秦的统治阶级内部发生了争权斗争，刘裕便乘机出兵两路，于次年八月攻破长安，灭掉了后秦。

“元嘉之治”是指谁的统治？

刘裕称帝后二年即死了。其儿子文帝即位，继续执行改善政治、发展生产的政策，不但多次免除人民所欠的租赋，还赈济灾民，帮助流民返乡复耕，因此社会稳定，生产发展很快，历史上称文帝时为“元嘉之治”。

但到了元嘉后期，人口再次饱和，刘宋统治集团内部又一次发生争夺帝位之事。元嘉三十年（453年），宋文帝被他的长子刘劭所杀害，刘劭自立为帝。不久，刘劭又被其三弟刘骏所杀害，刘骏即帝位（孝武帝）。从此，宗室诸王之间，内战接连不断，政治十分黑暗，横征暴敛越来越严重，社会动荡不安，各地人民不断发生起义。

南朝时的齐政权是怎样建立的？

齐高帝萧道成（427年～482年）字绍伯，小名斗将，汉族，南朝齐建立者，在位四年。先祖世居东海兰陵（今山东枣庄峄城镇东）。

元徽二年（474年），由于平叛有功，萧道成晋爵为公，迁中领军将军，掌握禁卫军，督五州军事，但实际上已经形成萧道成独掌朝政的局面。当时，他与袁粲、褚渊、刘秉号称“四贵”。在这里，“四贵”有专权乱政的意思。此后，宋皇室成员为争权自相残杀，朝廷实权渐集于萧道成。

元徽四年（476年），萧道成迁尚书左仆射（相当于朝廷宰相）。是年七月，久蓄逆志的南徐州刺史建平王刘景素，自恃是刘义隆长孙，又有勤王之功，意欲夺取帝位。萧道成果断征讨，双方激战于京口万岁楼下，很快刘景素兵败被斩。

升明三年（479年）三月初二，顺帝刘准任命太傅萧道成为相国，总领百官，封给他10个郡的封地，号称齐公，颁赐九锡，让他仍然担任骠骑大将军、扬州牧、

南徐州刺史。建元元年（479年）四月二十日，刘宋顺帝刘准颁诏将帝位禅让给齐王。齐高帝建元元年（479年）四月二十三日，萧道成即位于建康南郊，设坛柴燎告天。至此，齐朝正式建立，史称南齐。

南朝时的梁武帝是一个怎样的皇帝？

梁武帝萧衍（464年～549年），字叔达，小字练儿。南兰陵中都里人（今江苏常州市武进区西北）。南梁政权的建立者，庙号高祖。萧衍是兰陵萧氏的世家子弟，出生在秣陵（今南京），为汉朝相国萧何的二十五世孙。父亲萧顺之是齐高帝的族弟。萧衍原来是南齐的官员，南齐中兴二年（502年），齐和帝被迫“禅位”于萧衍，南梁建立。萧衍在位时间达四十八年，在南朝的皇帝中列第一位，在位颇有政绩。

南朝时的陈政权是怎样灭亡的？

陈霸先立元帝之子萧方智为帝（敬帝），自掌大权。太平二年（557年），陈霸先废敬帝自立（陈武帝），国号为陈。

陈霸先在位两年便病死了，其侄陈蒨继位，是为文帝。陈自建立以后，江陵、襄阳以西被西魏（北周）所夺，江北则被北齐所占有。江南的土地，中央能控制的也不是很多。如湘州、桂州、广州等地的刺史或郡守等，多拥有兵众，并割据一方，不听中央的命令。

陈朝末年，陈叔宝称帝，这个时期人口达到了饱和，国富民穷，加上帝王大建宫室，贵族生活奢侈荒淫，百姓流离失所。陈叔宝祯明三年（589年），隋军南下，攻破建康，陈叔宝被俘，陈亡。隋朝统一了中国。

南朝是怎样重振战乱中被破坏的社会道德的？

南朝的很多皇帝就笃信佛教，以重振战乱中破坏的社会道德教化，并开始大造佛寺。如宋明帝造湘宫寺，梁武帝造大爱敬寺，便是重振社会教化之举。梁武帝时期，建康一带就有佛寺五百余所，僧尼10余万人，从而缓解了一些失业压力，延迟了饥民暴动的时间。每个佛寺了都有很多的田地和其他财产，众多僧尼们在此劳动就业，同时又加大对流亡饥民的施舍范围，在一定程度上缓解了社会的矛盾。

南朝冶铁业发展的状况如何？

东晋南朝时期，手工业发展很快，这是南方的社会经济的又一大进步。

冶铁业以国营为主，当时著名的冶铁地点有梅根冶（今安徽贵池）和冶唐（今湖北武昌）等。所制铁器有锄、斧、凿、釜等农业和手工业及生活用具，还有各种兵器。地主庄园企业内部也多冶铸铁器。冶铁的时候，多用水排以鼓风。在炼钢技术上，也有相当大的进步。陶弘景的“灌钢”法，把生铁和熟铁放在一起冶炼，再加锻打，就可以成为优质钢铁。

南朝纺织业发展的状况如何？

纺织业有丝织业和麻织业，主要是与农业结合的家庭副业。很多地区的农民，掌握了很高的养蚕抽丝技术。如豫章郡（治今江西南昌），一年培育四五辈蚕；永嘉郡（治今浙江温州），一年便能培育八辈蚕，都能做茧抽丝。每年三至十月，都是育蚕、抽丝的季节。

南朝时期的海外贸易状况如何？

南方的交通运输，以水路为主。长

江及其主要支流如赣江、湘江、沔江（汉水）和郁水（粤江）及其支流，差不多遍布于南方各地，构成两大水运系统，从而把很多城市和乡村连结起来。

东晋南朝时期的海外贸易也很发达，番禺是最主要的口岸。当时有载重二万斛的大船远航南洋各国，西经印度洋，远达天竺（今印度）、狮子国（今斯里兰卡）、波斯（今伊朗）等国。这些国家的海船也常常成批的前来。东晋末年（399年），高僧法显远赴印度取经，去时自长安西行，经今阿富汗、巴基斯坦，至印度、尼泊尔。回来时，乘船赴狮子国，又到爪哇岛，本来可以航行到番禺，因为中途遭遇大风，于公元412年（义熙八年）漂泊到青州长广郡劳山（今山东青岛崂山）登陆。中国当时自西亚、南亚和南洋输入的商品主要有象牙、犀角、玳瑁、珠玑、琉璃、香料等，输出的商品以绫、绢、锦等丝织品和丝为主。

历史上北朝时期的社会特征是怎样的？

自西晋灭亡以后，黄河流域的广大地区成为进入中原的北方各族争夺统治政权的战场。参加这一战争的主要民族有匈奴、羯、氐、羌、鲜卑，史称“五胡”。建立的主要国家有一成（汉）、二赵、三秦、四燕、五凉、一夏，史称“十六国”。这一历史阶段被称为“五胡十六国”时期。其实参与斗争的民族除“五胡”之外，还有汉人和賨人，建立的国家还有代（北魏）、冉魏和西燕。自公元316年西晋灭亡以后的一百二十多年中，黄河流域一直是局势不定，没有宁日。北魏统一北方后，开始了“北朝”时期。北朝时期是中国北方民族的大融合、社会经济由恢复而发展的重要历史阶段。

历史上的十六国时期分为几个阶段？

十六国时期的第一阶段是前赵、后赵、冉魏的相继统治时期（317～352年），共约三十六年。这一时期，这些统治者都曾经进行过残酷的民族屠杀。

十六国时期的第二阶段，是前燕和前秦统治的时期（352～383年），共约三十二年。

十六国时期的第三个阶段，是淝水之战以后，北方再度分裂至北魏统一北方的时期（383～439年），共约五十七年。淝水之战后，至409年北燕建立，仅仅二十六年中，北方就相继出现过了十二个国家，寿命最短的国家只存在九年，一般的也只存在二三十年，可见当时的斗争激烈。

十六国时期的前赵政权是谁建立的？

前赵原为汉国，公元318年刘聪死后，刘曜为匈奴贵族，夺得帝位，以长安为都城，改国号为赵，史称“前赵”。刘曜非常残暴，他在永嘉五年（311年）攻破洛阳时，屠杀西晋官民3万余人，繁华壮丽的京师洛阳顿时变成了一片瓦砾。

刘曜称帝之以后，征战不已。关中又流行瘟疫。前赵地区各族人民与匈奴贵族统治阶级之间的矛盾非常尖锐。

十六国时期的后赵政权是谁建立的？

后赵是羯人石勒建立起来的。石勒原本是刘渊、刘聪的大将。在匈奴贵族互相争权之时，他的势力不断发展。刘曜在关中建立赵国时，他于次年自立为帝，国号

亦为“赵”，史称“后赵”，以襄国（今河北邢台）为都城。公元328年，石勒在洛阳打败前赵军，杀了刘曜，灭前赵。

石勒在他统治时期，采取了不少巩固、加强他统治的措施。他特别注重提高本族（羯）人的社会、政治地位，作为他基本的依靠力量。如称羯人为“国人”，严禁称“胡人”；称汉人为“赵人”。又用羯人和其他北方民族青壮年组成很大的禁卫军，由石勒之侄石虎（石季龙）率领，作为基本的军事力量。

另一方面，石勒又很注意笼络投靠他的汉族士人，把他们编成“君子营”，作为自己的幕僚。他用汉族的先进文化来强化社会管理，任用汉族文人做官以帮助他治理国家，他用士人张宾为大执法，总管朝政。并且在襄国设太学，选送本族将吏子弟受学，学习汉朝文化。又下令各郡、国立学校，提倡尊孔之道，读圣贤经书。这些都是汉代文化的积极做法，赢得了汉族地主、士人的认同和帮助。

十六国时期的冉魏政权是谁建立的？

冉闵是汉族，其父瞻，是匈奴贵族石虎的养子，冉闵很得石虎的信任。冉魏仍定都于邺。冉闵为了加强他的统治，不断挑起民族间的互相仇杀。于是羯人便纷纷逃出邺城，汉人在百里之内的都往邺城内迁徙。冉闵又下令大杀羯人，凡杀一羯人的，即可封官晋爵。羯人在一天中被杀的有数万口之多。前后被杀的贵贱、男女、老幼共约有20余万口。后来凡是“高鼻多须”的，都遭滥杀。

十六国时期的前燕政权是怎样建立的？

冉闵制造民族仇杀政策不仅未能巩固他的反动统治，相反，境内更加动荡不安，民族矛盾和社会矛盾都十分尖锐。他刚建国两年，即公元352年，前燕国君慕容儁便率军南下，攻破邺，冉闵被俘而死，冉魏亡。慕容儁自立为皇帝，国号为燕，史称“前燕”。

前燕贵族是鲜卑族的一支，姓慕容氏。慕容氏原居于今辽河流域。公元337年，慕容皝称燕王，以龙城（今辽宁朝阳）为国都，招徕中原地区的汉族流民，组织垦荒屯田。地租比率：用官牛者，民得收获物的十分之四，官得十分之六；用私牛者，对分。这里是相对的比较安定，中原地区的许多人民逃到这里，带来了比较先进的生产技术，便促进了这一地区的社会经济的快速发展。

十六国时期的前燕政权是怎样灭亡的？

慕容氏灭冉魏以后迁都蓟（今北京城西南），五年后，又迁都于邺。后来，统治者的生活越来越浮华，皇帝慕容暐有后宫4千余人，僮仆4万余人，穷奢极欲，日费万金。太傅慕容评搜刮人民的财产，不但强占田地，还封锢山泽，劳动人民乃至军队砍柴打水，都要纳钱。军队饮水要纳绢一匹，才可以取水二石。慕容评搜刮的钱绢，堆聚如山。贵族官僚们还占有大量的庇荫户，庇荫户的总数大大超过国家控制的户口，致从而使国家的赋税征收和徭役调发都非常困难。因而，前燕后期的社会矛盾和民族矛盾都不断发展，府库空虚，士气低落。

公元369年，前燕贵族内部又发生了激烈的征战，贵族之一慕容垂投降于前秦苻坚。苻坚以王猛为统帅，慕容垂为先锋，率领步骑3万人进攻前燕，攻占洛阳，次年又以6万人大败慕容评40余万

人，后攻下邺，俘虏皇帝慕容暐，前燕灭亡。

十六国时期的前秦政权是怎样建立的？

前秦是氐族的首领苻洪建立起来的。不久，苻洪死了，其儿子苻健便继位，公元351年称天王大单于，次年称帝，国号为秦，定都长安。355年，苻健死亡，其儿子苻生继位，昏庸残暴。苻健之侄苻坚杀苻生后自立。

苻坚十分重视改善政治状况。他任用家世寒微的汉人王猛为中书侍郎，参掌机要。王猛为了加强中央集权，限制、打击氐族贵族及汉族地主不法势力，整顿吏治。氐族贵族非常反对王猛。曾经辅佐苻坚健立有大功的氐族豪酋樊世当众侮辱王猛，并扬言要砍他的头。苻坚知道后大怒，苻坚处死樊世，还在朝廷上责骂、鞭挞攻击过王猛的其他氐族贵族。后王猛为中书令、京兆尹，在数十天中，诛杀贵戚强豪二十余人。

王猛非常重视发展农业生产，奖励开荒，又开放山林川泽，允许劳动人民樵采捕捞，还重视兴修水利，发展交通运输，整顿风俗，大力兴办学校。

十六国时期的前秦政权是怎样灭亡的？

公元370年，苻坚灭前燕。374年，夺得东晋的益州。376年，灭前凉和代。382年，便控制了西域。至此，前秦基本上统一了中国的北方。前秦的疆域虽大，武力虽强，在战争中屡获胜利，可是统一的时间有点短，境内民族很多，民族关系特别复杂，矛盾尖锐，政局十分不稳定。王猛在病危时，认为东晋的力量还是十分强大的，建议苻坚，不要南侵东晋，先要巩固前秦的统治。王猛死后，苻坚逐渐骄傲。他在统一西域的次年，就调集90余万大军进攻东晋。在淝水一战中，被晋军打得大败。苻坚逃回北方以后，原来归附于他的鲜卑、羌的贵族乘机反叛。385年，羌族首领姚苌杀死苻坚，整个北方便陷于混乱之中，民族斗争又激烈了起来。

十六国时期的北魏政权是怎样建立的？

北魏的前身是代国，鲜卑族拓跋部于公元315年建立。至376年，为前秦所灭。淝水之战以后，前秦瓦解，拓跋珪（道武帝）于386年乘机复国，不久改国号为魏，史称“北魏”“后魏”“拓跋魏”或“元魏”。起初都于盛乐（今内蒙古和林格尔北），398年，建都平城（今山西大同）。次年，拓跋珪称帝，为道武帝。他在位时期，十分重视发展社会经济，又任用大量汉族士大夫，注重改善民族关系。公元422年（泰常七年），北魏攻占刘宋的青、兖二州。次年，魏太武帝拓跋焘即位，连年攻战。公元431年（神嘉四年）灭夏国，436年（太延二年）灭北燕，439年（太延五年）灭北凉。自西晋灭亡以后，北部的中国纷扰了一百二十余年，至此复归于统一。从这时起，中国的北方进入了北朝时期。

北魏统治是怎样加强的？

北魏太武帝拓跋焘是一位雄才大略的帝王，他以一个鲜卑族部落的君主统一了北部半个中国，并能巩固和统治长达一百余年，这是中国历史上的一件大事。他的统一，把中国已经形成并正在发展的统一的多民族国家这一伟大事业又向前推进了一大步。他在统一时所采取的主要政策，有利于民族融合。

拓跋珪复国后，很重视用儒学来培养官僚，以巩固拓跋氏的统治。复国之初，即在平城建立太学，置五经博士，有太学生1千余人。天兴二年（399年），增国子太学生至3千人。此后，国子学、太学都有很大的发展，乡学也有了很大的发展，郡学都置有博士、助教和学生。此外，北魏统治者还令各州郡推荐有才学的人，都委以重任。当时中原知名的士族、儒学家如高允、卢玄等都被征用，对北魏制度、法律的建立和文化的发展，都起到了非常大的作用。

孝文帝改革是怎样加强中央集权的？

孝文帝拓跋宏即位时（471年）只有5岁，由他的祖母冯太后垂帘辅政，孝文帝改革主要由冯太后主持。这次改革的大事共有六项，其针对性和现实意义都十分强。

北魏前期，地方行政区划为州、郡、县三级制。其长官州为刺史，郡为太守，县为令长（亦称县宰）。但吏治十分混乱，地方守宰不分治绩的好坏，任期都是六年。那时没有俸禄制度，官吏到任后在当地自筹薪水和办公用费，就导致了任意搜刮民财的现象。这次改革，首先是整顿吏治。规定守宰的任期要按治绩的好坏来决定，不固定年限。又制定了俸禄制度。俸禄统一由国家筹集，按品第高低发放给官吏，不允许官吏自筹。为了杜绝贪赃枉法，又制定了惩治贪污的办法。凡贪污帛一匹及枉法者，一律处死。

孝文帝改革是怎样加强对土地管理的？

均田制名为均田，实际是保持原有的土地占有不均的状况不变。因为大族地主除了继续用隐瞒土地的手段以对付官府之外，他们还拥有众多的奴婢，还有耕牛，按均田制的规定，“家庭人口”众多自然应该分到许多土地。这样，足以保住地主们自己原有的产业。但均田制在当时对社会稳定起到了积极的作用，如规定每户占有土地的数量，不允许买卖。这些规定在一定的时间内和一定的程度上，限制了穷人卖地和豪强们对土地的收购兼并。但也阻止了农业的企业化经营和农民的员工化发展，对规模化集约化农业发展是不利的。只能永远停滞在低效率的小农经济生产的低水平上，无法向资本市场化方向发展。

继实行均田制之后，在486年，又下令实行了三长制。三长制就是五家立一邻长，五邻立一里长，五里立一党长。这是用来代替宗主督护制的基层政权制度。这是符合中央集权制要求的新制度。三长要挑选乡里中既能办事而又能谨守法令的人来担任，职责就是掌握乡里人家的田地、户口数量，征收赋税（户调），调发徭役，维持治安。废除宗主督护制和实行三长制，是对世家大族地主庄园资本经济的一次沉重打击。所以有很多地主反对。

孝文帝迁都后洛阳发生了怎样的变化？

自从北魏孝文帝迁都洛阳以来，洛阳长期荒凉的面貌发生了巨大的变化，不但成为北魏的政治中心，也慢慢成为北方最大的商业城市。

当时的洛阳有居民10万多户，城内城外的居民区共有二百多个里（坊），多分行业或按身份分别居住。洛阳的市场非常多，城西面的西阳门外，是当时洛阳最大的市场。在大市的东、西、南、北四面共有十里，亦分行业居住。

洛阳城南修有四夷馆，还有四个里。其中的金陵馆和归正里，是用来安排南朝人来归者居住的。燕然馆和归德里是用来安排漠北民族来归者居住的。

北朝商业的发展状况如何？

民间出现了很多以贩卖为主的大小商人，主要经营农产品和手工业产品。在北方和南方对峙的情况下，商业往来也有了很大的发展，主要是由民间商人进行的。商业有所发展，商品交换关系对货币的需要也逐渐迫切。太和十九年（495年），孝文帝下令铸造“太和五铢”青铜钱，于是，市场上以货币为交换手段的现象明显多了，商业进一步得到了发展。

北魏的对外交往取得了哪些积极成果？

北魏和朝鲜半岛诸国、日本、中亚、西亚以及地中海沿岸诸国，都有商业往来，外国人来洛阳经商或居住的也非常多。

丝绸之路仍是沟通中国和中、西亚的重要商道。中国的丝织品继续输出到西方，养蚕、缫丝和丝织技术也在这时传到了西方。伊朗人便很快地掌握了这种技术，并织出了具有民族色彩的“波斯锦”传到了中国。

北魏后期农民起义知多少？

北魏后期关陇地区发生了人民大起义。这里的起义军主要有两支，一支由高平镇（今宁夏固原）敕勒族酋长胡琛率领，一支由原秦州城兵、羌人莫折大提率领。胡琛是响应破六韩拔陵起兵的，自称为高平王，遣军进攻豳（今甘肃宁县）、夏（今内蒙古乌审旗南白城子）、北华（今陕西黄陵县西南）三州。他死后，部众由万俟丑奴率领。丑奴为鲜卑族人（亦说匈奴别部）。他攻占了魏的东秦州（今甘肃天水），复围攻岐州（今陕西凤翔），自称天子。公元530年（孝庄帝永安三年），丑奴为尔朱天光击败被俘，在洛阳被杀。另一支起义军，莫折大提起兵后，自称为秦王。他派兵攻破高平镇，杀镇将赫连略和行台高元荣，后不久病死。其儿子莫折念生继续率领众军战斗。念生自称为天子，国号为秦。在攻占岐州时，杀了北魏都督元志和岐州刺史裴芬之等，一度攻破潼关，威胁洛阳。后来念生被叛徒所杀，其余人马归万俟丑奴领导，并且又战斗了三年，最后失败。

什么是六镇起义？

六镇起义是指北魏末年以六镇镇民为主力的北方边镇人民的反魏起义。

孝明帝正光四年（523年），柔然南侵，怀荒镇的兵、民缺少粮食，请求镇将开仓发放粮食，便于抵御柔然。镇将拒绝开仓，兵、民十分愤怒，随聚众造反，捕杀镇将，举行起义。次年春，沃野镇镇民、匈奴人破六韩拔陵也聚众杀镇将起义，其他各镇的兵、民纷纷起义响应，一时北疆边防诸镇纷纷造反起义，国家安全失去了保障。

北魏朝廷屡次派军队前往镇压，都遭到失败。正光六年春，北魏政府联合柔然主阿那瓌联合镇压起义军。阿那瓌以十万大军进攻破六

柔然人

韩拔陵，结果战斗不利，遂率领众兵渡过黄河南移，当时尚有二十余万乌合之众。之后被北魏军所截击，义军大败。破六韩拔陵被杀，叛乱被平息。

孝昌二年（526年）初，怀朔镇兵鲜于修礼在定州左人城（今河北唐县西北）起义，六镇余众和汉族农民纷纷起义响应。八月，鲜于修礼死，部众在怀朔镇将出身的葛荣的率领下继续战斗，曾击杀魏章武王元融。葛荣自称天子，国号为齐。这时，杜洛周和葛荣两支起义军所向披靡，控制了今河北省的很多地区。但是葛荣怀有私心，在武泰元年（528年）二月杀害杜洛周，吞并了杜洛周的部众。九月，葛荣在滏口（今河北磁县西北）为魏柱国大将军尔朱荣击败被俘，慷慨就义，其余败散逃亡。

北魏是怎样分裂的？

孝明帝武泰元年（528年），战争方炽，但是胡太后却毒死了自己的儿子孝明帝元诩，另立宗室3岁的小儿子元钊为帝，自己掌控大权。尔朱荣以给孝明帝报仇作借口，率领众兵南渡黄河，进攻洛阳，把胡太后和元钊小皇帝一起投入黄河溺死，又杀死王公卿士一千多人，这就是“河阴之变”。尔朱荣另立元子攸为帝，就是孝庄帝。孝庄帝杀死尔朱荣，尔朱荣的侄子尔朱兆又杀死了孝庄帝，另立元恭为帝，是为节闵帝。尔朱荣的大将高欢在普泰二年（532年）四月，打败了尔朱兆，杀死节闵帝，另立元脩为帝，是为孝武帝，高欢自为大丞相，总揽大权。

永熙三年（534年），孝武帝逃向关中，投靠了宇文泰。高欢另立元善见为帝，是为孝静帝。从此以后北魏分裂为东、西魏两个国。

北齐是怎样建立的？

东魏高欢，原籍渤海郡蓨县（今河北景县）人，世居怀朔镇，为兵户，是鲜卑化的汉人。他立11岁的元善见为帝。高欢将国都从洛阳迁到邺（治今河北临漳县西南邺镇），史称“东魏”，控制着洛阳以东的疆域，高欢掌握了大权。

东魏时期，在长期战乱以后，社会关系、民族关系仍然十分紧张。高欢一再设法调和了这种关系。这种作法在缓和统治阶级内部矛盾及调和民族关系方面，起到了一定的作用。高欢执政了十六年，公元550年病死，其子高洋废东魏孝静帝而自立为帝，国号为齐，史称北齐，亦称高齐。

北周是怎样建立的？

公元556年，宇文觉废西魏恭帝，自称为天王，国号为周，史称北周，亦称宇文周。

公元577年（建德六年），北周出兵灭了北齐。从此，整个黄河流域和长江的上游，都被北周统一了。

周武帝灭了北齐、统一北方以后，次年病死，太子宇文赟即位，是为宣帝，当时20岁。宣帝重用亲信，大杀异己。搜天下美女来充实后宫，整日沉湎酒色，不理政事。他在即位的第二年，就传位给他7岁的儿子宇文阐，自封为太上皇帝，称天元皇帝。次年病死，宇文阐继位，是为静帝。宣帝皇后之父杨坚以假黄钺、左大丞相总理朝政。

北周是怎样灭亡的？

杨坚祖上为弘农杨氏，是著名的世家大族。后居武川镇，累世有功于北魏王朝。其父亲杨忠在西魏时，屡有战功，赐姓普六茹氏。北周代魏，进位柱国大将军，封随国公。杨坚因父有功，15岁便授散骑常侍、车骑大将军，后袭父封随国公。在灭齐时，立有大功。杨坚之妻为鲜卑大贵族、柱国大将军独孤信之女，杨坚长女是宣帝的皇后。所以杨坚在宣帝时，已官高权大，地位尊崇。

杨坚辅政时，曾经引起宇文氏贵族和皇亲国戚的疑忌，有的曾起兵反对，但都被镇压了下去。杨坚在掌握政权以后，进行了很多改革。

这时，周取消左、右丞相之制，封杨坚为大丞相，又加大冢宰之称号。十二月，晋爵为王。次年（大定元年，581年）二月，杨坚废静帝而自立，国号为隋。从此以后，北朝结束，隋朝便开始了。

三国时期唯心主义理论是怎样发展的？

玄学主要盛行于魏晋时期的士人中，是以道家唯心主义理论解释儒家经典《易》为中心形成的思想流派。“玄”为幽远之意。

清谈玄学之风，始于曹魏正始时期（240~249年）。何晏和王弼是当时的主要代表人物。他们认为：道就是天地万物的本体，也就是“无”的别称。“无”是神秘的，不具有物质属性。而“有”却是从“无”产生出来的。稍微晚于何晏、王弼的清谈玄学的还有阮籍、嵇康等为代表的竹林七贤。他们都反对司马氏专权，因此常常受到迫害。在思想和生活方面，采取了崇尚自然，反对名教，表现出放荡不羁，使酒任性的态度。在政治上更是崇尚无为，主张国君要无为而治。甚至主张“无君”“无臣”的无政府自由主义主张。

南北朝时期唯物主义理论的代表是谁？

范缜，字子真，原籍南阳舞阴人。少时孤贫，学习十分刻苦。先后仕齐、梁尚书殿中郎、尚书左丞等官。他发展了魏晋以来的无神论思想，对佛教和唯心主义哲学思想进行了尖锐的斗争。

南齐时，司徒、竟陵王萧子良笃信佛教，曾经与范缜发生过激烈争论。范缜明确地说明了人生富贵、贫贱的偶然性，来反对佛教因果报应的学说。范缜又著有《神灭论》，又进一步阐明了他的观点。他认为神与形是两个概念，但又是结合在一起的，形是第一性的，神则是由形派生的，是第二性的。他指明了精神对物质的依赖性，这是当时的唯物主义理论思想，他还批判了精神不灭的宗教思想。

南北朝时期佛教在中国为什么影响深远？

西域的很多僧人东来传教，中国人西去求法的也很多。后赵时，龟兹（今新疆沙雅北）僧人佛图澄很受石勒、石虎所敬重，尊为“大和尚”，利用他来传播佛教，以加强对广大劳动人民的思想统治。佛图澄相继有门徒近万人，所到州郡，兴立佛寺共有893所。佛图澄的弟子释道安博学多识，对佛教经典很有研究。他为佛教僧徒制定了“戒律”三条，又致力于佛教经典的整理工作。这两件事对当时和后代的佛教都产生了深远的影响。道安的弟子慧远为东晋著名的僧人，在庐山东林寺建“莲社”（亦称“白莲社”），宣扬死后可“往生”西方“净土”的说法，后世净土宗人尊之为初祖。龟兹僧人鸠摩罗什在后秦时到长安传教，译佛经74部，384卷。他的著名弟子有道生、僧肇等。

东汉末年道教分为哪两大派别？

黄巾起义失败后，道教开始分为两派，一派为祈祷派，在农民群众中传布，以符水治病，叩头思过，属于秘密社会性质。另一派为炼丹派，主要为士人信奉，讲求炼丹、辟谷、导引之术，以求延年益寿。这一派主要为上层社会信奉和服务。当时的主要代表有两晋之际的葛洪和北魏前期的寇谦。

你了解建安文学吗？

魏普南北朝时期，是中国文学和艺术的一个大发展时期。之所以这样，是和当时的时代特点分不开的。

建安（196～220年）是东汉献帝的年号。这一时期的文学颇为盛行，史称建安文学，主要以诗歌的成就最为显著。诗人们都继承了汉代乐府民歌的优良传统，以当时社会的动乱、人民的颠沛流离为题材进行创作，大部分诗篇在一定程度上反映了劳动人民的疾苦和要求。建安诗人的代表作有曹操父子、建安七子和蔡琰等。

你是怎样认识曹操父子的？

曹操不仅是三国时期第一流的政治家和军事家，也是第一流诗人。从现在保留下来的他的少数诗篇中可以看出，他的诗苍凉雄健，才华横溢。五言诗中著名的有《蒿里行》，描述了东汉末年军阀混战、连年兵甲不解、生灵涂炭的情况。

曹丕是曹操的次子，后代汉为皇帝，被称为魏文帝。他的名作之一《燕歌行》，是中国现存最早最完整的七言诗。

曹植是曹操的第三儿子，曹丕的同母弟。他的诗歌以五言为主，词采华茂。曹操在世时，他因才学受到曹操的宠爱。他当时的诗歌主要以表现其政治抱负和描写贵族游乐生活为主，也有反映当时割据混战、社会残破、人民疾苦的诗篇。其兄曹丕即帝位以后，对曹植一直猜忌，并加以监视。曹植长期处于被软禁的状态，他这一时期的诗歌便充满了苦闷、消极的思想。

东晋时期田园诗的典型代表是谁？

东晋时期，田园诗产生并有所发展。陶渊明的作品便是田园诗的代表。陶渊明，名潜，东晋大司马陶侃的曾孙，少年时候家道衰落。义熙元年（405年），任彭泽（今江西湖口东南）令，因为不肯“折腰”迎接郡里来的督邮，自动解职回家，从此过着无忧无虑的田园生活，直到病死。陶渊明田园诗的代表作有《归去来辞》《归田园居》等。

东晋时期山水诗的典型代表是谁？

山水诗派的开创人是谢灵运。他是谢玄的孙子，曾任宋永嘉太守、侍中、临川内史等职位。他和陶渊明不同，他是世家大族之冠，又身居显位。他描写山水，刻意于欣赏、刻画，注重词藻。如《山居赋》，就是描写他的山庄景物之美的。

南北朝时期南方的民歌是怎样发展的？

魏晋以后，中国长期便处于南北对立的状态。民歌的发展就带有地区特色。南方的民歌有吴歌和北曲之分。

吴歌是建康一带的民歌，西曲为荆、郢、樊、邓一带的民歌。吴歌和西曲多以表述爱情为主要内容，以婉转缠绵为主要特色。

北曲包括北方少数民族如鲜卑、吐谷浑、步落稽等族的民歌，汉族也有很多优秀之作。大部分都是以社会情况、北国风光为主要内容，以慷慨爽朗为特色。著名的《敕勒歌》就是一首鲜卑语诗歌。高欢

被为西魏军击败时，曾经命敕勒族人斛律金唱这首歌，高欢和士兵们合唱，来激励士气。词曰：“天苍苍，野茫茫，风吹草低见牛羊。”充分描写了北方草原苍茫无际的景色，气势豪放。

《木兰诗》是何时的民歌？

《木兰诗》大概写成于北朝后期，是汉族的民歌。长三百余字，内容是描写了一位少女木兰代父从军、胜利归来的故事，表达了劳动人民热爱祖国，不畏强暴，不慕名利，淳朴贞洁的思想感情。词句通俗，叙事十分清晰，脍炙人口。

《文心雕龙》的作者是谁？

刘勰，南朝齐、梁时人，所著《文心雕龙》，是一部文学理论专著，全书共十卷五十篇。他在研究了历代各家作品的基础上，全面地论述了文学中的不少重要问题，其中包括有各类作品的特征和历史的演变，有关创作、批评的原则和方法，文与质的关系等。他主张文学应该反映现实，不应当片面地追求形式。

《文心雕龙》总结了齐、梁以前的文学发展的情况，把文艺理论和文艺批评推向了一个新的发展阶段，它是古代中国文学批评史上的光辉著作。

东晋时期有哪些著名的画家？

东晋南朝时期有三大画家，即东晋的顾恺之、刘宋的陆探微、萧梁的张僧繇。顾恺之擅长画人物，注意点睛传神。他的著名作品有《女史箴》，经唐人临摹，成为传世珍品。陆探微也擅长画人物，造型有“秀骨清像”之誉，与顾恺之并称为“顾陆”。张僧繇亦擅画人物，尤其擅绘佛像，兼工画龙。相传有画龙点睛、破壁飞去的神话。

东晋时期有哪些著名的书法家？

魏晋南北朝时期的书法家非常多，其中以东晋的王羲之及其子王献之最为著名。王羲之曾从师多人，后博采众长，改变了汉、魏以来质朴的书风，成为妍美流便的新体。后来人们称他为“书圣”。其书法真迹已无保存，唐人双钩廓填的行书《姨母》《丧乱》等帖，犹可传真。其子王献之兼精诸体，尤工行、草和隶书，与其父齐名，亦被称为“小圣”。

《后汉书》的作者是谁？

《后汉书》是在前人所修的几家“后汉书”的基础上编写的一部纪传体断代史，作者是南朝刘宋时的范晔。记载了东汉二百年间的重要史事和人物等。原书共有九十卷，只有纪、传，无表、志。萧梁时，刘昭把西晋司马彪的《续汉书》中的八志收入，并为作注，分成三十卷。到北宋时，又将范晔原书与刘昭的八志合刊合为一书，成为今天的《后汉书》，共有一百二十卷，是研究东汉史的重要历史资料。

《三国志》的作者是谁？

《三国志》是一部记录三国时期一百余年间的重要历史事件和人物的纪传体断代史，作者是西晋时的陈寿。全书分为魏、蜀、吴三部，共六十五卷，取材较精，文字简练，但无表、志。南朝刘宋时，裴松之作注，博引群书140余种，注文多出本文数倍，保存了大量的历史材料。《三国志》是研究三国史的重要历史资料。

《宋书》是一部记述什么时期的史书？

《宋书》为南朝梁时沈约撰，是一部记述刘宋一代的纪传体断代史。书中记

载了很多诏令奏章，保存了一部分资料。“八志”描述了先秦两汉以来的某些典章制度及其变化，补充了《三国志》无志的缺陷。原书传到北宋时，已有散失，后人用李延寿的《南史》等补入。《齐书》又名《南齐书》，南朝梁时萧子显撰，为纪传体断代史，共六十卷，今本佚序录一卷。《魏书》为北齐魏收撰，为纪传体北魏史，共一百三十卷。本书十志中有《释老志》，是考证宗教源流的重要资料；《官氏志》叙述了门阀豪族势力；《食货志》叙述了北魏的经济制度，都有一定的史料价值。

魏晋南北朝的地理学有什么成就?

魏晋南北朝的地理学也有很大的发展。除正史中的地志以外，专门记述州郡地理、名山大川、地区风物的著作也非常的多。其中最著名的是郦道元撰的《水经注》。

郦道元，字擅长，范阳涿县（今河北涿州市）人。历任北魏的太守、刺史、河南尹、御史中尉等职。《水经》为东汉桑钦所著，记载全国水道137条，每条水写为一篇，记录其源流和所经的地方。郦道元为之作注。全书以《水经》所记水道为纲，补以支流小水共1252条，逐一探求源流，述其变迁，又详细记录所经地区、山陵、原隰、城邑、关津的地理、历史情况，以及名胜古迹等，并对有关史事有所考证。其字数多于原书的二十倍，是原书内容的重大补充和发展，是中国古代的一部全面系统综合性的地理名著，文笔生动流畅，有非常高的文学价值。

魏晋时期有哪些著名的数学家?

魏晋时期，最有成就的数学家是刘徽。他于魏景元四年（263年）写成《九章算术注》九卷和《重差》（《海岛算经》）一卷，提出了很多创见。推算出π＝3.1416，把圆周率求到小数点后第四位。

南朝宋时的大数学家祖冲之进一步求出圆周率π的值在3.1415926和3.1415927两个数值之间，把圆周率求到小数点后第七位。他进一步提出了π的明历，规定一年为365.2428天，这个数据比当时其他一些历法更为准确。

西晋时期有哪些著名的医学家?

西晋时期最著名的医学家是王叔和。他曾经任太医令，精于医学，十分重视诊脉。他收集整理张仲景的《伤寒杂病论》一书，使这部重要的医学文献得以保存至今，而且成为后代从医者的经典。

当时有很多僧、道研究医理、方剂。两晋之际的葛洪撰《金匮药方》一百卷，另有简约本《肘后救卒方》（亦称《肘后备急方》）三卷。南朝齐、梁时的道士陶弘景修补《肘后备急方》，称《补阙肘后百一方》。他又著《本草经集注》，分为七卷，著录药物730种，首创以玉石、草木、虫、兽、果、菜、米食分类，对本草学的发展有相当大的影响。

第六章　隋唐五代时期

东汉末年起200余年的混乱局势止于何时？

隋朝结束了从东汉末年起200余年的大分裂局势，重新统一了全国。尽管隋朝只存在了37年，但毕竟为其后唐王朝的兴盛打下了良好的基础。唐朝是秦汉之后中国封建社会又一个强大帝国，其疆域之辽阔，境内民族之多，对外交往之广都是空前的。它在人文社会的各个方面都达到了中国君主制封建社会的新的巅峰，对中华文明乃至世界文明都产生了极其深远的影响。而进入五代时期，中国重新又陷入了分裂局面，社会的发展又开始进入一个低谷时期。

什么是开皇之治？

公元581年，杨坚废北周静帝，建立了隋朝，自立为帝，称为文帝，改元开皇，国都仍定在长安，称为大兴城。

隋文帝即位后，在他面前摆着的有两项重要的政治任务：一是消除北周后期的积弊，维新朝政；二是出兵江南，消灭陈朝，以统一中国。

隋朝的政治比较清明，生产发展快，国力很强盛。所以，由隋灭陈来实现统一是历史发展的必然。

隋文帝即位后，开始大力革新朝政，废除北周的落后制度，采取了一些汉魏以来实行的符合需要的制度，开创了中国封建社会的崭新局面，史称为“开皇之治”。

三省六部制开创于何时？

隋文帝对中央官制和地方官制都有了较大的改革。在中央，废除了北周实行的“六官制”，建立了“三省六部制”。

三省是中央最高的统治机构，三省长官（包括仆射）同为宰相，共同负责中枢政务。六部即尚书省下属的吏、民、礼、兵、刑、工等六部。吏部主官吏的考核任免，民部主户口、赋税等，礼部主礼仪制度，兵部主军政，刑部主法律、刑狱，工部主水陆工程。各部长官为尚书，副长官为侍郎。三省分权制改变了以前宰相一人掌握大权的状况，削弱了相权，从而加强了皇权。三省六部职司划分明确，提高了行政效能，加强了中央的统治力量。

隋文帝是怎样加强地方管理的？

在地方上，隋文帝撤销了郡一级建制，改地方行政州、郡、县三级制为州、县两级制，并且合并了一些州县，裁汰冗员，消除了过去层次、机构过多的弊端，明显改善了吏治，节省了开支。后来还规定，九品以上的地方官吏都由吏部任免，每年进行考核。州县佐吏三年必须更换，不得连任，并且不许用本地人，必须用外地人。从而改变了秦汉以来地方官自聘僚属的惯例，又防止了本地豪强地主垄断地方政权，进一步加强了中央对地方的控制。

隋文帝是怎样加强军队管理的?

开皇十年(590年),隋文帝对府兵制做了重大改革。府兵制原为西魏、北周的兵制。府兵是职业军人,兵士统统由军府统领,不列入州县户籍,家属也随营居住,编为军户。改革以后,军人除仍有的军籍、隶属军府外,又与其家属一起编为民户,隶属于州县;从而有了固定的住处,可以按均田令分得土地,从事生产;同则还按规定轮番到京城宿卫,或者执行其他任务。从此以后,府兵制与均田制结合了起来,成为兵农合一,寓兵于农的制度。

科举制度形成于何时?

南北朝时期的九品中正制,主要按门第高低来选拔官吏,庶族出身的士人很难有进仕的机会。隋文帝即位以后,废除了九品中正制,选官不问门第高低。命令各州每年要向中央选送三人,参加秀才、明经等科的考试,合格者被录用为官。隋炀帝即位以后,创立进士科,这标志着科举制的形成。科举制的产生,不仅打破了数百年来世族门阀垄断仕途的局面,一般地主子弟甚至贫寒子弟也可以由此走上仕途。从此,选拔官吏之权从世家大族手中收归中央政府,在制度上限制了世家大族把持政治大权,为庶族地主参与政权开辟了道路。

隋朝是怎样处理与突厥的关系的?

隋初,突厥十分强大,有战士40万人,不断地入侵内地。隋朝被迫修筑长城,驻重兵,加强防守。开皇三年(583年),隋军大败突厥。不久,突厥分裂为东、西两个部分,东、西突厥互相对立,两部内部各派也互相攻战。开皇十九年(599年),东突厥突利可汗战败降隋。隋封他为启民可汗,并将宗女义成公主嫁给了他。大业七年(611年),西突厥处罗可汗亦降隋。突厥与隋的政治、经济关系更加密切。

隋朝时期重要的国内国际贸易城市有哪些?

由于农业、手工业和交通运输的发展,国内外市场的扩大,隋朝的商业也迅速地发展起来。长安是全国最大的商业中心,也是国际贸易的重要城市,长安有东、西两市,国内外商人云集。东都洛阳也是重要的国内外贸易城市。有东、南、北三市,商旅很多,货堆如山。江都(今江苏扬州)、丹阳(今江苏南京)、成都、太原、余杭(今浙江杭州)、南海(今广东广州)、宣城等城市也都十分繁华。各州(郡)县都设有市,州县治所常常是本地区或更大范围的商业中心。

你了解隋炀帝对中国历史的贡献吗?

隋炀帝虽然是中国历史上的暴君,但他在历史上有一定作为的。隋在统一全国以后,为了加强中央对东方和南方的控制,决定修建洛阳为东都。隋炀帝大业元年(605年),开始营建东都。

在营建东都的同时,又下令开凿大运河。大运河以洛阳为中心,分为三大段。中段包括通济渠与邗沟。通济渠北起洛阳,东南入淮水。邗沟北起淮水南岸之山阳(今江苏淮安),南达江都(今扬州)入长江。南段名江南河,北起长江南岸之京口(今江苏镇江),南通余杭(今浙江杭州)。北段名叫做永济渠,南起洛阳,北通涿郡(今北京城西南)。大运河分段开凿,前后历时5年,全长2000余公里,是世界上著名的伟大工程之一。开凿大运河的目的是为了加强中央对东方和南方的统治，同时也是为了从南方漕运粮食和便利对东北的用兵。大运河对中国南北的经济、文化的交流和巩固国家的统一都起到了非常大的作用。

河北起义军的领袖是谁？

河北起义军的领袖是窦建德。他是漳南（今河北故城东北）人。大业七年（611年），因为和农民起义军有联系，所以家属被官府所杀害，于是率众参加起义军，转战于现在的河北、山东交界一带。大业十三年（617年），窦建德在乐寿（今河北献县）称为长乐王。同年，隋炀帝命令涿郡留守薛世雄率领兵3万余人南下进攻瓦岗军。窦建德在河间歼灭了薛世雄的军队，支援了瓦岗军，此后河北很多地区都被起义军所占有。大业十四年（618年），起义军领袖窦建德裂地为王，自立为夏王，割据一方，建国号为夏。次年，又迁都洺州（今永年东南）。

窦建德

三大农民起义中谁的力量最为强大？

在三大农民起义中，瓦岗军的力量最为强大，创始人是翟让。翟让原是隋朝东郡（治今河南滑县东）的司法小吏，因犯法而被判死刑，后来从狱中逃走。约在大业七年（611年），在瓦岗寨（今河南滑县东南）起义。单雄信、徐世勣、王伯当等相继率领部队入伙。大业十二年（616年），曾经帮助杨玄感起兵的贵族李密也来投奔。李密招来很多小股起义军加入瓦岗军，又谋划攻下金堤关（在今河南荥阳东北），又在荥阳重创隋军，杀死隋将张须陀。次年，攻下兴洛仓（洛口仓），开仓赈济饥民，四方饥民归之如流，饥民队伍很快发展到数10万人。翟让感觉到自己的才能不及李密，就主动让位给李密。李密称为魏公，建元永平。

此后，瓦岗军先后攻下回洛仓（在河南洛阳北）、黎阳仓（在河南浚县）及附近郡县，直接逼近洛阳城。还发布檄文，声讨隋炀帝的10大罪状。瓦岗军屡此战胜政府军，由此声威大震。但是此时李密却担心翟让夺他的权而将其杀害。由于瓦岗军内部争权混乱，不久便走向了衰落。

李渊何许人也？

李渊就是唐高祖。其祖其父均是西魏、北周的高级将领，其母是鲜卑人，和隋文帝皇后是姊妹。李渊7岁被袭封唐国公。大业十三（617年）年，任为太原留守。当年五月，起兵反隋。攻陷长安以后，立炀帝之孙代王杨侑为傀儡皇帝，遥尊隋炀帝为太上皇，自任为大丞相，于是掌握大权。次年三月，宇文化及杀了隋炀帝，李渊便废了杨侑，自立为帝，国号为唐，建元武德，仍以长安定为国都。

李渊是如何重新统一中国的？

李渊称帝后，开始对各方的异己势力展开清剿，以平息战乱。当时，全国各

地有许多支大小农民起义军，还有一部分原为隋朝之贵族、官僚，以及豪强地主，他们大多拥兵割据一方，大者称为皇帝，称王公；小者称为总管，称录事。相互兼并，战火连年不断。李渊对农民起义军的首领和割据势力，用招降和武力消灭两种方式同时进行。如河北起义军窦建德、刘黑闼，江淮起义军的辅公祏先后被杀害，杜伏威和瓦岗起义军的李密、徐世勣投降。地方割据势力如陇右的薛仁杲、幽州的罗艺、洛阳的王世充等先后投降，陇右的李轨、巴陵的萧铣、朔方的梁师都等也先后败死。至贞观二年（628年），中国又统一了起来。

唐初是怎样加强中央集权的？

唐初所制定的制度，基本上沿用隋制，但在有些方面也有所改进，从而比隋制更完善，更严密，又进一步加强了中央集权。

唐初，中央的主要机构为三省、六部、一台、五监、九寺。地方上则实行州县两级制。太宗的时候时，又在州之上设道，作为监察区。

唐初是怎样加强对地方管理的？

唐初的地方行政制度与隋朝非常相似，仍然为州县两级制。州的长官为刺史，县的长官为县令，县下设乡，乡下设里。唐太宗的时候，为了加强对地方的控制，把全国划分为十个监察区，称为道，时常派黜陟使或巡察使到各道巡察。唐玄宗时，又分全国为十五道，每道都设采访吏一人，督察所属州县。

唐初的军事力量是怎样编制的？

府兵是唐初的主要军事力量。编制的基本单位是折冲府（又称军府）。府分为三等，上府1200人，中府1000人，下府800人。军府长官为折冲都尉，副职为左右果毅都尉。府兵称为卫士或者侍官。军府分别隶属于十二卫和六率。十二卫各设大将军一人，直接听从于皇帝。六率各设为一人，隶属于太子。军府最多时有634个人，大约百分之四十分布于京师所在的关中，以便于中央政府手握重兵，来控制四方。府兵必须凭尚书省兵部的兵符才能调拨。战时由皇帝命将率军出征，战争结束后，将领回朝，士卒归府，将无常兵，就难以干预国政。

唐代科举制度是怎样发展的？

随着科举制的推行，学校教育也不断发展。中央设立了国子监，下辖国子学、太学、四门学、律学、书学、算学六学。地方上设立有州、县学。学生称为生徒，学习成绩优秀的，由学校保送参加科举考试。

唐代科举分为常举和制举。常举每年都举行考试，科目主要是明经、进士、明法、明书、明算等，此外还有秀才、道举、童子、一史、三史等科。

常举最初由吏部主持，后来改由礼部主持。制举是为了搜集非常人才而临时设置的考试，不经常举行。所设科目有贤良方正直言极谏、才识兼茂明于体用等一百多种。一般士人和官吏都可以应考，录取者优先授予官职或提升。科举制有利于庶族地主参政，从而又进一步扩大了国家治理的全民参政权力。

唐初是怎样恢复发展农业生产的？

唐继隋末大乱以后，人口流失得非常多，土地大部分荒芜，社会经济凋敝。唐朝为了稳定社会秩序，恢复发展农业生产，保证赋税收入和徭役的调发，采

取了很多措施，其中最关键的是武德七年（624年）四月颁发了均田令和租庸调法。

均田令规定：继续实行均田制，庶民根据户籍分田。各级官员另有数量不等的职位分田，用收入作为俸禄的一部分。各级官府还有数量不同的公廨田，以收入作为办公费用。职分田和公廨田在原任官离职时，则由新任官接管，不许出卖。土地买卖受到严格控制。

唐代是怎样加强法制建设的？

唐代法律分为律、令、格、式四种。律是刑法典。令是关于国家各种制度的规定，如《户令》《田令》等。式是各项行政法规，办事细则，如《水部式》等。格是对律、令、式所做的补充和修改。律、令、格、式相互补充，以律为主，同时并行。

唐律是从隋《开皇律》发展而来的。唐律从唐高祖时开始制定，到唐太宗时修订完成。唐高宗在永徽年间，重新对律文加以解释。释文称为“疏”，具有和“律”同样的效力。二者合编，称为《永徽律疏》，后世称之为《唐律疏议》。这是中国现存于最早的一部完整的国家法典。唐律分为12篇，共502条。刑名有笞、杖、徒、流、死五种。在量刑定罪上，唐律比隋律有所减轻。

李世民是怎样登上皇位的？

李世民为建立唐朝立有巨大的军功。他与兄长太子李建成都有想继承皇位的念头，明争暗斗十分激烈。武德九年（626年），李世民发动了“玄武门之变”，杀死李建成，争得了太子之位。不久，其父将皇位传给了他。他立位后，于次年改元为贞观。贞观共经历了23年，当时的政治比较清明，经济由恢复而得到迅速发展，社会相对稳定，人民生活有了很大的改善，国力很强盛，边境比较安宁。历史上称此时为“贞观之治”，这被认为是中国君主时代少有的“太平盛世”。李世民死了以后，谥号为“太宗”，史称唐太宗。唐太宗（626～649年）是中国古代历史上杰出的政治家。

唐太宗对农业采取了怎样的政策？

唐太宗时，君臣们都十分重视实行“轻徭薄赋，发展生产”的方针政策。太宗曾经对大臣们说：不爱惜百姓的“亡国之主”是咎由自取。唐初的赋税徭役都比隋朝有所减轻，特别是力役减轻了许多。

唐太宗即位之初，关东、关中各地相继发生了水旱、蝗虫等灾，灾民非常多。太宗于是下令免除受灾地区的租赋，还开官仓赈恤。为减轻人民负担，太宗精简政府机构，把中央官员从2000余人减少到600余人，不但合并了很多州县，而且节约了政府的开支。

唐太宗是怎样处理与少数民族关系的？

在与少数民族的关系方面，唐太宗虽然曾多次派兵反击突厥、吐谷浑等的侵扰，并进而征服了突厥、吐谷浑等，但是他主要采取以怀柔为主的羁縻政策。对依附的各族，他不改变其生产方式，社会制度，注意保存其部落体制，尊重其习俗。在边远的少数民族地区设立羁縻府州，任命各族首领为都督、刺史等，以统辖本族。对于归附的少数民族首领也十分信任，很多人被授以高级官职、册封爵位。还帮助他们的部属发展生产，稳定社会秩序。他通过“和亲”的政策，进一步发展了民族关系，还开通了通往西域的大碛道和通往北方边疆地区的参天可汗道，以加

强内地与边疆民族地区的经济、文化联系。

唐太宗对少数民族采取的政策是相当成功的，不但促进了各民族的经济文化交流，同时也为唐朝树立了声威。贞观四年（630年），唐太宗被少数民族称为“天可汗”。

你知道“圣神皇帝”是谁吗？

武则天（624～705年），名曌（同照），并州文水（今属山西）人。其父武士彟，隋末为武官。唐初，官至工部尚书。武则天自幼聪慧机敏，兼通文史。太宗时入宫为才人，当年才十四岁。太宗死后，她削发为尼。

高宗即位后，召入宫为妃。永徽六年（655年），废王皇后，立她为皇后。则天自从入宫后，因为高宗长期生病，她就参预了国政，逐渐显露治国才华，不久便掌握了大权，与高宗并称为“二圣”。

弘道元年（683年），高宗死后，立第七子（则天所生）李显为帝，是为中宗，则天以皇太后临朝制政。

次年，废中宗，立豫王李旦（高宗第八子，中宗同母弟）为帝，是为睿宗，则天继续临朝称制，垂帘听政。这时，一些失意的官僚以徐敬业为首，打出了拥护唐朝李氏的旗号，并在扬州起兵，来反对武则天掌权，叛军多达10万余人，并攻下润州（今江苏镇江）。则天以武力镇压，当年便将叛乱平定。永昌元年（690年），则天又废睿宗，改国号为周，改元天授，自称为“圣神皇帝”。武则天是中国历史上唯一的女皇帝。

武则天是怎样加强中央集权的？

武则天打击并削弱了士族势力，提拔任用了许多庶族出身的官吏。废除唐太宗时所写的《氏族志》，重修《姓氏录》，打破以前士、庶界限，按现任官职的高低，另立门第序列。以高级贵族和尚书仆射之姓为第一姓，文武二品及知政事三品为第二姓，以品位高下序其等级，共为九等。只要有军功至五品的，不论出身的高低，都能升入谱中，削弱了士族，扶植了庶族，非常有进步意义。

唐朝的鼎盛时期是怎样到来的？

唐玄宗即位之初，不仅采取措施保持了政治上的稳定。还裁汰冗员，裁减闲散机构，慎选官吏，整顿吏治。又亲自复试吏部新任县令，斥退不合格者40余人。

唐玄宗十分重视农业生产。开元三年和四年（715、716年），关东相继发生了严重的蝗灾，他接受了姚崇的建议，派出专吏督察州县大力捕蝗，减轻了灾害。他还在各地大兴屯田，并加强了对农田水利的管理。

开元十一年（723年），玄宗废除府兵制，改用募兵制，就是招募壮士充任中央宿卫。开元二十五年（737年），又募人戍边。这样的兵制改革，不但节省了番上、戍边往来的大量人力物力消耗，而且还减轻了人民的负担。开元时期是唐朝最昌盛的时期。

唐朝时期的农业发展取得了怎样的成就？

唐朝的农业不断发展，其重要原因就是铁犁牛耕进一步得到了推广。从黄河流域到今甘肃、新疆地区，铁犁牛耕已经普遍用于农业生产。

唐代的水利事业有了很快的发展。唐前期重要的水利工程有160多处，遍布于黄河中下游的南北地区，南到淮水和长江流域。一般的渠塘，可以溉田数百顷。如开元时在文水（今属山西）的甘泉渠，可溉田数千顷。在彭山（今四川眉县）、武陵（今湖南常德）的堰渠，可以溉田一千余顷。

所用的灌溉工具也比较进步，如辘轳、桔槔、翻车等传统的汲水工具，已被广泛使用。此外，还在江南水田地区先后出现了一些新的灌溉工具，主要的有水车和筒车。水车和筒车十分相似，都是用巨型木轮缚若干木桶或竹筒于轮上，随水流转动，将河水汲至高处水槽中，引入沟渠浇灌。水碓、水磨、水碾也在普遍的使用。水利事业的不断发展，对农业生产的发展起到了十分重要的作用。

唐初田地荒芜的比较多，后来相继被垦植。到天宝年间，很多高山深谷地带也开垦了出来，垦田面积达850万顷，粮食亩产量也增加了很多。天宝八年（749年），官仓存粮达9600万石。青州、齐州一带地区，米价最低时每斗才五文钱。

唐朝时期的陶瓷业取得了怎样的成就？

陶瓷业在唐代有了很大的发展，制瓷技术也相当的进步。越州（治今浙江绍兴）的青瓷类玉类冰，邢州（治今河北邢台）的白瓷类银类雪，昌南镇（今江西景德镇）的青瓷、白瓷，四川大邑的白瓷，都十分有名。陶器以唐三彩最为著名。这是一种造型生动、色彩艳丽的铅釉陶器，因主要是青、绿、黄三色，故名三彩。

唐朝的金属冶炼取得了怎样的成就？

唐代采矿业也比较发达，主要矿产有金、银、铜、铁、锡、铅、矾、水银、朱砂等。铸造业的规模以铸钱业为首。玄宗时，政府有铸钱炉99处，每年铸钱三十二万七千缗。唐代的金属制造加工技术已发展到相当高的水平。武则天时曾经在洛阳铸造高达105尺的天枢，其下周围还有170尺的铁山。唐代一些精美的金银器，采用了铸造、切、削、抛光、焊接、铆、镀、刻凿等工艺。

唐朝的城市布局有何特点？

当时的城市仍然以政治性城市为主，纯商业性城市很少，但所有的政治性城市都在程度不等地迅速增加了商业城市的性质。

其中，长安既是全国的政治经中心，又是国际化的大都市。这时的长安已经有了市和坊之分。外郭城是居民区和工商业区，共有108坊和东西两市。坊是住宅区，市是工商业区。市内出售货物的店铺称为“肆”，经营同类货物的肆集中在同一个区域，称“行”。东市有220行，数千肆，四周还有很多为商人存放和批发货物的邸店。西市比东市更加繁华，并且外商云集，“胡风”甚盛。当时各大城市和州以及很多数县的治所都设有市。在乡村也有定期进行交易的场所，称为“草市”“墟”或“集”。

唐代发达的陆路交通中心在哪里？

唐代的交通相当发达。国内陆路交通以长安为中心，东至宋（今河南商丘）、汴（今开封），远达山东半岛；西至岐州（今陕西凤翔）、成都；西北至凉州（今甘肃武威），远通西域；北至太原、范阳（今北京）；南至荆（今湖北江陵）、襄（今湖北襄樊），远达广州。国内水路交通有大运河贯通南北，黄河、淮河、长江与南方的大部分多河流湖泊形成纵横交错的水道网。国内海运也有了一定的规模，今河北、山东、江苏、浙江、福建、广

东、广西等地都有沿海航线。

唐代的驿传制度是怎样发展的?

唐代驿传制度也有了很大的发展。在水陆交通要道上，大约每30里设一驿，全国共有驿1643所，其中陆驿有1297所，水驿260所，水陆相兼驿86所。陆驿备有马，水驿备有船，以供官吏往来和文书传递。在水陆交通线上，还有私人开设的旅店，以接待来往客商，来供给食宿和马匹等。

唐朝疆域是怎样的?

唐代是中国历史上统一的多民族国家发展的重要阶段。唐前期，疆域十分辽阔，东至大海，西越葱岭、巴尔喀什湖至咸海，南至南海诸岛，北至贝加尔湖，超过了汉朝极盛时期的疆域。一些少数民族建立过地方政权，唐朝与这些地方政权有十分密切的联系。各民族之间的政治、经济、文化联系进一步得到了发展，统一的多民族国家进一步得到了巩固。

唐太宗是怎样处理与回纥的关系的?

回纥是铁勒的一支。起初居住在娑陵水（今蒙古国色楞格河）、嗢昆水（今鄂尔浑河）流域及天山周围一带。公元6世纪中叶起，相继依附于突厥和薛延陀。贞观二十年（804年），配合唐军灭了薛延陀，并占据了其大部分土地。次年，回纥首领吐迷度被唐封为瀚海都督兼怀化大将军，吐迷度自称为可汗。安史之乱时，回纥曾经助唐平叛。贞元五年（789年），改名为回鹘。回鹘在最强盛时，其领地东起额尔古纳河，西至阿尔泰山，南至漠南。开成五年（840年），回鹘内部发生纷争，黠戛斯乘机灭亡了回鹘汗国，于是回鹘人大部分西迁。

唐朝是怎样处理与吐蕃的关系的?

吐蕃是今藏族的祖先。公元6世纪后期，在今西藏西南部建立了奴隶制国家，其王称赞普。7世纪初，赞普松赞干布统一了西藏高原，定都为逻些城（今拉萨）。他多次遣使向唐求婚。贞观十五年（641年），唐太宗便以文成公主入吐蕃和亲，嫁与松赞干布。唐高宗时，又封松赞干布为驸马都尉、西海郡王，从此以后确立了吐蕃对唐朝的臣属关系。景龙元年（707年），唐中宗又以金城公主入嫁吐蕃赞普尺带珠丹，唐蕃遂合为一家。双方经济文化交流频繁，加速了吐蕃封建化的进程。

高宗总章三年（670年）之后，吐蕃与唐时战时和。长庆元年（821年），吐蕃遣使请求会盟。于是双方在长安会盟，约定各守境土，互不侵犯。次年，唐穆宗又遣使到吐蕃，与之会盟于逻些。长庆三年（80.），吐蕃赞普为了纪念这次会盟，建立“唐蕃会盟碑”，此碑至今仍存在于拉萨大昭寺前。

文成公主

唐朝是怎样处理与“六诏”的关系的？

唐朝时期，在今云南一带居住着许很多民族，其中最主要的是乌蛮和白蛮。7世纪后期，乌蛮征服了洱海一带的白蛮，在那里建立起来六个不相统属的政权，史称为“六诏”。其中的蒙舍诏在最南边，又称为南诏。后来南诏吞并了其他五诏，建立了南诏国，以太和城（今大理太和村附近）为都城。唐朝封其首领皮逻阁为云南王。南诏与唐朝时战时和。乾符四年（877年），双方又恢复了和好关系。南诏最强盛时，曾经占据了今云南大部，四川、贵州一些地区及今越南、老挝、泰国、缅甸的部分地区。天复二年（902年），南诏执政大臣郑买嗣推翻了皮罗阁氏王朝，建立了大长和国（902～928年），南诏灭亡。

唐朝是怎样加强与日本交往的？

在唐代中日交往史上最为著名的人物是日本的阿倍仲麻吕和中国的鉴真。阿倍仲麻吕，汉名晁衡，唐玄宗时来到中国留学，在中国了五十多年，曾担任过唐朝的高级官员，攻诗文，与王维、李白等是密友，后来逝世于长安。鉴真和尚俗姓淳于，扬州人，曾经主持过扬州大明寺。唐玄宗时，应日僧之邀前往日本传授戒律。十多年间，5次东渡都失败了，第6次东渡方获成功，此时他双目已失明。

鉴真除在日本传授戒律以外，还将大量的佛教经典、建筑技术、雕塑艺术以及医药书籍等传入到日本，对日本的医学、雕塑、美术和建筑发展方面做出了巨大的贡献。

玄奘是怎样成为佛学大师的？

玄奘，俗姓陈，河南缑氏（今河南偃师南）人。贞观元年（627年），他到天竺求经，从长安出发，途经今新疆、中亚，并访问了今印度、尼泊尔，巴基斯坦和孟加拉等国。他在佛教学术中心那烂陀寺（今印度伽雅城西北）等地研习佛学，成为佛学大师，获得了很高的声誉。贞观十九年（645年），他返回到长安，带回了梵文佛经657部，后译出75部，共1335卷。著有《大唐西域记》一书，记载了旅途的所见所闻，以及138国的历史和地理等，这是研究中古时代中西交通和中亚、南亚以及西亚部分地区历史、地理的宝贵资料。

安禄山、史思明何许人？

安禄山是营州柳城（今辽宁锦州）胡人，聪明能干，通晓六种少数民族语言。青年时代，在幽州节度使张守珪部下任低级武官，后来升为高级将领。天宝十年（751年），兼任为平卢（治今辽宁朝阳）、范阳（治今北京）、河东（治今山西太原）三镇节度使。他极力奉迎唐玄宗，又拜杨贵妃为干娘，唐玄宗对他十分的信任。他见唐朝国力日益虚弱，饥民开始暴动，即生了反叛之心。史思明也是胡人，官至平卢兵马使，与安禄山关系非常密切。

安史之乱发生于哪年？

天宝十四年（755年），安禄山和史思明在范阳起兵，假传“密旨”，顺应饥民对政府的不满，以讨杨国忠为号，发兵15万，号称20万。唐玄宗闻变以后，急忙派封常清去洛阳募兵防守，又派高仙芝率众兵屯陕州（今河南三门峡西）。二将都被叛军打败，退到潼关，被唐玄宗处死。唐玄宗又派哥舒翰领兵20万守潼关。天宝十五年（756年）正月，安禄山在洛阳称

帝，国号为大燕。六月，攻破潼关，进占长安。唐玄宗仓皇出逃。行至马嵬驿（今陕西兴平西），禁军哗变，杀死了杨国忠，又逼迫唐玄宗缢死杨贵妃。唐玄宗逃往成都，太子李享逃到灵武（今宁夏灵武西南），即帝位，就是唐肃宗，年号至德，遥尊玄宗为太上皇帝。

安史之乱是怎样被平息的？

唐肃宗即位以后，依靠朔方节度使郭子仪和河东节度使李光弼的兵力，又调集了西北各路军队，准备反攻。南面则有张巡和许远坚守睢阳（今河南商丘南），鲁炅坚守南阳，从而挡住叛军南下的通道，保障了唐朝江、淮财赋的来源。叛军到处掳掠屠杀，入长安以后，也大肆杀掠，关中和各地人民纷纷起来反抗，叛军在多处战斗失利。

至德二年（757年），安禄山被其儿子安庆绪杀死，庆绪自立为帝。郭子仪乘机率领15万大军收复了长安，后又收复了洛阳。安庆绪逃到邺（今河南安阳西北）。乾元二年（759年），史思明大败唐军于邺城外，后又杀了安庆绪，自立为大燕皇帝，并乘胜再陷洛阳。上元二年（761年），史思明又被其儿子史朝义杀害。次年，唐在回纥兵的帮助下，夺回了洛阳。史朝义退至河北自杀。安史之乱到此平息，前后共经历八年（755～763年）。

唐后期的政治乱局是怎样造成的？

安史之乱后，唐朝统治阶级内部的矛盾斗争更加复杂激烈起来。

唐朝初年，宦官人数不是很多，只管宫廷内部的事务，不参与国家大事。到唐玄宗时，宠信宦官高力士，四方所上表奏，都要先经他看过，再转呈给玄宗，小

唐德宗

事由他处理，大事才由玄宗裁断。玄宗还派宦官出使或监军，甚至还率兵出征。

宦官能够专权的主要原因是他们掌管禁军。在唐肃宗时，宦官李辅国因拥立有功，便掌管了禁军。唐代宗时，宦官程元振、鱼朝恩也相继掌管禁军。但此时宦官掌管禁军还没有成为制度。唐德宗时，由于朱泚、李怀光等将领相继叛乱，统率禁军的朝臣白志贞又无能，致使他认为文臣武将都不能信赖，只有宦官才是最可靠的，于是设统率禁军的护军中尉二人，中护军二人，都由宦官担任，从此宦官掌管禁军成为制度。其次是宦官执掌机要。肃宗时期，就曾让宦官李辅国宣传诏命，掌管四方文奏。代宗时期，又设立执掌机要的枢密使，规定由宦官担任。于是宦官便正式参预了国家政事。两枢密使和掌管禁军的两中尉合称“四贵”，掌握了中央政府的军政大权。他们不但能够任免将相，甚至皇帝的生杀废立，也由宦官决定。所以唐后期的穆宗、文宗、武宗、宣宗、懿宗、僖宗、昭宗，都是宦官所立；顺宗、宪宗、敬宗、文宗均为宦官所害，昭宗也曾被宦官囚禁。

宦官专权是怎样被消除的?

宦官专权骄横，引起了皇帝和朝官们的十分不满，朝官和宦官之间不断地发生斗争。宰相官署在宫廷以南，称“南衙”；宦官所在的内侍省在宫廷北部，称“北司。”史称此斗争为“南衙北司之争”。

唐文宗即位以后，对宦官的专权十分不满。太和五年（831年），他以宋申锡为宰相，谋诛宦官。事情泄露，宋申锡被宦官反诬欲立漳王李凑为帝，结果文宗反而贬逐宋申锡。太和九年（835年），文宗又任用李训、郑注等，再次合谋打击宦官势力。起初先利用宦官内部的矛盾，除掉了韦元素、王守澄等大宦官。后来李训又在同年十一月，让左金吾卫大将军韩约奏称大明宫左金吾大厅后石榴树上夜降甘露，诱骗仇士良等大宦官前去观看，准备在那里一举歼灭他们。不料事泄，宦官派出禁军大杀朝官，李训、郑注、韩约和宰相王涯等都被杀害。这次事件史称为“甘露之变”。从此以后，宦官的权势越来越大，文宗直到死，都处于宦官的监视之下。宦官势力延续了百余年，一直到唐末昭宗时，才被宰相崔胤借用宣武节度使朱温的兵力所消灭。

何谓朋党之争?

所谓朋党之争就是指朝官们拉帮结派，相互斗争。其中斗争最为激烈，影响最大的是“牛李党争”。牛党是以牛僧孺、李宗闵和杨嗣复为首领的政治集团，李党是以李德裕和郑覃为首领的政治集团。牛李两党主要是由不同的仕进途径而形成的。牛党是通过进士科进入仕途的官僚集团。牛僧孺、李宗闵、杨嗣复三人都是进士出身，主张选用官员通过科举考试，看重文采。李党是通过门荫进入仕途的官僚集团，李德裕、郑覃都出身于关东士族，都是宰相之子，提倡按门第选用官吏，重视经学。两党相互轻视，互相倾轧，进行着激烈的门户之争。

唐朝初期均田制瓦解的原因是什么?

唐朝初年实行均田制时，规定在某些情况下可以进行土地交易。所以此时就存在着土地兼并的情况，不过不太严重。武则天至玄宗时，土地兼并逐渐严重，均田制遭到很大破坏。两税法的实行，标志着均田制彻底被瓦解。从此以后，土地兼并就不再受任何的限制，大部分的田地便迅速向地主手中集中开。

土地兼并的发展和均田制的破坏，使大部分的农民失掉了土地，到处流亡，许多农民脱离了户籍，成为了地主私家的佃农。安史之乱后，这种情况十分严重。这种状况使国家的收入锐减，造成了非常严重的财政危机。

安史之乱后南方经济为什么超过了北方?

安史之乱使北方经济受到了非常严重的破坏，又加上北方藩镇的割据混战，所以北方的社会经济屡次遭到破坏，恢复、发展比较缓慢。南方因为没有受到这些破坏，社会相对安定。北方人民为了逃避战乱，所以大量南迁，使南方不但增加了劳动人手，而且还获得了先进的生产技术与经验。因而唐朝后期，南方的经济发展比较迅速，所以逐渐超过了北方。

唐后期南方农业迅速发展的原因是什么?

唐后期，南方农业的发展与水利工程

的兴修有十分密切的关系。唐朝前期兴建的水利工程是南方少，北方多。唐朝后期兴建的水利工程则是南方多，北方少。南方修建的水利工程数量很多，有些水利工程的规模也比较大，如练塘、孟渎、仲夏堰等都能灌溉成千上万顷以至几个县。唐朝后期，南方各地也相继开垦了许多湖田、渚田、山田，使水域、山区的土地都得到了利用。水利的兴修和土地的开垦，使江南的粮食生产大为增加。

唐后期南方手工业的发展有什么成就?

唐后期，南方丝织业有了很大的发展，在数量和质量方面都超过了北方。如越州（今浙江绍兴）的缭绫，宣州（今安徽宣城）的红线毯，荆州（今湖北江陵）的贡绫，益州（今四川成都）的蜀锦等都十分有名。同时，棉织业也有了相当大的发展，如岭南，棉织业就十分普遍。

唐后期，南方的造船业比较发达。官府经营的造船业的规模也很大。刘晏曾在扬子县（今江苏扬州）造船2000余艘。民间造的大船也非常多，著名的有俞大娘航船，可载重上万石。从事海外贸易的商船，大者长达20余丈，载客六七百人。在荆南一带地区，还出现了用脚踏动两轮前进的轮船。

唐后期的造纸业比唐朝前期更为发达，重要产地主要在南方。益州的麻纸、浙东的藤纸、韶州的竹笺、宣州的宣纸、扬州的六合笺、临川的滑薄纸等都是非常有名的产品。

制茶业在唐朝后期有了很大的发展。茶树的种植遍及南方各地，制茶业规模相当大。

唐朝后期的商业活动有什么新发展?

由于城市和商业的不断发展，原来住宅区“坊”和商业区“市”被严格分开的旧制度，在扬州等一些城市开始被打破，商业活动不再仅仅只局限于市。在扬州等各大城市中先后出现了夜市，打破了日落闭市的旧制。有些大城市中还出现了柜坊和飞钱。柜坊经营钱物存付，代人保管钱物，向存钱物者收取一定的柜租，凭书帖或信物支付钱物。飞钱又称便换，商人在长安把钱交给某道进奏院（驻京办事处）或某军、某使、某富家，然后带着当事人付给的文券，到目的地凭文券取钱。柜坊和飞钱都是商业发展、交易频繁，营业额巨大的产物。这种制度产生以后，不但减少了支付钱币的麻烦，而且避免了携带重金走远路的危险，有利于商品经济的快速发展。

由于商业的不断发展，唐朝后期在各州县普遍设置了管理商业活动的市令。在农村的交通要道上相继出现了更多的草市、墟市，这些市场定期交易，交易后即刻散去。其中有些草市、墟市生意兴隆，迁来定居从事交易或谋生活的逐渐多了起来，便发展成为市镇。

唐末农民战争爆发的原因是什么?

唐朝后期，土地兼并日益严重，到唐朝末年，地主官僚的大小庄田遍布各地，大者有田上万顷，造成大量农民失业，导致社会动乱不定。

唐朝末年，府库十分空虚，权贵殷实。咸通十年（869年），陕州大旱，有百姓告灾，观察使崔荛竟然指着庭院中的树说：“这上面还长了叶子，哪里有旱灾？”并且痛打了告灾者。

唐末，翰林学士刘允章曾经向皇帝

上书，指出当时国有九破，民有八苦。九破就是终年聚兵，蛮夷炽兴，权豪奢僭，大将不朝，广造佛寺，贿赂公行，长吏残暴，赋役不等，食禄人多而输税人少；八苦就是官吏苛刻，私债征夺，赋税繁多，所由乞敛，替逃人差科，冤屈不得申理，冻无衣、饥无食，病不得医，死不得葬。这就充分说明了唐朝至此时已到了崩溃的边缘，很难继续统治下去了。

唐朝末年农民战争建立政权了吗？

广明元年（880年）五月，起义军消灭了唐招讨都统高骈的精锐部队，杀了骁将张璘。七月，由采石渡过长江，进入河南。十一月，起义军60万向洛阳进军。起义军不战而攻克洛阳。十二月，攻克潼关。唐僖宗仓皇逃出成都。黄巢率起义军进入长安，百姓夹道聚观，起义军大将尚让向居民宣慰说："我们起兵是为了拯救你们的。"

黄巢在长安称帝，国号为"大齐"，年号"金统"，建立了农民革命政权。以尚让、赵璋、崔璆等为宰相；并宣布唐朝官员三品以上者停职，四品以下者留任。还命唐宗室、王侯、官员一律向农民政权自首。

唐朝末年农民战争失败的原因是什么？

黄巢起义军犯了流寇主义错误，只知道四处打仗掠夺，不重视政权的建设。起义军进入长安以后，不但没有乘胜追击逃往成都的唐军，而且也没有去消灭关中地区的藩镇势力和中央禁军残部，致使假投降的凤翔陇右节度使郑畋得以纠集力量和起义军对抗；使唐军得到了喘息之机，利用南方的财富，重新集结力量，向起义军反攻。

中和元年（881年）三月，唐朝以郑畋为统帅，率领众军进攻起义军。四月，唐军包围长安。次年九月，起义军驻同州的将领朱温叛变降唐。唐朝任其为河中行营招讨副使，赐名为全忠。起义军处境更加困难。中和三年（金统四年，883年），唐朝引沙陀贵族李克用前来进攻起义军。起义军于是退出长安，转向河南。又遭到朱全忠（温）和李克用等部的追击。尚让叛变降唐。黄巢率领千余人退到泰山，为唐军所追及，黄巢在狼虎谷（今山东莱芜西南）自杀。

唐朝是怎样灭亡的？

朱全忠、李茂贞、李克用等都企图控制朝廷，便号令全国。此时朝廷里的宦官、朝官之争仍在继续，他们分别勾结藩镇作为外援。

天祐元年（904年）初，朱全忠派部下杀死了宰相崔胤等人，又挟持昭宗迁都洛阳。当年八月杀死昭宗，立昭宗幼子13岁的李柷为帝，就是哀帝。天祐四年（907年），朱全忠废哀帝，改国号为梁，史称为"后梁"；自立为帝，

李茂贞

即梁太祖；年号“开平”，建都汴（今河南开封）。唐朝建立了二百八十九年（618～907年），至此灭亡。

历史上五代存在了多长时间？

公元907年，唐朝灭亡。原唐朝的各藩镇和地方武力先后割据独立，建立国家。在黄河以北中原地区先后更迭的王朝为梁（后梁）、唐（后唐）、晋（后晋）、汉（后汉）、周（后周）五个朝代，史称为“五代”。五代存于公元907年至960年，只有53年。

后梁在历史上是怎样建立和灭亡的？

公元907年，朱温灭唐，建立了后梁，年号为开平，定都于开封。在后梁周围，还存在着其他割据势力，即河东的李克用父子、幽州的刘仁恭父子、淮南的杨行密、西部的李茂贞等。其中最大的势力是李克用父子。

李克用，沙陀族人，靠镇压黄巢起义发迹，任唐朝的河东节度使，封为晋王。为了争夺对黄河流域的统治权，他与朱温争战不休。后梁开平二年（908年）正月，他去世，其儿子李存勖继晋王位。朱温于是乘机攻晋，在潞州（今山西长治）大败。开平四年（910年），双方又在柏乡（今河北柏乡）会战，朱温再次惨遭败绩。从此，后梁元气大伤，很快走向衰落。

乾化二年（912年）六月，朱温被儿子朱友珪杀死。朱友珪在位数月，其弟友贞杀友珪而自立，就是后梁末帝。此时后梁政治十分黑暗，统治残暴，对人民的压榨逐渐繁重，社会矛盾日益尖锐。

后唐是怎样建立的？

晋王李存勖的势力在此时却发展很快。913年（乾化三年），兼并了幽州刘仁恭、刘守光的割据势力。915年，后梁的魏博镇（治今河北大名）又降晋。923年（梁龙德三年、后唐同光元年）四月，李存勖称帝，自以为继唐而有天下，故国号为唐，定都洛阳，史称为后唐。不久，李存勖灭后梁，北方基本上统一了。925年（同光三年），后唐又出兵四川，灭前蜀。926年（同光四年），李克用养子李嗣源在率领众兵讨伐魏博镇叛军时，回师洛阳夺位。李存勖被部将所杀，李嗣源即位，政治有了很多革新，是后唐较好的时期。

你知道历史上的“儿皇帝”吗？

契丹强大以后，开始向中原扩张，在后唐以前常常受阻。石敬瑭是李嗣源的女婿，也是沙陀族人，任后唐河东节度使。933年（长兴四年），李嗣源病逝，其儿子李从厚即位。次年，嗣源的义子李从珂起兵杀了李从厚而自立。石敬瑭向来与李从珂不和，欲取而代之。清泰三年（936年），他以割地、称臣、称子为条件，请求契丹皇帝耶律德光出兵助其叛变。同年九月，耶律德光率领骑兵5万人，援助被困于晋阳（今山西太原）的石敬瑭，大败后唐兵。

耶律德光为什么无法立足中原？

942年（天福七年），石敬瑭病死，他的侄子石重贵即位，便改变了原来的态度，对契丹皇帝只称孙而不称臣。耶律德光于是大怒，于944年（开运元年）至946年，三次大规模南下攻晋。前两次都失败了，第三次由于后晋执掌重兵的杜威（杜重威）率众军叛变，耶律德光才得以顺利进军。946年12月，契丹攻破开封，灭了后晋。次年二月，耶律德光在开封登基，

自称是中原的皇帝，并改契丹国号为大辽，想久据中原。但他没有治理中原的经验和适当的办法。耶律德光于是感到在中原无法立足，不久，便率军北归。947年初夏，他病死于途中。

五代时期南方十国存在了多长时间？

五代时期，南方出现了诸国并立的局面，在江淮地区相继有吴和南唐；两浙地区有吴、越；四川地区相继有前、后蜀；两湖地区有荆南（南平）和楚；两广地区有南汉，连同割据在今山西一带的北汉，史称为“十国”。十国先后存在于公元907年至979年，共72年。

五代时期南方十国政局是怎样的？

唐末，钱镠任镇海节度使，封越王（后又改封吴王），首府杭州。907年，钱镠被梁封为吴越王。吴越在表面上始终臣事中原王朝，还使用中原王朝的年号，保持藩王的格局。978年（北宋太平兴国三年）降于北宋。

唐末四川节度使、蜀王王建在907年朱温代唐时，自己在成都称帝，国号为蜀，史称为“前蜀”。925年（后唐同光三年），被后唐所灭。后蜀是后唐西川节度使孟知祥建立的。934年（后唐清泰元年），孟知祥在成都称帝，不久便去世，其子孟昶继位。965年（北宋乾德三年），孟昶降宋，国亡。

后梁时，马殷被封为楚王。后唐天成二年（927年），马殷在楚国正式建国，建都于长沙。马氏始终臣事中原王朝，使用中原王朝的年号。951年（后周广顺元年）被南唐所灭。

唐末，王潮任威武军节度使。王潮死后，其弟王审知继任。后梁开平三年（909年），朱温封王审知为闽王。审知及嗣王延翰在位时，一直奉中原王朝为主。到延翰弟延钧时，始于933年（后唐长兴四年）称帝，国号为大闽，建都福州。945年（后晋开运二年）被南唐所灭。

后梁时，原唐清海军节度使刘隐相继受封为南平王、南海王。刘隐死后，弟继位。917年（后梁贞明三年），龚称帝，国号为大越，建都广州。翌年改国号为汉，史称为南汉。南汉的国君从刘隐开始，都十分暴虐无道，社会矛盾日益尖锐。971年（北宋开宝四年），南汉被北宋所灭。

后汉时，高祖刘知远弟刘崇（称帝后改名旻）历任太原尹、中书令。951年后周代汉，他即位称帝，仍然以汉为国号，史称为北汉，定都为太原。北汉时期百姓处于战火之中，苦不堪言，社会矛盾日益尖锐，政权十分不稳固。979年（太平兴国四年）被北宋所灭。

隋唐时期佛教的主要宗派有哪几派？

唐朝盛行的宗教比较多，这和当时的社会经济发展、中外经济文化交流、以及朝廷尊崇宗教是分不开的。国内原有的宗教如佛、道教也有了很大发展，还有一些国外的宗教在这时也传入到中国。

佛教本是印度的宗教，汉代时传入到中国，以后有了很大发展。南北朝末年到隋唐之际，中国的佛教便开始出现宗派，各宗派不但有自己的教义，而且还有自己的寺院。隋唐时期，佛教的主要宗派有天台宗、华严宗、法相宗、净土宗和禅宗。唐朝后期，禅宗分为南宗和北宗两派，南宗宣传顿悟，北宗宣传渐悟。最为盛行的是南宗，几乎取代了其他各宗派，垄断了

佛坛。由于以禅宗为代表的佛教除原有的哲理丰富等长处以外，又逐渐中国化，因而在道教的竞争中占有相对的优势。

佛教在隋唐时期为什么会广为流传？

隋唐时期佛教的发展与中外交通的发达、佛经的不断传入、译经工作的进步以及统治者的大力提倡都有十分密切的关系。统治者为了巩固自己的地位，积极提倡佛教，很多皇帝和官僚贵族佞佛，于是佛教便广为流传。可是随着佛教的发展，僧尼非常多，寺院占有的土地和劳动人手也越来越多，还不负担国家的赋税徭役，这就导致政府与寺院之间在经济利益上产生了严重的矛盾。所以，唐武宗时禁止佛教，给佛教以沉重的打击。但是佛教毕竟是统治人民的有力工具，唐宣宗即位以后，又继续扶植佛教。

唐朝历代皇帝为什么大力提倡道教？

唐朝历代皇帝以与老子同姓为由，认老子为自己的祖先，于是大力提倡道教，倡导无为而治。唐太宗规定道教的地位在佛教之上。唐高宗追尊老子为太上玄元皇帝。武则天称帝时，利用佛教《大云经》，宣传女人也可以当皇帝，于是规定佛教居道教之上。唐睿宗时，又规定了两教地位平等。唐玄宗则大力提倡道教。他声称自己曾梦见过老子，让人画老子像而颁行天下，并令王公百官都学习《老子》，并且在科举考试中增设道举。当时两京（长安、洛阳）和各州府都建有玄元皇帝庙。各地道观曾经多达1900余所。

唐朝时期中国还盛行哪些宗教？

伊斯兰教是在公元7世纪初阿拉伯人穆罕默德所创建的。唐代主要是由大食的使臣、商人传入到中国，在长安、广州、泉州、扬州等地都有信徒。唐中叶以后，传播十分广泛。

祆教是琐罗亚斯德教的中国名称，约在公元前7～前6世纪，始创于波斯人琐罗亚斯德，最早流行于中、西亚，南北朝时期，传入中国。在中国又称火祆教、拜火教。此教认为，宇宙间有善神和恶神互斗，以火代表着善神从而加以崇拜。当时在长安、洛阳、凉州、沙州（治今甘肃敦煌西）等地都建有该教寺庙，信奉者为来唐的波斯及中亚其他地区的商人。

摩尼教是公元3世纪时波斯人摩尼所创，大概于唐朝前期传入中国，也叫做明教。该教宣传善恶二元论，认为光明是善的本原，黑暗则是恶的本原，人应该助明斗暗。教徒应该制欲，不食肉，不饮酒，不杀生。在长安、荆州、扬州、洪州（今江西南昌）有寺庙，在民间相继传播。

中国古典诗歌的黄金时代是在何时？

唐代是中国古典诗歌的黄金时代。当时所作诗歌的数量很多，题材又广泛，风格流派多样化，艺术十分精湛，都大大超过了以往的朝代。

唐初著名的诗人有王勃、杨炯、卢照邻、骆宾王，号称为“初唐四杰”。以后，诗人名家辈出，盛唐有孟浩然、王维、岑参、高适、王昌龄、王之涣等，李白与杜甫更是名震一时。中唐有白居易、元稹、韩愈、刘禹锡、柳宗元、李贺等。晚唐有李商隐、杜牧、皮日休、聂夷中、杜荀鹤等。

唐代诗人中谁的影响和成就最大？

在唐代诗人中，影响和成就最大的是

李白

李白、杜甫、白居易三人。

李白是一位伟大的浪漫主义诗人。他的诗内容非常广泛，豪迈而奔放，气势磅礴，想象力丰富，手法夸张，语言生动又明快。他十分关心国事，有远大的抱负和理想，不愿迎合权贵，有非常强烈的反抗精神，他一生漫游了许多名山大川，描绘了很多壮丽河山的诗篇都是传世佳作。因为他一生很不得意，又深受道家思想的影响，所以诗中有一些消极成分，常常流露出人生若梦、及时行乐的颓废思想。

杜甫是一位伟大的现实主义诗人，所作的诗有“诗史”之称。他的诗博采众长，感情真挚又细腻，基调沉郁而雄浑，语言十分精练。他忧国忧民。其名句“朱门酒肉臭，路有冻死骨”，深刻地揭露了当时的社会矛盾。

杜甫

白居易是一位杰出的现实主义诗人。他诗作中的精华是讽喻诗，其中《卖炭翁》《杜陵叟》《轻肥》《歌舞》等都是其中的名篇。这类诗充分揭露了官府的横征暴敛，指斥了豪门贵族的骄奢淫逸，又抨击了穷兵黩武的不义战争，具有高度的思想性和艺术性。此外，他的长篇叙事诗《长恨歌》和《琵琶行》也都有很高的成就。他的诗深刻地反映了现实，诗的风格平易通俗，因此广泛流传于国内以及新罗、日本等国，影响很大。因为他晚年政治上的不得意，意志消沉，所以其晚期作品的思想性比较差。

白居易

唐代古文运动的代表人物是谁？

古文运动的代表人物是韩愈和柳宗元。韩愈是古文运动的积极倡导者，写了许多优秀的散文，气势雄健，奔放流畅，后人推他为唐宋八大家之首。他把散文广泛地应用于各个方面，对当时和后世都产生了很大的影响。他主张“文以载道”，认为写文章应该重视思想内容，但是他所说的“道”是指儒家的思想。柳宗元也是古文运动的倡导者，他也主张“文者以明道”。他的散文丰富又多彩，峭拔而俊秀，含蓄精深，对散文的发展做出了巨大的贡献。

传奇这种文学形式兴盛于何时？

传奇是中国古典小说的一种形式，出

现于隋朝末年，兴盛于唐代。由于唐末裴铏曾编有《传奇》三卷，后人因此以此书名作为这类作品的名称。唐代传奇可以分为讽喻小说、侠义小说、爱情小说、历史政治小说四类。其中的名作主要有李朝威的《柳毅传》、蒋防的《霍小玉传》、元稹的《莺莺传》、白行简的《李娃传》、沈既济的《枕中记》、李公佐的《南柯太守传》、陈鸿的《东城老父传》、《长恨传》等。唐代传奇在中国文学史上占有十分重要的地位，对后世文学的影响也非常大。如宋元以后的白话小说，有很多都是取材于唐代传奇。还有些传奇被后人改编成为戏剧。

词这种文学形式兴盛于何时？

词又称为长短句，始见于唐代，兴盛于五代、两宋。五代词人的代表是李煜。李煜是南唐末代国君，史称为“李后主”。能诗文、音乐、书画，尤其擅长填词。早期作品大部分描写宫廷生活，继承晚唐以来“花间派”的词风，绮丽柔靡。后期作品则主要抒写对往日帝王生活的怀念，吟叹亡国后的身世，语言十分生动，戚楚而感人。扩展、提高了词表现生活、抒发感情的能力。“问君能有几多愁？恰似一江春水向东流”等名句至今仍脍炙人口。

隋唐时期的艺术为什么会取得辉煌的成就？

隋唐五代时期的艺术不但继承了汉魏以来的文化传统，还大量吸收了当时边疆各少数民族和外国的艺术成果，融会发展，取得了十分辉煌的成就。其中最重要的有绘画、雕塑、书法和音乐、舞蹈等。

唐代著名画家知多少？

唐代著名画家很多，初唐的阎立德、阎立本兄弟善于画人物。阎立本的《历代帝王图》《太宗步辇图》，流传至今。其画布局十分匀称，笔力而刚健，简练又传神。盛唐时的吴道子（又名道玄）有“画圣”之称。他兼擅人物、山水，尤其擅长于佛道画。他在继承前代技法和吸收西域画派技法的基础上，有所革新创造，所画富于立体感。其画中人物的衣带似会随风飘动，因此有“吴带当风”之说。盛唐、中唐之际的张萱、周昉，都是以善画仕女闻名。张萱的《捣练图》和《虢国夫人游春图》，现存宋人摹本。周昉的《簪花仕女图》也存后人摹本。诗人王维善于画水墨山水画，苏东坡称其“画中有诗”。

唐代的壁画在南北朝壁画的基础上有了很大的发展。壁画的数量很多，仅吴道子一人即曾在长安、洛阳的佛寺道观中绘

周昉仕女图

壁画数达百面墙壁之多。

五代时期有哪些著名山水画家？

五代时期，绘画艺术进入了新的发展阶段。西蜀、南唐相继设立了画院，征召许多著名画家供职。五代时期的著名山水画家有善画北国风光的荆浩、关同，善画江南景色的董源、巨然；著名花鸟画家有黄荃、徐熙；著名人物画家有周文矩、顾闳中。顾闳中的《韩熙载夜宴图》为传世名作。

中国最大的石雕佛像雕刻于何时？

隋唐以前已开凿的石窟寺，如敦煌、龙门、天龙山、麦积山、炳灵寺等，此时都在继续建造，在技法和人物造型上，也都有非常大的进步。如龙门的奉先寺是武则天统治时期开凿的，共有雕像九尊。中央为卢舍那佛坐像12米（连座通高17.14米），两旁各四像略低，都气势很宏伟，形象十分生动。四川乐山的石雕大佛坐像从头顶到脚底通高58.7米，是中国最大的石雕佛像。敦煌千佛洞是一座巨大的艺术宝库，现存492个石窟中，有唐窟213个。其中的立体泥塑佛像，形象十分生动，神态自若，造型精巧，与壁画交相辉映，配置非常和谐。

隋唐时期的音乐、舞蹈取得了哪些成就？

隋唐时期的音乐、舞蹈也有了很大的成就。由于民族关系密切及中外文化的交流，所以当时中原地区的音乐、舞蹈中融合了许多来自少数民族和外国的成分。隋炀帝时曾定九部乐，唐太宗时又增为十部乐，即燕乐、清商乐、西凉乐、天竺乐、高丽乐、龟兹乐、安国乐、疏勒乐、康国乐、高昌乐，其中很多都来自少数民族和外国。唐高宗以后，十部乐慢慢衰亡。音乐家们吸取了少数民族和国外音乐的精华，创作新乐，相继形成了坐部伎和立部伎。隋代时期著名的音乐家有万宝常、郑译、何妥等，唐代著名的音乐家有祖孝孙、王长通、白明达、曹善才、李龟年、米嘉荣、唐玄宗等。

唐代舞蹈有许多来自于西域。当时的舞蹈多配以音乐，所以称之为乐舞。唐代舞蹈主要分为健舞和软舞。健舞有剑器、胡旋、胡腾、柘枝等，软舞有乌夜啼、凉州、回波乐等。

隋唐五代时期史学取得了哪些成就？

隋唐五代时期，史学与地理学都有了很大的发展，很重要的一点是出现了国家开馆设官修史的制度；其次是在史学和地理学著作方面也有所创新。国家正式开馆修史始于唐太宗时期，由宰相监修。此后，官修史书由史官修撰并由宰相监修成为制度，一直到清朝。唐初史馆奉诏所修正史的有《晋书》《梁书》《陈书》《北齐书》《周书》《隋书》共六部。史家李延寿私人著《南史》和《北史》两部，此八史占二十四史的三分之一。五代后晋时官修的《旧唐书》亦为二十四史之一。

隋唐时期的历法成就有哪些？

隋代的刘焯编写《皇极历》，这是一部很精密的历法。隋时没有施行，唐时开始施用。此历确定岁差为七十五年差一度，已同准确值接近。当时欧洲还采用了一百年差一度的数值，比中国落后。

唐代的一行和尚俗姓张名遂，自幼博览经史，精通天文、历算。后来出家为僧。唐玄宗时期，他受命主持修历工作，有很多创造。他是世界上第一个发现恒星

移动现象的人，比英国人哈雷发现恒星移动几乎要早1000年。他又倡议测量了子午线的长短，根据在河南实际测量的结果，算出了子午线每一度长351里80步。这个数字虽然不是很准确，但却是世界上第一次实测子午线的记录。他还和梁令瓒合作，制成了水运浑天铜仪（利用漏水激轮转动）。这不仅是表示天象的仪器，也是计时的仪器，是世界上最早的用机械转动的天文钟。他编成的《大衍历》是一部相当准确的历法，其编写体例结构也被后代所沿用。

隋唐时期有哪些重要的医学成就？

隋代名医巢元方编写的《诸病源候论》是中国第一部详论病因、疾病分类、鉴别和诊断的著作，书中还记述了用肠吻合手术治疗外伤断肠等。该书对后代医学的发展影响很大。

隋至唐初的名医孙思邈（581～682年），著有《千金要方》和《千金翼方》，这是两部很著名的医学著作。两书的内容非常丰富，共收集了五千三百多个药方，记载了八百多种药物。因为他对医药学的重大贡献，所以后人尊称他为“药王”。

唐高宗时，苏敬等人奉命编写了《唐新本草》，这部书图文并茂，并记载了药物八百多种，是世界上第一部由国家编定颁布的药典。唐玄宗时，王焘编写了《外台秘要》一书，收集了六千九百多个药方，汇集了前代药方的精华。

你知道世界上现存最古老的单孔大拱桥吗？

隋朝著名的工匠李春设计建造的赵州（今河北赵县）安济桥，不仅是中国历史上最著名的桥梁之一，还是世界上现存最古老的单孔大拱桥。桥全长50.82米，桥面宽约10米，大桥洞跨径37.02米，高7.23米，在大桥洞两端上方，各有两个小桥洞，既可以节省工料，又可以减轻桥的重量，还便于排洪，而且又增加了美感。这样的设计与施工技巧，在当时的历史条件下都是难能可贵的。

唐代佛塔知多少？

唐代建造了许多的佛塔，至今仍耸立于西安的，有著名的大、小雁塔。大雁塔始建于永徽三年（652年），是高僧玄奘按照印度风格设计的。塔呈方形，砖砌七级，高64米。唐人考中进士以后，多于此处题名，以为纪念，称为“雁塔题名”。小雁塔建于景龙（707～709年）年间，为密檐式砖构建筑，原为15级，最上的两级已塌毁，其下13级完好，现高43米，基底四周装饰着精美的砖雕。

印刷术是怎样产生的？

隋唐时期，文化非常繁荣，读书的人逐渐多，抄书已经不能满足于社会的需要，因此出现了雕版印刷术。

雕版印刷术发明于隋末唐初，但当时还不是十分普及，唐中叶以后才逐渐推广。元和、长庆年间，白居易、元稹的诗已经被大量印刷出售。文宗太和年间，印刷的历书已经在民间广泛流传。唐朝末年，成都已大批印书，成为全国印书业的中心。现存于最早的雕版印刷品是印于咸通九年（868年）的《金刚经》。该书卷首有画，画和文字都十分精美。

第七章 辽　　朝

契丹族是怎样兴起的？

契丹族原来是鲜卑族的一支，居住在辽水上游的潢水（今西拉木伦河）流域，以游牧业为主。全族分为八个部落，各有经选举产生的“大人”（即酋长）。大概在唐代初年，契丹族已经形成了由八部联合组成的部落联盟。八部“大人”推举一人做联盟首领，称为可汗。五代初年，契丹族在杰出的首领阿保机的领导下建立了国家。

辽国是怎样建立的？

阿保机姓耶律氏，亦称耶律阿保机，出身于迭剌部显贵家族。其祖先屡任迭剌部的夷离堇，即酋长。唐天复二年（901年），阿保机被选为迭剌部的夷离堇。后梁开平元年（907年），八部大人罢免了软弱的遥辇氏的痕德堇可汗，改选阿保机为可汗，此后他连任九年。阿保机在任可汗的前后，一方面率领军队四处征讨，扩大迭剌部势力；另一方面注意吸收先进的汉族文化，发展本部的政治、经济。于是，迭剌部日益强大起来。

谁把契丹国改国号为辽？

927年，二月二十四日，耶律德光改契丹国号为辽，改年号为大同，升镇州（今河北正定）为中京，以赵延寿为中京留守，表明了辽太宗直接统治中原的意图。原后晋北京留守、河东节度使刘知远随后即帝位于太原，直接与辽对抗。所以辽太宗就任命耿崇美、高唐英、崔延勋分任昭义军（今山西长治）、昭德军（今河南安阳）、河阳军（今孟县南）节度使，以控扼河东。辽太宗纵兵“打草谷”进行劫掠，各地人民纷纷起兵反抗，辽太宗便做了北归的准备，任命同族萧翰为宣武军（今开封）节度使镇守中原。

耶律德光治理国家的基本政策是什么？

耶律德光在继位后推行南侵及逐渐官僚化的政策，却遭到了述律太后的反对，辽太宗之死又引起了一场帝位之争。前太子东丹王耶律倍在出逃后唐时，王妃萧氏及子耶律阮（兀欲）仍留在东丹国，耶律阮后随耶律德光南侵，灭了后晋后即受封为永康王，当辽太宗死于北归途中时正在军中。从征的辽军将领很多人都拥护辽太宗的现行政策，同时又害怕述律太后在辽太宗继承皇位时诛杀异己势的力做法重演，掌握实力的北院大王耶律洼与南院大王耶律吼，反对述律太后扶立其少子李胡，定策拥立永康王耶律阮。

辽世宗是怎样即帝位的？

耶律阮则考虑到辽太宗所立的皇太弟耶律李胡，以及辽太宗长子耶律璟的存在，他们肯定得到以述律太后为首的守旧势力的支持，从而犹豫不决，便找担任宿卫的耶律安博商议。耶律安博不但支持并帮助了耶律阮坚定继承皇位的决心，而且还传播皇太弟耶律李胡已死的谣言，借以坚定北归将士拥立耶律阮的信念。他

又作为耶律阮的代表与耶律洼、耶律吼商议对策。他们以辽太宗曾经想立耶律阮为继承人作托辞，即于辽太宗死后的次日，拥耶律阮即帝位于北归途中的镇州，就是辽世宗。

辽世宗是怎样巩固帝位的？

由于立耶律阮为帝违反了述律太后要立少子耶律李胡为帝的意志，她立即派耶律李胡率领众军南下攻击耶律阮，但被辽世宗的前锋军队打败。于是述律太后又亲自率领大军与耶律李胡军会师于潢河（今西拉木伦河）横渡的北岸，与已抵达南岸的辽世宗大军隔河对峙，一场大战即将爆发。

世宗随后又追谥其父耶律倍为让国皇帝，以示世宗继位的正统性。但是守旧势力仍不断企图推翻辽世宗的统治，辽世宗在镇压内部叛乱后，又遣将乃至亲自率领军队攻掠后汉的河北地区，这时中原政局已经发生了很大变化。天禄五年（后周广顺元年，951年）正月，郭威取代后汉并建立了后周政权。同月，后汉宗室、北京留守刘崇也即帝位于太原，割据河东地区，建立了北汉政权，并依附辽朝，自称为侄皇帝。

辽穆宗是怎样即位的？

天禄五年（北汉乾祐四年，951年）九月，北汉向辽求援，辽世宗亲自率领众军南下，到达归化州（今河北宣化）时，祭祀其父耶律倍，宴后酒醉，被耶律察割所害。此时辽太宗长子耶律璟（述律）随行在军中，耶律屋质等拥立耶律璟为帝，就是辽穆宗。

辽穆宗继位以后，北汉多次求援，辽穆宗只是派兵遣将，并不亲自出征。一方面他忙于排斥异己，将当初拥立辽世宗及辽世宗亲信的大臣置于闲地。另一方面是为了镇压不断发生的谋反事件，为首的人物不但有辽世宗之弟耶律娄国，还有辽太宗弟耶律李胡之子耶律宛和耶律喜隐，甚至还有辽穆宗自己的二弟耶律罨撒葛、四弟耶律敌烈。发生了那么多的皇室谋反事件，辽穆宗还游猎无度，歌舞狂饮，通宵达旦，白日睡眠，从不认真处理国事，被辽人称为“睡王”，而且喜怒无常，滥杀无辜，以致于亲信近臣们也人人恐惧，辽朝因此国势中衰。

辽穆宗为什么会被害？

辽穆宗醉生梦死，甚至昼夜酣饮，而谋反的事件也不停地发生，此时南边的北周已为赵宋皇朝所代替。宋皇朝采取了先南后北的战略，虽然也进攻北汉，但对辽采取防御政策，辽宋处于比较平静的状态。辽北方的乌古部，大、小皇室韦部又相继叛乱，经过连年的征讨、损兵折将之后才得以平定。辽穆宗依然花天酒地，游猎无度，晚年甚至连饮二十日而不理朝政，常常是乘醉赏罚，无数次在醉后随意杀人。终于在应历十九年（969年）二月，穆宗游猎至怀州（今内蒙古巴林左旗西），一天晚上酒醉之后被近侍所杀。

辽穆宗

辽景宗是怎样是怎样即位的？

辽世宗于天禄五年（951年）遇害时，其子耶律贤时年4岁。辽穆宗耶律璟末年，耶律贤已经长大成人，与韩匡嗣、女里、耶律贤适等关系十分密切，对穆宗的败政，有时加以评论讥讽，但为了躲避灾祸，韬光养晦，等待时机。

应历十九年（969年）二月，穆宗遇害于怀州，时任飞龙使的女里立即自怀州奔赴都城上京临潢府（今巴林左旗）耶律贤处，并且调集禁兵进行保卫。曾任南京留守、参与朝政的萧思温、总汉军事的高勋与女里，次日清晨率领甲骑拥护耶律贤从上京赶至怀州，并随即继位为帝，就是辽景宗。

“景宗中兴”是怎么回事？

辽景宗即位后，便娶北院枢密使兼北府宰相的萧思温之女萧绰（燕燕）为妃，同年五月又立为皇后。萧皇后辅佐景宗中兴，后来成为中国历史中重要的政治人物。

辽景宗承穆宗衰乱之余，励精图治，任人不疑，信赏必罚，而且任用了许多汉人为官，因此更多地吸收了汉人的统治经验。早年投靠辽朝的汉人高勋、郭袭、室昉、韩匡嗣及其子韩德让等，先后相继得到重用。辽景宗内任萧思温、高勋、耶律贤适，外用耶律斜轸、耶律沙、耶律休哥、韩匡嗣、韩德让。虽仍有反叛事件，但很快被平定，与穆宗时期相比，总的来说内部比较稳定、政治清明、将相协和，牧业兴旺，农业丰收，辽朝开始复兴。

辽与北宋关系是怎样的？

辽从建国之起，就没有停止过与北宋争夺中原地区的征战。保宁十一年（宋太平兴国四年，979年）正月，宋太宗出兵进攻了北汉，辽随即派遣耶律沙、冀王耶律敌烈、耶律斜轸等率军先后南下支援北汉的同时，又派耶律奚底、耶律撒合率领军队防守南京（幽都府，今北京）。三月，耶律敌烈率领先锋军在后军未到的情况下，间道从白马岭（今山西盂县北）渡涧西进，被宋将郭进大败于石岭关（今沂州南）南，耶律敌烈等战死，因而切断了辽援。五月，北汉被宋所灭。六月，宋太宗乘胜率领众军转攻辽南京。

辽增戍南京的耶律奚底、耶律撒合等率众军阻击于北郊沙河，战败以后撤往清河，宋军遂围辽南京。辽南京在权知南京留守事韩德让、新到的援军权南京马步军都指挥使耶律学古等防守下，宋军久攻不下。七月初，耶律沙、耶律休哥、耶律斜轸等打败宋军于高梁河（今北京西直门外），宋军溃败。辽乘胜以韩匡嗣为统帅，率领耶律沙、耶律休哥、耶律斜轸等南下。十月，被宋将刘延翰、崔翰、李汉琼所部大败于满城（今属河北）后退回。辽大同军（即云州，今山西大同市）节度使耶律善补所率领西路军，在南下途中也为代州（今代县）宋将折彦赟所败，耶律善补在听到主力败于满城后便北归。

980年3月，宋将杨业击败辽军于雁门北（今河北代县北），于是声名大振。十月，辽景宗亲征攻宋，从南京南下，进围瓦桥关（今河北雄县），大败宋军并追击至莫州（今河北任丘）后退兵，辽宋边境又暂时回归于平静。

辽乾亨四年（宋太平兴国七年，982年）四五月间，辽景宗再次亲征攻宋，发动了第二次满城之战，被宋将崔彦进击败后并退回。同年九月，辽景宗前往云州，游猎于祥古山（今河北宣化境）时得病，在前往云州的途中病死于焦山（今山西大同西北）。

承天太后是怎样协调辽与周边关系的？

承天太后在数次攻宋未取得胜利的情况下，虽不与宋议和，但对宋改以防守为主，自统和四年开始即接纳与宋对抗的党项族首领李继迁的降附，授予定难军（银州，今内蒙古乌审旗南）节度使。李继迁又向辽求婚，以求巩固依附关系。

辽在与宋战争的状况下，以部族女耶律汀为义成公主出嫁李继迁，并于统和八年（990年）进封李继迁为夏国王，以支持并鼓励西夏侵扰宋西北边境。李继迁为了自身利益的考虑，于次年（宋淳化二年，991年）七月，也向宋降附，受任为银州观察使，并受赐姓名赵保吉。辽对党项主要仍采取安抚政策，后又进封李继迁为西平王。于统和十二年（994年）任命萧挞览镇抚西部边境。并一直任用耶律休哥为南京留守来对抗宋朝，耶律休哥在境内采取轻徭薄赋，与民休息，发展生产的措施，对宋则采取和平相处的安边政策。南京地区成为辽农业经济最发达的地区。

澶渊之盟是怎么回事？

辽统和十六年（998年）十二月，耶律休哥死后，辽采取了经常攻扰的政策。次年（宋咸平二年，999年）七月，下诏攻宋，辽军虽然攻下了一些地方，但在进攻遂城（今河北徐水西）时，由于北宋名将杨延昭（杨业之子）防守有方，久攻不下，辽军遂退回南京。十九年（1001年）十月，以南京留守、辽圣宗皇帝之弟耶律隆庆率领前锋军攻宋，与宋前锋军张斌相遇在遂城北长城口，宋军先胜后败退保遂城，辽军进至满城（今属河北）时，因积雨泥淖而退回南京。二十年（1002年）春又派北府宰相萧继先、南京统军使萧挞览攻宋，亦无进展。次年四月，再遣南府宰相耶律奴瓜、萧挞览攻宋，双方战于望都（今属河北），宋将王继忠战败被俘，辽军也退回。

因为宋真宗求和心切，寇准虽力主与辽决战，也不得已主持议和。十二月，以每年输银10万两、绢20万匹给辽，宋真宗称辽承天太后为叔母作为和议条件。澶州郡名澶渊，故史称这次议和为“澶渊之盟”。

澶渊之盟对辽国的影响是怎样的？

澶渊之盟开始了辽宋长达一百多年和平相处的对峙政局，辽朝不仅减少了长期对宋作战带来的财力、物力的巨大消耗，而且每年还可从宋方得到许多岁币，财政状况得到很大的改善，人民也能安居乐业，生产发展很快。面对新的形势，承天太后、辽圣宗决定将统治中心适当南移，统和二十五年（1007）初，在上京之南200多公里处营建中京（大定府，今内蒙古宁城西大明城），成为新都，辽帝的常驻地。

澶渊之盟是辽朝盛极而衰的转折点，承天太后死后辽圣宗做的第一件大事，就在统和二十八年（1010年）七月干预高丽内部事务，决定亲征高丽。由于辽圣宗的一意孤行，辽国开始了历时10年征讨高丽的战争，高丽因此遭受巨大灾难，于开泰九年（1020年）臣附。但是辽也劳民伤财，不断的损兵折将，尤其是在开泰七年（1018年）十二月的茶陀河之战，损失十分惨重。

辽国东征高丽的结果如何？

辽在东征高丽的同时，又西讨阻卜部的叛乱。统和二十九（1011年）年六月，为了加强对阻卜的统治，分部设置节度使统治阻卜各部，因为往往任用非才，所以引起阻卜人民的愤怨，于开泰元年（1012年）十一月，阻卜石烈部酋长阿里底杀节度使以反叛，辽派耶律化哥率领军队进讨，但不久阿里底即被阻卜部民擒献于辽，而沿边诸部皆叛，并开始了历时8年的讨伐阻卜的战争。直至八年九月阻卜虽然相继降附，但势力已不断壮大。

辽开泰二年（1013年）后的数年间，还北讨乌古部及敌烈部，乌古部、敌烈部虽然遭到残酷镇压或被迫降附，但仍降叛不断。太平六年辽西讨甘州（今甘肃张掖），连攻三天未果，史称“东有茶陀之败，西有甘州之丧”，甘州之战是辽圣宗时期的两大败仗之一。

太平九年（1029年）八月，原渤海国人民在大延琳的率领下，反抗辽朝的苛役杂税，杀死户部使韩绍勋、副使王嘉等，在东京（今辽宁辽阳）称帝，建国号为兴辽，年号天庆，不但辽东地区大多响应，而且南、北女真部族也归附反辽，历时一年。次年八月，由于部将的叛降，辽军始得占领东京，大延琳乱才逐渐平定。辽圣宗亲政以后战争不断，大延琳之乱平定后不到一年即病逝。辽圣宗虽然在辽代中世诸帝中亦属明君，但末年战乱不已，国势渐衰。

高丽青瓷

辽兴宗时期对西夏的政策是什么？

辽太平十一年（1031年）六月辽圣宗病死，当天已16岁的太子耶律宗真即位，改元为景福，就是辽兴宗。生母萧妃（耨斤）为了擅权，自立为皇太后，并诬陷圣宗皇后萧菩萨哥谋反，萧菩萨哥被囚禁于上京（今内蒙古巴林左旗南），次年春被害死。

重熙三年（1034年）五月，皇太后阴谋想废兴宗另立次子耶律重元为帝，耶律重元告密而使其阴谋破产，皇太后被迫归政于辽兴宗，并被囚禁于庆州（今巴林左旗西北）。辽兴宗便立耶律重元为皇太弟，后又任命其为判北南枢密院使事。任用萧孝穆为北院枢密使、萧惠为南院枢密使。辽兴宗初期，还注意轻徭薄赋，澄清吏治。对西夏仍采取安抚与支持的政策。

重熙十年（宋庆历元年，1041年）十二月，乘宋、夏战事紧张之际，辽兴宗在萧惠为首的群臣支持下，虽遭萧孝穆反对，仍决定以宋修边防与攻夏为借口，派耶律重元、萧惠聚兵南京，准备攻宋。并于次年初派使臣赴宋廷，索取被后周世宗攻占的关南十县。九月，宋为了避免作战而又不愿割让土地，遂以岁增银、绢各10万匹、两为代价重订和约。

辽兴宗讨伐西夏的结果如何？

西夏在取得胜利以后，再度派遣使臣请和，辽兴宗答应求和。十一月退兵，任大同军为西京大同府，任命北院宣徽使耶律马六为西京留守，以加强对西部边境的统治。辽重熙十七年（1048年），西夏元

辽代石屋

昊死于内乱，未满周岁的稚子谅祚继位，外戚擅权。

次年（夏延嗣宁国元年，1049年）七月，辽兴宗乘机亲自率军攻夏，以萧惠为河南道行军都统，由于萧惠轻敌无备，被西夏击败。而北道行军都统耶律敌鲁古所率领偏师攻至贺兰山，战胜西夏军并俘获元昊妻及官僚家属。重熙十九年（夏天祐垂圣元年，1050年）三月，派西南招讨使萧蒲奴统军攻夏，西夏采取了避让战术，以致进入西夏碰不到敌军。辽军一度攻至西夏都城兴庆府（今宁夏银川）境内，西夏军多次战败后，太后遣使请求降附。重熙二十二年（夏福圣承道元年，1053年）春，辽、夏重修旧好。

辽国耶律重元为何叛乱？

辽兴宗虽然立弟耶律重元为皇太弟，并酒后许以继承皇位。但为了确保长子耶律洪基继承皇位，便于重熙十二年（1043年）任命长子耶律洪基为知北南枢密使事，二十一年（1043年）又任为天下兵马大元帅，开始参与朝政，二十四年（1055年）八月辽兴宗病死，耶律洪基即位，是为辽道宗。

辽道宗即位之初，为了稳住耶律重元为首的势力，所以随即拜其为皇太叔，又任他为天下兵马大元帅，其子耶律涅鲁古随后也被任为知南院枢密使事。这样做不但没有满足耶律重元等人的欲望，反而助长了他们叛乱的气焰，以他们父子为首组成庞大的叛乱集团，原计划是让耶律重元装病，诱使辽道宗去探望，以谋杀夺取皇位。

耶律乙辛擅权带来了怎样的严重后果？

耶律乙辛擅权结束以后，道宗为太子耶律浚昭雪，并培植皇孙耶律延禧为皇位继承人。大安七年（1091年），不满17岁的耶律延禧，被任为天下兵马大元帅、总北南院枢密使事。

辽道宗虽然将耶律乙辛斩首了，但也从此留下了后遗症，那就是在用人上乱了方寸。萧革、耶律乙辛二十多年的擅权，把耶律洪基也给弄糊涂了，分不清谁是忠臣谁是奸臣了。到了执政末期，干脆就来省事的方法，用人上根本不察有才无才，也不辨是忠是奸，竟然用掷骰子的办法来决定人事任免，谁掷胜了就用谁。

耶律乙辛自公元1065年将耶律仁先排挤出朝堂，至公元1079年被诛杀，专擅朝政达十四年之久。在十四年中，耶律乙辛不但诛杀了皇帝辽道宗的妻子、儿子、儿媳妇，给耶律洪基家庭制造了悲剧，而且还诛杀和排挤了一大批正直之臣，造成辽廷人才匮乏，从某种程度上，加速了辽廷的衰亡。

辽国是怎样灭亡的？

寿昌七年（1101年）正月，辽道宗病死，皇孙耶律延禧即位，就是辽末帝天祚皇帝。无独有偶，一年前（宋元符三年）的正月，北宋的徽宗也登上了皇帝的

完颜阿骨打

宝座。真是南北辉映，相映成趣，一对昏君，分别断送了辽朝与北宋皇朝。

天祚帝即位后，便追奉其父耶律浚为皇帝，接着就惩治耶律乙辛余党，让大臣耶律阿思主持，然而贪赃枉法的耶律阿思受赂，贪得无厌。天祚帝继承道宗败政，贿赂公行，他荒淫奢侈，纪纲废弛，叛乱相继。乾统二年（1102年）十月，首先发生了萧海里劫掠乾州（今辽宁北镇南）武库器甲的暴乱，在辽军的攻击下，逃入女真部落被杀。

在辽朝在天祚帝腐朽统治下日益衰败时，东北部的女真族正在迅速兴起。辽天庆五年正月（1115年1月），女真族首领完颜阿骨打摆脱了辽的统治，即皇帝位，国号为金，就是金太祖。为了实现灭辽的目标，金太祖与宋联盟，筹划灭辽，先后攻占了辽东京、上京、中京、西京、南京（燕京）。辽天会三年（1125年）三月，天祚帝被擒，辽亡。辽灭亡前一年，辽太祖的八世孙耶律大石在叶窟里（今新疆塔城附近）称帝，号仍称为辽，史称为西辽。

畜牧业对契丹族的发展有什么重要性？

畜牧业是契丹等部落的生活来源，也是辽朝所以武力强盛、克敌制胜的物质条件。

羊、马是游牧民族的主要财产，是契丹等游牧民的主要生产和生活资料。乳肉是他们的食品和饮料，皮毛提供了衣被，马、骆驼则是他们的主要交通工具，在战争和射猎活动中马匹又是必不可缺的装备。

每个部落都有自己的游牧范围，部民在各自的游牧范围内，逐水草而居。皇帝的四时捺钵就是契丹人游牧业生产、生活方式的反映。

群牧的马匹，来源于征伐的掳获、群牧的自然繁息和属部的贡纳。每有战事，五京禁军的马匹多来自群牧；有时也用来赈济贫苦牧民。

辽国统治者是怎样重视和保护农业的？

辽建国后，多次南下进攻冀中地区，将所俘人户迁往冀东、冀北，以充实幽、蓟。南京道的行唐县（今北京密云东南）、平州的安喜（今迁安东北）、望都（今卢龙南）等县，都是以所俘真定府（今河北正定）和定州的行唐（今皆属河北）、安喜（今定州）和望都（今属河北）等地民户设置，仍然以其原籍地为县名的。

景宗乾亨四年（982年），因宋辽战争负担加重，田园荒芜，民力凋敝，或为兵行所毁，辽景宗下诏免除当年租赋，使农田不致荒废，并使无地农民得以耕种。

圣宗和太后萧绰执政期间，更重视发

展农业，开垦荒闲土地，减轻人民负担，赈济灾贫，整顿赋税，安置流亡，保护商旅。

由于辽朝最高统治者重视和保护农业，各级官僚也多能以劝课农桑为己任，不仅汉官、渤海官韩德让、韩德枢、刘伸、室昉、马人望、杨佶、大公鼎等在任上整纷剔蠹，劝课农桑，兴教化，薄赋息民，而且契丹官僚也多身体力行。

辽朝境内农作物品种齐全，既有麦、粟、稻、穄等粮食作物，也有蔬菜、瓜果。他们不但借鉴和学习中原的农业技术，引进作物品种，而且还从回鹘引进了西瓜和回鹘豆等瓜果品种，同时结合北方的气候特点形成了一套独特的作物栽培技术。

辽国的农业生产取得了怎样的成就?

辽朝的奚人，除狩猎、畜牧外也从事农耕。早在唐朝时，他们中的一些部落就开始经营农业。种植麻、穄等作物。早期中京地区的奚人曾借五代、唐边民土地种植收获，入辽后大量汉人流入，成为中京农业生产的主要承担者。

东京（今辽宁辽阳）、西京（今山西大同）和南京（今北京）都是辽朝的农业区。东京辽阳地区，土地肥沃，有木铁盐鱼之利。

渤海灭亡后，太宗于天显三年（928年）迁渤海人到此地，圣宗时又迁入大批熟女真，他们都从事农业，较轻的赋役和良好的自然条件，为东京道农业的发展提供了条件，使东京地区成为拱卫辽政权的强劲左翼。东京北部生女真也有粗放的农业，种植谷、麻、稗，蔬菜有韭、葱、蒜、瓜等。早在辽代，东京道西北已有果树栽培，并积累了防冻越冬的经验和知识。

第八章 北　　宋

北宋是怎样建立的？

赵匡胤，早年应募从军到后汉郭威的部下，后周时屡立战功，逐渐升任禁军高级将领。后周世宗临终前为防止军事政变，免去后周太祖女婿张永德的殿前都点检军职，取而代之的是名位较低的赵匡胤。

960年正月初三，传闻辽军南侵，赵匡胤奉命出征，第二日清晨到达黄河南岸的陈桥驿（今河南封丘南，在黄河北岸），按照预谋的计划发动兵变，史称"陈桥兵变"。当日即返回开封夺取政权，初五日（960年2月4日）正式建立宋朝，建元建隆，仍以东京开封为都城，以洛阳为西京。真宗时以宋州（今河南商丘南）为南京应天府，仁宗时又以大名府（今河北大名）为北京，作为陪都。为区别于以后建都于临安府（今浙江杭州）的南宋，史称北宋。赵匡胤就是宋太祖。

宋太祖是怎样消除藩镇政权割据局面的？

宋朝建立后，首先致力于对原后周统治区内藩镇的安抚与镇压。地位比赵匡胤高的李筠、李重进先后叛变。960年4月，昭义军（潞州，今山西长治）节度使李筠勾结北汉，起兵反宋，宋太祖派慕容延钊、石守信分兵进讨，并亲自前往督战，李筠、北汉联军大败于泽州（今晋城）南，李筠逃入泽州固守。六月初，宋军攻占泽州，李筠自杀，其子李守节亦以潞州降宋。

九月，淮南（扬州，今属江苏）节度使李重进亦反。十月，宋太祖亲征。十一月，宋军攻占扬州，李重进自杀身亡。

宋太祖快速平定李筠、李重进，对巩固刚建立的宋政权具有极其重要的意义，那些虽然心念后周，但势力名位均弱于李筠、李重进的藩镇，只好对新朝俯首听命。

宋太祖为什么"杯酒释兵权"？

侍卫亲军都指挥使石守信、殿前都指挥使王审琦、殿前副都点检高怀德、侍卫亲军都虞候张令铎等，都被免去军职而出任节度使，石守信虽然名义上还兼任侍卫亲军都指挥使职位，但并没有实际的军权。

经过这两次的调整，殿前司的正副长官都点检、副都点检，事实上已被取消，而以原来的属官殿前都指挥使、副都指挥使、都虞候作为殿前司的长官。

侍卫亲军司的最高长官都指挥使石守信，时间不长也辞去这一名义上的兼职。从此，侍卫亲军司的都指挥使、副都指挥使、都虞候等长官，也渐渐被取消，侍卫亲军司的下属机构步军司和马军司都成为直属机构，长官为都指挥使、副都指挥使、都虞候，与殿前司合称"三衙"，任命名位比较低的将领担任三衙的长官，各分管少数军队，一改原来由重臣名将统领禁军的局面。而且三衙只有管兵权，发兵权则属于通常由文臣担任长官的枢密院，出征作战则临时任命将领统率军队，以达

到以文制武、互相牵制的目的，从制度上巩固了宋朝的统治，消除了名高望重的禁军将领发动兵变夺取政权的可能性。

北宋建立时的政局是怎样的？

宋朝建立时，政局与五代时一样，同时存在的割据政权中，不仅有表示臣附的吴越、南唐、荆南、泉漳、湖南，还有称帝的南汉、后蜀、北汉，这还不算北方的辽，西北党项、回鹘、李氏，以及西南的大理诸政权，仅就汉族聚居区而言，也是九国并存。宋朝在采取巩固统治措施的同时，即继续进行后周世宗没有完成的统一事业。

荆南是一个什么样的政权？

荆南虽地狭兵弱，但却是南北的交通要道。其时南汉、闽、楚皆向后梁称臣，而每年贡奉均假道于荆南。因此高季兴便邀留使者，劫其财物。至南汉、闽、楚各称帝后，高氏对南北称帝诸国，一概上表称臣，以获取赏赐和维持商贸往来，由是被诸国视为“高赖子”。929年，高季兴死，后唐明宗追封他为楚王，故南平又称北楚，据有今湖北江陵、公安一带，建都荆州（今湖北江陵）。其子高从诲继立，后经高保融、高保勖，直到第五主高继冲，于宋太祖建隆四年（963年）纳地归降。

北宋第一个消灭的割据政权是哪个？

宋朝建立时，荆南节度使高保融随即臣附，同年八月因病去世，由其弟高保勖继任，建隆三年（962年）十一月高保勖也因病去世，由高保融的长子高继冲继任。

乾德元年（963年）正月，宋朝以应

高继冲

湖南周保权请求的名义，起用宿将慕容延钊率领部队南下，讨伐湖南的叛将张文表，出兵之际，授权慕容延钊以借道南征的名义，在途经江陵时先消灭荆南。二月初九日宋军到达荆门（今属湖北）时，荆南节度使高继冲派叔父、掌书记高保寅前往劳军并探听消息。当天晚上，慕容延钊采取在欢宴高保寅之际，派好几千骑兵偷袭江陵，高继冲闻讯慌忙出迎，宋军快速占领江陵。

二月十日（963年3月26日）高继冲被逼投降，荆南成为被宋朝消灭的第一个割据政权，得到了3州17县。高继冲以后任武宁军（徐州）节度使十年，开宝六年（973年）十一月在徐州（今属江苏）治所病死。

北宋是怎样统一湖南的？

宋朝建立时，湖南武平军（朗州，今湖南常德）节度使周行逢也臣服于北宋，建隆三年（962年）九月周行逢因病去世，年仅11岁的儿子周保权继位。十月，故将张文表据衡州（今衡阳）叛变，袭击占领潭州（今长沙），自称权留后，并向北宋臣服，以期获得宋朝的承认。周保权

按照周行逢的遗嘱，命杨师璠率军抗击，同时向宋朝请求援助。十二月，宋朝任命周保权为武平军节度使，随后又命张文表入朝。乾德元年正月初，决定以讨伐张文表为名，出师吞并了湖南。

宋军在二月初吞并荆南以后，马不停蹄地向南进发，这时湖南已将叛将张文表消灭，宋军出师的公开理由已不复存在，但宋军此次南下，志在吞并湖南及荆南，荆南虽已归降，但湖南却派兵抗拒。二月中旬，宋军先锋丁德裕率领部队到达湖南首府朗州城下，湖南守将张从富采取坚壁清野的防守战略，丁德裕因没有受命攻城而退兵等候朝廷的命令。下旬，宋军大败湖南军于岳州（今岳阳）城外的三江口并占领岳州，三月上旬末，宋军到达朗州城下时，城中军民仓皇出逃。

三月十日（936年4月6日），宋军进入朗州，湖南周保权出逃后被俘。宋取得14州1监66县。周保权后长时间以环卫官的身份住在首都开封，太平兴国（976～983年）中曾任并州（今山西榆次）知州，雍熙二年（985年）去世。

北宋是怎样直取后蜀的？

后蜀广政二十七年（宋乾德二年，964年）十月，后蜀派往北汉的密使之一赵彦韬向宋告密，宋于是就以此为借口，十一月，即派王全斌率主力由陕西南下，刘光义率偏师沿长江西上，进攻后蜀，后蜀随即派知枢密院事赵崇韬和王昭远统军北上抗击王全斌。

十二月末，王全斌军连克西县（今勉县西）、兴州（今陕西略阳）、三泉（今宁强），俘蜀主将李进、韩保正，宋军进至嘉川（今四川广元），蜀军遂烧栈道，退保葭萌（今昭化南）。宋军分兵修复栈道，并派小部队出敌背后，与主力合击蜀军，蜀军连连战败，退守剑门（今剑阁北）。宋东路军刘光义亦连败后蜀水军，蜀守将高彦俦兵败自杀，宋军遂攻占夔州（今奉节），后蜀东部门户最先丢失。

第二年（965年）正月初，宋军王全斌又以小部队由小路出剑门后，与宋军主力夹击剑门，占领剑门，并俘蜀军副统帅赵崇韬，接着占领剑州（今剑阁），又俘蜀军统帅王昭远。后蜀太子孟玄喆率领的援军刚到绵州（今绵阳），听到消息后随即逃回成都。后主孟昶见大势已去，于正月初七日（2月11日）派使臣前往宋军前奉表投降，初九日（13日）宋军在魏城（今绵阳东北）受降，宋得到45州198县。孟昶在五月到开封，受封为秦国公，六月中旬病死。

北宋是怎样攻克南汉的？

宋朝建立以后，南汉不仅不俯首称臣，反而出兵进攻已属宋朝的道州（今湖南道县），宋太祖于是命令南唐后主李煜致书南汉后主刘鋹，令其向宋称臣并归还在后周时占领的桂州（今广西桂林）、郴州（今属湖南）等地，遭到拒绝。

后蜀被宋消灭以后，南唐后主李煜再次遣使致函南汉后主，劝其归附宋朝，以免讨伐，未果。仍保持割据的政权。970年九月，宋太祖派湖南驻军将领尹崇珂、潘美统率湖南地方部队讨伐南汉。

南汉后主刘鋹知道宋军南下的消息，派宦官龚澄枢到贺州（今广西贺县东南）措置防务，但当宋军逼近贺州时，龚澄枢立刻逃回广州，宋军遂围攻贺州，并大败伍彦柔的援军，贺州守将投降。南汉后主不得已，只得任命宿将潘崇彻，统兵3万屯防于贺江（今广西、广东境内），而当宋军转而西攻昭州（今广西平陆）时，潘崇彻只是拥兵自保并不出兵支援。十月，

宋军连克桂州、昭州；十一月，又克连州（今广东连县）。至此，南汉乘湖南内乱时攻占的原湖南地方已全为宋占领。

第二年正月，宋军侵占英州（今英德）、雄州（今南雄）后，统率重兵的潘崇彻降宋，宋军长驱南下，直到广州城北十里。二月初，宋军以火攻焚毁南汉以竹木筑成的防栅，攻至广州城下，南汉后主刘鋹见大势已去，纵火焚烧府库、宫殿。开宝四年二月初五日（971年3月4日），后主刘鋹出城投降，南汉灭亡，宋取得了60州214县。

北宋是怎样平定南唐的？

南唐在宋朝建立后即表示臣附。南唐中主李璟都金陵（今江苏南京），建隆二年（961年）二月，迁都南昌（今属江西）。六月，中主在南昌去世，子李煜在金陵继承王位，仍以金陵为都城，是为后主，史称李后主，对宋谨修臣节，两次遣使致函南汉规劝臣附，以期保留割据政局。

宋朝平定南汉以后，李后主害怕宋军继续攻打南唐，于是在当年不仅加倍进贡，并改国号唐为江南（为便于行文，仍称为南唐），进一步表示为宋朝属国以求保持割据的现状。但宋朝消灭割据势力的决心并没有因此而动摇，反而更加紧了进攻南唐的准备。

开宝八年（975年）年初，宋军进攻金陵，再次打败城外的南唐守军，南唐又派兵逆流而上图谋夺取采石浮桥，但又被宋军打败。吴越王钱俶受命派兵助攻南唐，南唐常州（今属江苏）守将在吴越军长期围攻后于四月投降，吴越军又进围润州（今镇江）。南唐杀死阴谋降宋而又防守不力的皇甫继勋，并命令镇守湖口（今属江西）的朱令赟统兵十余万东下金陵抗击宋军。

九月，朱令赟率筏、舰顺江大举东下，进至皖口（今安徽安庆西），为宋兵打败而被俘。在此之前，润州守将也已经向吴越投降。金陵自春至冬，屡战屡败，仅能守城，现在又粮尽等待救援，开宝八年十一月二十七日（976年元旦），宋军占领金陵，李后主被迫出城投降，南唐灭亡，宋得19州3军108县。

北宋是怎样平定北汉的？

968年七月，北汉帝刘钧去世，养子刘继恩即位。这时，宋已消灭湖南、荆南、后蜀三个南方割据政权，认为刘钧新死正是歼灭北汉的大好时机。八月，即任命李继勋、党进为正副统帅讨伐北汉。宋军进入北汉境内时，刘继恩已被杀，刘钧养子刘继元登上王位。十一月，辽军救援北汉，李继勋等退回到宋境，北汉因而侵入宋绛州（今新绛）、晋州（今山西临汾）境内。

宋太宗于太平兴国三年（978年）迫使陈洪进吴越归附以后，决定亲征北汉，任命潘美为主帅。三月，郭进打败辽军于石岭关（今山西忻县南）南，并断绝了北汉与辽的交通以孤立太原。宋军于四月围攻太原，太平兴国四年五月五日（北汉广

刘继恩

运六年，979年6月2日）北汉帝刘继元出降，宋朝终于消灭了最后一个汉族割据政权，取得10州1郡41县。

北宋为何志在收复燕云十六州？

燕云十六州，又称“幽云十六州”“幽蓟十六州”是指中国后晋天福三年（938年）石敬瑭割让给契丹的位于今天北京、天津以及山西、河北北部的十六个州。公元936年，后唐河东节度使石敬瑭反唐自立，向契丹求援。契丹出兵扶植其建立晋国，辽太宗与石敬瑭约为父子。作为条件，两年后，即公元938年，石敬瑭把燕云十六州之地献出来，使得辽国的疆域扩展到长城沿线。

燕云十六州为险要之地，易守难攻，无燕云十六州，导致中原赤裸裸地暴露在北方少数民族的铁蹄下（因中原士兵善守城，而北方少数民族士兵善攻），对宋朝的衰变乃至灭亡有着重大影响。

你知道辽国历史上的三次攻宋吗？

979年年九月，辽景宗认命韩匡嗣为统帅，率辽军主力自辽南京南下，另以耶律善补率偏师自大同南下。辽宋东路军大战于满城（今河北满城西），宋军伏兵突起，辽军战败溃逃。

980年十月，辽景宗决定亲征。十一月，辽军围攻瓦桥关（雄州，今河北省雄县），宋军突围南逃，辽军追到莫州（今任丘），宋廷大震，宋太宗出巡北边以稳定军心。辽军耶律休哥部与宋关南守将崔彦进展开激烈地战争，胜负相当，辽军无法取胜，于是又退回辽境。

982年四月，辽景宗又一次亲征，兵分三路南下，主力于满城、唐兴（今安新东南）为宋高阳关守将崔彦进所击败，辽主将奚瓦里战死，耶律斜轸率部救出被围辽军后退回辽境。进攻府州（今府谷）、雁门关（今山西代县北）的西路辽军，也被宋守军击败。辽景宗进行的三次攻宋战争宣告失败。

北宋因何改变对辽政策？

宋太宗得知东路军战败的消息后，遂即命令西路军退回代州，中路军回驻定州。并以在这次战争中没有打败仗的田重进为定州路的军事统帅，李继隆为定州知州，镇守北方门户，还任用功高望重但早已罢实职的宿将张永德为沧州（今沧州东南）知州，以及任命刘廷让为雄州（今雄县）知州、宋偓为霸州（今属河北）知州，以镇守边防，防御辽军可能发起的进攻。

宋朝此次攻辽失利后，宋太宗从此放弃攻辽，改而采用防御战略。但是，辽朝决定进行报复。

辽国报复北宋结局如何？

986年11月，辽承天太后、圣宗亲征，认命耶律休哥为先锋，首战在保州（今保定），辽将卢补古临阵脱逃，导致辽军战败。

988年9月，辽承天太后、圣宗再次亲征，虽也曾占领了一些州县，但在唐河（今定县北）北为宋军定州主帅李继隆、监军袁继忠击败后退回，宋军追击到曹河（今徐水南）而回。

宋辽多次战争，胜负大体相当，辽朝处理对宋军务的南京留守耶律休哥也感到连年战争，燕地人民疲惫不堪，遂长期采取休民息兵的政策，宋辽边境因而得以平静。

后蜀降将全师雄为什么会起兵反宋？

宋朝在灭后蜀时，曾经要各州报告

后蜀苛捐杂税的情况，准备免除其中的一部分，但是还没来得及实行。而平蜀的宋军将士居功骄恣，主要将领王仁赡、王全斌、崔彦进都私开府库，侵吞财宝，军队掠夺子女、抢夺钱物。可以说，除个别将领外无不恣意妄为，引起原后蜀军民的极度愤恨。

乾德三年（965年）正月，后蜀灭亡。二月，梓州（今四川三台）就发生原后蜀将领上官进带领三千多军队夜攻州城的事，后来被镇压。三月，后蜀降宋的军队在被迁往首都开封（今属河南）的途中，途经绵州（今四川绵阳）时又起兵反宋，选举原后蜀文州（今甘肃文县）刺史全师雄为帅，很快发展到十几万人，进攻绵州之战虽然宣告失败，但很快即攻占彭州（今四川彭县），并再三击败宋军，两川州县纷纷起兵响应，全师雄自称兴蜀大王，署置官吏。

同年七月，全师雄连败于郫县（今属四川）、新繁（今新都西），退守灌口寨（今都江堰市）。第二年六月，宋军攻占灌口，全师雄退保金堂（今金堂西），同年秋，全师雄病死后，谢行本继续领导兵变部队进行誓死抵抗，退往铜山（今中江南），时间不长，为宋将康延泽所破，这次反宋的兵变最终失败。乾德五年初，宋太祖虽将激起兵变的主要将领王仁赡、王全斌、崔彦进等，剥夺军权降职闲居，但川蜀的阶级矛盾并没有因此而缓和。

李顺起义在哪里建立了政权？

成都知府吴元载因没有能镇压王小波起义军而被罢官，淳化五年正月初，新任知府郭载刚任职，起义军已经攻下彭州、汉州（今广汉），仅剩孤城成都，但时间不长也被起义军攻占，知府郭载率残兵败将逃往梓州（今三台）。

994年正月十六日，李顺起义军占领成都，随即建立政权，国号蜀，李顺称蜀王，建元应运，建官设职，并派兵四出，所向无敌，东到巫峡（今重庆、湖北两省市接界处），北至剑门关（今剑阁北），都是农民政权势力所及的地区。

王小波起义是怎样失败的？

李顺起义军在川西平原攻城掠地的消息传到开封以后，宋太宗即派心腹宦官王继恩率兵攻讨。二月初，宋军还没有入川，起义军占领成都并建立政权的消息又传到开封，宋太宗随即加派王果带领军队由北路攻蜀，尹元率东路军沿江西上，都受宦官王继恩节制。

此时，杨广正率起义军追赶逃往剑门的宋军郭延濬残部，起义军虽小受挫败，仍直奔剑门，以便快速占领川北门户剑门关。剑门关原只有监关官上官正所部数百宋军，但成都监军宿翰所率残部已先期逃到剑门关，起义军不知虚实，遂被守关宋军打败，退保剑州（今剑阁）。进攻川东门户夔门（今重庆奉节）的东路起义军，也被阻于夔门之西，起义军夺取夔门、剑门以控制川东、川北门户，阻击宋军两路进攻的计划受到挫败，使宋两路大军得以长驱直入，数十万起义军则陷于长期围攻梓州、眉州（今四川眉山）的战役中，为宋军主力攻蜀提供了有利时机。

四月，北路宋军自剑门关西小剑门南下，打败研石寨（今剑阁北）防守的起义军，占领剑州。又于柳池驿（今剑阁西南）大败起义军，进而攻占绵州。北路另一支由曹习带领的宋军，由剑门关东的葭萌（今剑阁东）南下，攻占阆州（今阆中）。另路宋军又攻占巴州（今巴中）。尹元所率东路宋军西进至新宁（今开江），虽打败起义军，但被起义军层层

阻击于川东的广安（今属四川）、梁山（今重庆梁平）、果州（今南充北）、渠州（今渠县），久久不能继续西进。20万起义军围攻梓州达80多天仍没有能攻占，反而为进犯的北路宋军所击溃。

宋军虽然占领成都已四个月，但四郊仍属于起义军，直到九月，宋军才进攻成都附近的起义军。宋军攻占双流、蜀州等地，起义军分成小股退往山区继续斗争。至道元年（995年）二月，起义军首领张余在嘉州（今四川乐山）兵败就义，起义失败。

宋真宗是怎样平定王均叛乱的？

二月十六日，北巡到德清郡（今河南清丰西北）的宋真宗得知王均叛乱的消息，随即作出反应，立刻从抗辽前线抽调负责督运粮草、曾参与镇压王小波、李顺起义有功而担任过益州知州的雷有终，再任益州知州兼主帅，并抽调抗辽先锋官、也曾担任过镇压王小波、李顺起义的先锋石普为副帅，带领步骑八千，立即赶到川蜀镇压，以后又派宦官秦翰率军增援。

王均向外发展先后受挫后，只好困守益州城，因而未能引发广大人民参加斗争，兵变未能发展为人民起义。王均虽然百计抗击，但是独守孤城，到九月初只好突围南逃，途经陵州（今仁寿）、广都（今四川双流东南）、荣州（今荣县），直奔富顺监（今富顺县），准备南渡沱江，企图进入当时还是少数民族地区的泸州（今属四川）、戎州（今宜宾），企图发展。十月，王均到达富顺监，正准备南渡沱江，为宋军先锋杨怀忠追及，仓促间没来得及应战，王均被杀，兵变失败。川蜀地区又趋平静，宋朝对川蜀的统治最终稳固。

北宋统治者为什么要进行“封禅”？

景德三年（1006年）二月，寇准被罢相。王钦若建议真宗“封禅”用来粉饰太平。封禅是秦汉以来帝王建有非常功业，并得到上天恩赐的“祥瑞”才能进行的所谓“大功业”。

景德五年（1008年）正月，真宗向王钦若、王旦说，去年他见到神人降临说，当有天书下降，刚才臣下奏称左承天门屋南角挂有黄帛，应该是天降之书，随后改当年为大中祥符元年，又决定在当年十月东封泰山。在一个半月的行程中，真宗不仅带着“天书”封祀天帝于泰山（今泰安北），禅祭地神于社首山（今泰安西南），又去曲阜祭祀孔子。四年二月，再次带着“天书”西祀汾阴后土，并升所在地宝鼎县为庆成军（今山西万荣西南）。第二年十月，又有了赵氏祖先降临延恩殿的闹剧。五年，改谥孔子为“至圣文宣王”。七年正月，真宗又去亳州（今属安徽）太清宫，祭祀被道教徒尊为教祖的老子李耳，并加封为“太上老君混元皇帝”。还在京城修建雄伟的宫观，祭祀活动更加频繁。

澶渊之盟以后宋真宗的主要活动是什么？

宋真宗自澶渊之盟以后的主要活动，就是进行各种各样的祭祀，达到了前所未有的程度，其意图除了掩盖其处理宋辽关系方面的无能，还有表明宋朝受命于天，以影响崇奉天帝的辽朝君臣放弃攻宋的企图，这种以迷信活动作为国家朝政的荒唐举动，直到乾兴元年（1022）二月真宗去世，同年十月，伪造的“天书”随他一起葬入陵墓才宣告结束。

北宋与西夏的关系是怎样的？

在边境上除辽外，对宋的又一威胁势力是新兴于西北的夏（西夏）。宋太宗时反对降宋的李继迁起兵抗宋，后又归附辽朝受封为夏国王、定难军节度使，宋朝多次派兵攻打，均以失败告终。

宋真宗继承王位后李继迁亦表示愿归附宋朝，宋即让李继迁担任定难军节度使，并赐姓名为赵保吉，但李继迁仍不断侵扰并攻占灵州（今宁夏灵武西南），改为西平府，将首府从夏州（今陕西靖边北）迁到西平府。

1004年李继迁去世，子德明嗣位，先受辽封为西平王，1006年又与宋议和，并受宋封为定难军节度使，西北地区因此出现了和平的局面。李德明与宋保持相对友好关系的同时，积极发展势力，修城于怀远镇（今宁夏银川）建为兴州，作为新首府，并准备称帝，但还没来得及称帝就在宋仁宗天圣九年（1031年）去世。子元昊嗣位，并于宋宝元元年十月十一日（1038年10月31日）称帝，国号夏，史称西夏。

宋仁宗为什么主张改革新政？

宋朝经历太祖、太宗、真宗三朝及仁宗初年章献太后执政时期，已有70多年，积弊日深，1033年3月，章献太后去世之后，仁宗开始亲政，群臣希望能革新政局，右司谏范仲淹指责时政，得罪宰相吕夷简而被降官，尹洙、余靖、欧阳修等也因支持范仲淹而先后被降职，但是群臣要求改革的呼声逐渐高涨。

1048年3月，吕夷简罢相，正值宋与西夏交战而接连失败，西北形势严重，京东、京西地区人民起义经常发生，仁宗也想要改革弊政，遂重又任命余靖、欧阳修等人为谏官，议论时政。四月，又任命韩琦、范仲淹为枢密副使。八月，任命富弼为枢密副使，范仲淹为参知政事。仁宗想依靠他们改革弊政，更新政局，并再三督促。

范仲淹是怎样主持新政的？

新政从1048年10月起陆续实行，“择官长”首先实行，改变即使是贪污腐败、老弱病残的官员，也无一例依资格选任的状况。由朝廷选任各路转运使，由转运使选任各州知州，再由知州选任各县知县、县令，不称职者必须随时降职或撤换，政绩突出的提拔重用。

同月末又颁布了改革考绩的诏令，改变原来那种文官三年、武官五年，一律升迁官资，刚上任时间不长并无政绩，遇到例行考核也照样升迁的磨勘法。规定不仅要实际任职期满，对曾经贪赃及犯法的官员，则视情节轻重及现任政绩优劣等奏报决定是否升迁。中级官员则还要不犯“私罪”才能进行考绩，还限制了较高级官员的随意升迁官资。

1049年3月，又改革科举制度，改变专以诗赋、墨义取士的旧制，重视策论

范仲淹

与德行，以求录取德高望重的人士，改善吏治。

范仲淹主持的新政改革为什么会失败?

以范仲淹为首的改革派，都认为改善吏治是根本，尽管这些措施都尽可能照顾到官吏们的既得利益，只作了很小的改革，却遭到权贵们的攻击，指责支持改革的官员是“朋党”，夏竦更指使婢女学习石介的字体，伪造石介替富弼起草的诏书，说要废仁宗另立新皇帝，并传播流言，宋仁宗虽表示不信谣言，但范仲淹、富弼已经不能自安。

十月初，宋夏议和。十一月初，宋祁、王拱辰、张方平等借小事攻击宰相杜衍的女婿苏舜钦以及其他改革派官员，宋敏求、江休复等11人因此被罢职或降职，以致王拱辰宣称被他一网打尽，改革终于走上末路。

新政改革的失败带来了怎样严重的后果?

“庆历新政”失败以后，问题愈来愈严重，官吏们又纷纷要求改变现状，并认为均税法也遭罢除是失策。皇祐三、四年（1051、1052年）间，博州（今山东聊城西北）知州蔡挺、沧州（今属河北）知州田京，都进行过均税。沧州的均田税在至和元年（1054年）被明令取消。博州的均税法虽被采纳，在全国推行，实际是不了了之，嘉祐四年（1059年）八月，旧事重提，又派孙琳等四人分往诸路均田税，事实上也只是为了应付官吏们的议论，并没有认真推行。孙琳前往河中府（今山西永济），用千步方田法均田税，遭到欧阳修的强烈反对，三司判官张田从朝廷财政收支考虑，建议皇帝祭祀活动后给官吏的赏赐应稍有减少，被认为有亏国体而被贬出任地方官。宰相韩琦、富弼和欧阳修一样也已不再赞成改革。这反映了当初积极支持“庆历新政”的官员，现在大多认为维持现状比较好。

王安石是怎样变法的?

宋神宗即位前即已关心国家大事，僚属韩维经常将好友王安石的见解告诉神宗。王安石曾于嘉祐四年（1059年）上《言事书》，列举时政弊端以及改革意见，虽然没有被采纳，却代表了要求改革者的共同意志，声望逐渐高涨。神宗即位时，王安石已经独负天下盛名很多年，司马光也说大家都认为只要王安石当政，则天下太平，百姓安居乐业。

宋神宗即位时间不长，即召王安石赶赴京城，但王安石却引病不赴，神宗就命令王安石在本地任江宁（今江苏南京）知府，同年召为翰林学士兼侍讲。熙宁二年（1069年）二月，王安石任参知政事，首先设立变法改革的指导机构“制置三司条例司”，由王安石和枢密副使韩绛兼领，

宋神宗

吕惠卿任“检详文字”，编修三司条例官由章惇担任，曾布任检正中书五房公事。同年七月至十一月先后颁布实行青苗法（常平法）、均输法和农田水利法，熙宁三年（1070年）五月，废“制置三司条例司”，并其职权归中书（宰相府），司农寺成为推行新法的机构，吕惠卿改任判司农寺。同年十二月，王安石与韩绛同时拜相，变法一直在变法派内部意见不一致和守旧派的攻击的情况下艰难地进行。

王安石变法的目的是什么？

王安石变法的目的在于富国强兵，借以扭转北宋积贫积弱的局势，巩固地主阶级的统治。王安石明确提出理财是宰相要抓的头等大事，阐释了政事和理财的关系，曾经指出：“今所以未举事者，凡以财不足故，故臣以理财为方今先急”，“政事所以理财，理财乃所谓义也”。

王安石变法是怎样解决国家财政问题的？

王安石在执政前就认为，只有在发展生产的基础上，才能解决好国家财政问题：“因天下之力以生天下之财，取天下之财以供天下之费。”执政以后，王安石继续发挥了他的这一见解，曾经指出：“今所以未举事者，凡以财不足故，故臣以理财为方今先急”，而“理财以农事为急，农以去其疾苦、抑兼并、便趋农为急”。在这次改革中，王安石把发展生产作为当务之急而摆在头等重要的位置上。王安石认为，要发展生产，首先是“去（劳动者）疾苦、抑兼并、便趣农”，把劳动者的积极性调动起来，使那些游手好闲者也回到生产第一线，收成好坏就决定于人而不决定于天。

熙宁六年（1073年）七月，正式颁行免行法。免行法规定，各行商铺依据赢利的多寡，每月向市易务交纳免行钱，不再轮流以实物或人力供应官府。

王安石

王安石变法的结果是怎样的？

1074年4月，王安石在实行免行法时，受到神宗和曾布的联合抵抗，辞相就任江宁知府，吕惠卿升任参知政事。熙宁八年二月王安石复相，受到吕惠卿的打击，神宗对王安石的意见也事多不从，加上爱子王雱病死，精神受到沉重打击，遂力请辞相。同年十月王安石第二次罢相，出任判江宁府，第二年六月又辞官闲居江宁，元祐元年（1086年）四月去世。

宋朝思想界出现了哪些学派？

被称为“宋初三先生”的孙复、胡瑗、石介，通常被称为“理学先驱”，其实不只是理学的先驱，而且是所有“宋学”的先驱。其他如范仲淹、晁迥、李觏等人，也都可以列入“宋学”先驱人物之列。他们或发扬儒家“内圣外王”之道；或吸纳佛、道等诸家学说、思想，以丰富宋学内涵；或以废弃“汉学”专事章句训诂，都对“宋学”的蜀学、新学、理学等

各个学派，产生了重大影响。

宋学的重要特点是什么？

苏轼不仅把欧阳修作为宋学的创导者，而且把他列入韩愈创设的儒家道统中，上承孟轲、韩愈以及孔子的儒学正统。

救时行道为宋学另一个主要特征，也是宋学建立之初很多学者共同追求的目标。

吸收佛、道学说，为宋学的又一个特征，即所谓援道入儒、援佛入儒，以及援法入儒、援诸子百家入儒，吸收各家学说以丰富儒家学说。

宋学在发展中形成了哪些派别？

宋学在发展中形成很多派别，其中在当时或对后世产生重大影响的，主要有蜀学、新学、理学等。

新学，也称荆公新学。熙宁八年（1075年）《三经新义》完成并颁于学官，标志着王安石学派的完成，当时称为新学，从此新学大行，时间不长即为宋学中的最大学派。王安石后封荆国公，史称王荆公，因此也称荆公新学。

苏洵

蜀学，是苏洵创立的，其子苏轼、苏辙继承。苏氏父子是蜀眉山人，史称“蜀学”。嘉祐元年（1056年），苏洵以及子苏轼、苏辙到京师开封应举，第二年，苏轼、苏辙中进士。苏氏父子设立的蜀学才开始不断形成。

宋代理学的创始人是谁？

朱熹称作理学开山的周敦颐，他不但没能形成自己的学派，而且在当时也算不上知名学者，周敦颐所著的《太极图》、《易通》等，被朱熹所推崇，后得到北宋学者的认可。周敦颐在景祐三年（1036年）荫补入仕，当时有20岁。嘉祐六年（1056年），路过江州（今江西九江）时，在庐山莲华峰下濂溪旁筑屋，号为濂溪书屋，世称濂溪先生。数任州、县官，在熙宁六年（1073年）去世。

宋代理学中的洛学是谁创立的？

程颢，明道元年（1032年）出生，弟程颐，第二年出生。程颢，嘉祐二年（1057年）中进士，时年26岁。程颢经过大约十年的探索而创立的理学，其开始的时间大约在程颢中举前的至和（1054～1056年）、嘉祐元年（1056年）间。元丰二年（1079年）程颢因反对新法被罢职，直到元丰八年被召用，未赴而卒，史称明道先生。其弟程颐，史称伊川先生，同在洛阳讲学。二程学派的形成，史称“洛学”。

程颢死后，程颐继续讲学、著书，门人逐渐增多，大观元年（1107年）去世，已经是北宋晚期。洛学作为北宋中期形成的理学（道学）的主要派别，但在北宋学术界始终是一个比较小的学派，关学的影响更小，“新学”是在学术界占统治地

位，理学兴起成为学术界的重要学派，已是南宋孝宗初年。

宋代理学中的关学是谁创立的？

关学是张载所创，他创立理学学说开始的时间，大概也在至和年间，他也是在嘉祐二年中举进入仕途的。熙宁三年（1070年），因为弟弟张戬被贬而不安，便辞职回家乡眉县横渠镇（今属陕西），研读“六经”，讲学教授徒弟，世称横渠先生，成了关中士人的宗师，张载创建了自己的学派，史称“关学”。熙宁九年（1076年）被荐，出任知太常礼院，因重病辞归，中途因病去世。张载去世以后，门生大多数转依洛学，导致北宋中期形成的四个主要学派（新学、蜀学、洛学、关学）之一的关学，渐渐衰落，到南宋初期已不存在，张载后来被朱熹称作北宋理学五子之一。

你知道北宋理学五子吗？

邵雍，字尧夫。早年受学于李之才，后来长期居住在洛阳，隐居不仕，依靠司马光、富弼等人的接济生活，熙宁十年（1077年）去世，谥康节。著有《皇极经世》等书，创立数学体系。但二程对邵雍却不重视，认为他不切合实际。但他的学说，仍被认为是理学的组成部分，其人也被朱熹列北宋理学五子之一。

北宋理学五子还包括：周敦颐，宋代理学宗祖，湖南道县人。张载，北宋哲学家，字子厚，陕西郿县人。程颐，北宋思想家，理学创立者之一，字正叔，河南洛阳人。程颢，北宋哲学家、教育家，字伯淳，河南洛阳人，人称明道先生。

你知道“唐宋八大家”吗？

北宋初期穆修、柳开、王禹偁提倡的古文（散文），北宋中叶在文坛领袖欧阳修倡导下，名家辈出，“古文运动”才蓬勃开展起来，明白通畅的散文最终成为文坛正统，并为后代人所继承。

“唐宋八大家”中，六家在北宋中叶，欧阳修的议论文简洁流畅，写景写文形象生动，成为散文作者的典范。王安石擅长于政论文，说理透彻，结构严谨。才华四溢的苏轼，各类文章都才情奔放，挥洒自如，取得了前所未有的成就。其他三家如苏辙、曾巩、苏洵的散文，也达到相当高的境界。

北宋时期文学创作的特点是什么？

诗风的改革创新是“古文运动”的组成部分之一，它反对西昆体的浮艳晦涩的诗风。欧阳修的诗也简单流畅，但其成就不如他的散文。而王安石的诗，特别是近体诗俊逸平易，其成就超过了他的散文，特别是他的诗涉及到很多社会上的重大问题，字里行间时常流露出激愤不平的心情。晚年的写景诗，意境清新，更后代所推崇。苏轼的诗比他的散文更为丰富，大多数诗作，不仅想象力丰富，而且和他的散文一样，自然奔放的诗风，反映出了他很高的才华。

宋朝时期文坛革新领袖是谁？

宋初的词风受到唐末五代婉约派词风的影响，包括文坛革新领袖欧阳修的词，虽然清新明丽，但内容却是风花雪月、情恋相思之类。柳永在词的创作上，取得了杰出的成就，其创作新调，语言口语化，都产生了重大的变化，但内容上也还是离情别意，灯红酒绿。除了范仲淹曾经写过的边防征战内容的词外，整个词坛都被婉约派所垄断。

在欧阳修之后成为北宋中期文坛领

袖的苏轼，在词坛上更是独一无二，创建了豪放派词风，把词导向广阔、健康的道路，不但将词的内容扩大到各个方面，而且不受过分严格词律、无原则的束缚，自由抒发情意，对后世产生了很大的影响。苏轼写爱情题材的词作，尤以婉约见长。词终取得了与诗同等的地位，使宋词与唐诗一样，在中国文学史上同放异彩。

北宋时期绘画取得了怎样的进步？

绘画在宋代有了很大的进步，特别是被后世称为“文人画”画派在北宋中期的出现，对中国画坛的影响，更是估量。

文同，字与可，皇祐元年（1049年）中了进士，元丰元年（1078年）十月任湖州（今属浙江）知州，第二年正月死于就任的途中，史称文湖州，其画风世称湖州派。文同的诗文字画都很优秀，以画闻名。墨竹画虽然起源于唐代，但文同的墨竹画成就空前。经过文豪苏轼的品题与发展，遂成“文人画”的开山。

苏轼与文同既是亲戚，还是诗朋画友。苏轼不仅喜欢画竹，更以画古木怪石闻名。由于苏轼在文人画的创作中取得的成就比文同更大，以及杰出的文人画画论的提出，加上苏轼文坛领袖的影响，文人画很快在文人中传播，对中国画史上文人画派的发展，产生了重大的影响。

北宋时期著名的书法家有谁？

蔡襄，字君谟，兴化仙游（今属福建）人，活动时期在仁宗、英宗朝代。书法在当时号称第一，是宋代书法的奠基人。唐人书法“尚法”，宋人书法“尚意”，蔡襄正是承上启下的历史性人物，尚法、尚意兼修，行、楷、隶、草无所不精。

苏轼虽然在蔡襄之后，却列于北宋四大书法家之首，尤工于行、草，书法讲求自出新意，追求书法的意境、情趣，和他的画论相通，是北宋中期书法革新的领袖人物。

黄庭坚

黄庭坚，字鲁直，分宁（今江西修水）人，苏轼门人，为苏门四学士之一。以诗、书法著名，他的诗与苏轼并称苏、黄，书法尤长于草书，创新的结字法，自成一家。

米芾，字元章，襄阳（今湖北襄樊）人，和黄庭坚大概为同一时期。以书、画名家，画以水墨大写意山水画创文人画山水画派，史称大米。其子米友仁亦长于书、画，世称小米。米芾行书成就最高，新意迭出，超凡脱俗。

北宋后期的政治形势有何特点？

北宋哲宗前期，新法逐渐被守旧派废除，而哲宗一直都是新法的支持者，打击守旧派愈演愈烈，成了主要政事，北宋政权便逐渐走向衰败。

1091年朔党首领刘挚升任右相，同年也因为交结变法派章惇、蔡确而受到攻击而罢相。北宋废罢新法，开始贬斥变法派官员。守旧派内部也排斥异己，甚至借口袒护或交结变法派官员进行相互攻击，成了元祐年间的重要政事，而不是同心协力改善政局。

等北宋到了宋徽宗的时候，政治更加腐败，以丞相蔡京为首的腐败势力更加深了统治集团与人民之间的矛盾，最后，宋江、方腊起义终于爆发了。

北宋后期守旧派势力的代表是谁?

元丰八年（1085年）三月，宋神宗去世，10岁的太子赵煦继承王位，是为哲宗。英宗皇后高氏以太皇太后垂帘执政。神宗生前高太后就不支持改革变法，执政后她任命司马光为门下侍郎、吕公著为尚书左丞，参与朝政，新法渐渐地被废除。七月，首先废除了保甲团教，半年之内，方田均税法、市易法、保马法等均被废除。元祐元年（1086年）初期，司马光生病，但新法却未被完全废除，司马光怕自己时日不多，因而叹息道："四患未除，吾死不瞑目矣。"

北宋后期的"四患"指的是什么?

所谓四患，指的是新法的免役法、青苗法和将兵法，以及与西夏的和战问题，在加速废除新法的同时，还把废除新法的任务交给吕公著，使废除新法的事不致于中断。并立刻提出废除免役法，不顾守旧派中苏轼、范纯仁、苏辙等人的反对，仓促地废除了应进一步考察利弊的意见，仍下诏在五天内废除免役法，恢复差役法。章惇、蔡确先后被罢知枢密院事、左相而出任地方官，司马光、吕公著先后升任左、右相，并借时年已81岁、已致仕的四朝元老、太师文彦博复出，担任平章军国重事。八月，罢青苗法。

"元祐更化"的实质是什么?

"元祐更化"的废除新法、恢复旧法的活动，在元祐元年（1086年）九月司马光去世后，由右相吕公著继续执行。但守旧派内部因政见、学术见解有分歧，加上人事倾轧而相互攻击，分化为以洛阳人程颐为首的洛党，以四川人苏轼为首的蜀党，以及以河北人刘挚、梁焘、王岩叟、刘安世等人为首组成的朔党，三党都继承了司马光废除新法的遗志，势力庞大。

程颐得到司马光、吕公著的推荐出任崇政殿说书，以师道自居，以古礼来训诫哲宗及处理世事，被苏轼所讥讽，而程颐门人也攻击苏轼，洛、蜀两党水火不容。程颐又因为对宰相吕公著及高太后不满意，终于遭贬。苏轼后来也因为受到攻击，自请到杭州出任知州。

宋哲宗在历史是一个怎样的皇帝?

1093年9月，太皇太后高氏因病去世，哲宗亲政。哲宗在高太后生前就对她坚持废除新法、打击变法派的行为很不满意，想继承神宗遗志推行新法，亲政后不久就恢复了变法派主将吕惠卿、章惇的官阶。

1094年2月，首倡邓润甫和李清臣同时任执政。苏辙感到政事将要变化，不同意再实行新法。四月，哲宗改年号元祐为绍圣，明确表示继承神宗的改革事业，苏辙遭贬出任知州，袒护苏辙的首相范纯仁也被贬出任知府。升任章惇为首相，曾布入主枢密院，蔡卞、许将、黄履等先后任执政，林希任同知枢密院事，变法派控制了朝政。各项新法也先后恢复，并依据神宗时推行新法的弊病，多少作了

一些改进。

当时的政治也很清明，哲宗亲政的七年，章惇出任宰相，虽位居官高而不肯给自己家人谋利，这就是很好的例证。

哲宗亲政后北宋能否强盛起来？

哲宗亲政后，守旧派的重要官员刘挚、吕大防、苏辙、梁焘，陆续被贬往广南东路（今广东）。已经被贬为知府的范纯仁曾经上奏辩解，导致最终也被贬往永州（今属湖南）。宰相章惇在当政初期也并不赞成打击过分，但遭到了曾布的反对，司马光、吕公著也被夺谥毁碑。

此外，韩维等30人也被相继遭贬，主要是朔党成员，也有一些蜀党成员，蜀党首领苏轼被远贬至惠州（今属广东）、昌化军（今海南儋县西北）。已被放归田里的洛党首领程颐，也被贬往涪州（今重庆涪陵）。

在哲宗亲政期间，打击守旧派越来越激烈，成为主要的政事，其情况同守旧派当政的元祐时期类似，北宋政权也逐渐走向衰落。

宋徽宗是怎样登上皇位的？

元符三年（1100年）正月，年仅25岁的哲宗因病去世，宰相章惇主张依礼、律，当立哲宗同母弟简王赵似为帝，否则当立长弟申王赵佖，但向太后（神宗皇后）以自己无子，神宗诸子皆庶子为由，排除患有目疾的赵佖后，主张立哲宗次弟端王赵佶，在蔡卞、曾布、许将等执政的支持下，立赵佶为帝，就是著名的昏君徽宗，终于将北宋王朝推上了灭亡的道路。

建中靖国元年（1101年）十一月，邓洵武首创徽宗应绍述神宗之说，得到了执政温益的支持，被徽宗所采纳，并于同月末决定改明年为崇宁元年，明确宣布放弃调和政策，改为崇法熙宁变法。

徽宗

蔡京是怎样走上北宋政治舞台的？

蔡京是一个政治投机者，王安石变法时支持变法改革，元祐初又附和司马光积极推翻新法，绍圣初又开始附和新法，徽宗即位后不久受到守旧派的攻击而被夺职闲居杭州，结交了到杭州收集书画的宦官童贯，蔡京以擅长书法逐渐受到可以称之为画家、书法家的宋徽宗的赏识，邓洵武、温益知道徽宗必定会重用蔡京，在进呈绍述新法的意见时都极力推荐蔡京，认为徽宗如果想继承先帝遗志，就非用蔡京不可。

北宋末年的农民起义是怎样爆发的？

蔡京等打着绍述新法的旗号，贿赂公行，无恶不作，卖官鬻爵。

当蔡京受到众大臣攻击而被迫罢官致仕时，王黼继而擅权，虽然一方面罢除了蔡京施行的一些苛政，另一方面则更加紧搜刮民财，以供徽宗任意挥霍浪费。

蔡京当政期间，重用苏州人朱勔主持苏州应奉局、杭州造作局，一年又一年地强取民间奇花、异木、怪石。当时由十艘左右的船只组成的一个运输船队称一纲，大批的奇花异木由船队经运河运往都城开

封称为“花石纲”，由于抢夺来的花石竹木数量非常多，络绎不绝的花石纲船队，导致运河航道不畅而部分改用海运。应奉局的官吏在抢夺民间花石竹木时，乘机敲诈勒索，逼得民户拆房毁屋，甚至卖妻鬻子，倾家荡产，民怨沸腾，规模巨大的方腊起义终于爆发了。

宋江起义爆发于哪里？

宣和元年（1119年）宋江在河北路爆发起义，同年十二月已发展为有一定规模的农民起义军，被称为“河北剧贼”，北宋朝廷曾下诏进行招安。但宋江未受招安，而是在第二年转战南下京东路，被称为“京东贼”，活动于济、青、郓、濮（今山东鄄城北）诸州境内。这时南方的方腊举行起义，发展迅速，徽宗即任侯蒙为梁山泊附近的东平府（郓州）知府，负责招安宋江，侯蒙还没来得及到任就病死了。宋朝时传言宋江起义军在梁山泊活动，可能就在这个时期。

宣和三年初期，宋江起义军南下淮阳军（今江苏邳县南），朝廷派官军追击，起义军一路南下，进入淮南路楚州（今淮安）地区，又被称为“淮南盗”。起义军转而北上，路过沭阳时，遭到县尉王师心伏击，略有损失。二月，在海州（今连云港市区西南部）为知州张叔夜袭击，损失比较大，于是投降。

宋江起义军的规模虽然很小，但战斗力较强，活动的地区离首都开封又较近。起义军的三十六个将领投降后又同日封官，在首都行进时得意洋洋的神情，给居民们留下了深刻印象。

方腊起义是怎样失败的？

北宋官军在1121年正月，首先抢占润州和江宁。当正月下旬，北上的东路起义军围攻秀州（今浙江嘉兴）的机会，东路官军也到达秀州，起义军在官军的内外夹击下退到杭州，二月中旬官军占领杭州。北上的西路起义军，先后受挫于宁国、旌德、歙州。三、四月之际，官军又攻占婺州、衢州等地。四月中旬，方腊放弃青溪，退回西部山区帮源洞，帮源洞在东西两路官军的夹击下，激战几天后起义军战败，二十六日，方腊为军官韩世忠所俘，起义失败。起义军的余部转战于浙东地区，到八月间，才最后失败。方腊被俘后被押往首都开封，于八月下旬被杀害。

北宋朝廷虽然镇压了方腊起义，但并没有吸取教训，革新政局，而是更加黑暗腐败，其时距北宋被金灭掉大概不过5年。

第九章　金与南宋

1115年1月28日，金政权由完颜阿骨打建立了。1127年，金灭北宋，南宋政权建立。在大体相同的历史阶段，金和南宋通过战火，在互相的征伐和妥协中把历史命运紧紧联结在了一起。

女真族的兴起于何地？

女真先世称挹娄、肃慎、靺鞨、勿吉。女真源来自靺鞨七部中的黑水靺鞨，原居住在今黑龙江与松花江合流以下的黑龙江流域的南北地区，后来黑水靺鞨有一部分向南迁徙。当契丹建国以后，在译名上始被称为“女真”。

在女真始祖函普期间，女真完颜部居住在仆干水（今牡丹江、镜泊湖附近）。函普从今天朝鲜的咸镜北道（当是黑水靺鞨一支迁于此者）来到居住在仆干水的完颜部，因他为大家立约解决了完颜部与其他部族的斗争，娶同部与完颜邻寨姓结徙姑丹、名鼻察异酋长的室女为妻。后女真众酋长结盟，函普又被选举为首领。从此，完颜部内便出现函普一系的完颜氏（宗室完颜）与其原来同部的完颜氏（异姓完颜），以及与函普有族属关系的疏族（同姓完颜）。

女真族服饰

完颜部为核心的军事部落联盟是怎样确立的？

函普时女真已进入父权制的氏族社会晚期，到献祖绥可时又迁居到海古水，社会发生了显著的变革，开始耕垦树艺、冶铁、造舟、修筑房屋，定居在按出虎水（今黑龙江阿什河）的旁边。昭祖石鲁在绥可发展的基础上，已由亲属部落联盟发展为更加扩大和持久的军事部落联盟，稍立教条，部落逐渐昌盛，并接受辽赐给的惕隐官职，在氏族内展开新旧两种势力的激烈斗争，最终以完颜部确立的条教治理各部。

完颜姓虽然已经取得军事部落联盟首长的地位，而作为军事部落联盟政治辅佐人物则由同部完颜姓担任。最初是由同部完颜姓的石鲁辅佐昭祖，昭祖称“勇昭祖”，即联盟军事首长；石鲁称“贤石鲁”，即军事首长的政治辅佐，地位和后来的国相大体相当。女真人军事部落联盟内实行的是政治、军事的二府制，后来作为军事首长的政治辅佐称国相，由雅达担任，雅达属于同部完颜姓。

景祖乌古廼时期，是女真军事部落联

盟组织扩大和发展的重要时期。景祖继承其父昭祖石鲁的事业，他在其母徒单氏的拥戴下，在对本氏族的旧势力和同各部的斗争中确立了自己军事部落联盟首长的地位。景祖把昭祖所建立的军事部落联盟组织更加扩大和发展，对那些不肯服从的各部加以制服，于是联盟组织空前扩大和发展起来。

但景祖、世祖身为军事联盟首长，仍称“众部长”、“诸部长”，不称“都勃极烈”，地方的小部落联盟首长亦称“都部长”，直到穆宗由于太祖的建议才取消地方称“都部长”的资格。由各部长改称为都勃极烈，是联盟的部落长向官职演变的结果，联盟首长已不再是单纯的诸部之长，而成为官长之长，在这期间，康宗去世。

随着这种变化，勃极烈成为联盟内最高官属之称，以他们为主组成官属会议——议事会，而勃堇渐渐演变为一般官吏的称呼。景祖为加强本家族在联盟中的绝对地位，用财物和马匹换取了雅达的国相，由三子颇剌淑（肃宗）担任，从此这个重要职位便由本家族所掌权。

金政权是怎样建立的？

金朝在抗辽斗争的凯歌声中诞生，是在氏族制废墟上建立起来的奴隶制国家。金朝从建国开始就确定了以农为本，不改易旧俗，发展奴隶制和抗辽灭辽的对内对外的方针。为建设和巩固新建立的奴隶制国家，采取了一些重大措施：把部落联盟军事首长改称皇帝，确立皇帝在全国的最高统治地位。

完颜阿骨打嗣位为都勃极烈后，便把反辽作为斗争的首要目标，为反辽进行了全方面的准备工作。

随着战争的胜利，新占领区的扩大和降附者的增多，以及女真社会内部奴隶制的增长，旧的氏族制度已不再适合社会发展的需要，欢都长子完颜希尹和国相撒改派其长子宗翰等劝阿骨打立国称帝，阿骨打弟吴乞买和撒改、辞不失等又劝进，终于在第二年（辽天庆五年，宋政和五年）正月初一日（1115年1月28日）称帝，国号为金，年号为收国，称为金太祖。

金太祖为灭辽作了哪些准备？

在金国政权不断强大的情况下，辽统治阶级内部则不断发生叛变，各族人民起义和士兵厌战的情绪也逐渐高涨。

辽初对契丹人杀汉人从不加刑，但这时对本族人也不能再信任，甚至放任汉军杀戮契丹人。于是辽军民纷纷向金归附。阿骨打与天祚帝相反，对内则不断论功行赏，对来归附的各族人民也竭力安抚。

阿骨打在对辽的问题上有长远的作战打算，对所俘附的东京渤海人多行留养或释放，以便日后为其效劳。这些政策在一定程度上得到渤海人等的支持和拥护，起到瓦解敌人的作用。

1115年正月，金太祖亲自带领军队进攻辽统治东北方女真族的重镇黄龙府（今吉林农安），最先攻下达鲁古城（今前郭尔罗斯蒙古族自治县的塔虎城），九月攻下黄龙府。辽天祚帝闻讯率汉军、契丹10余万向金军进讨，金太祖以2万兵迎战。两军战于护步答冈（今黑龙江五常西），辽军大败，天祚帝逃往长春州（今吉林大安西北），辽军主力被击溃，为南下夺取辽东京奠定了基础。

金太祖是怎样攻辽的？

天辅六年，金军攻克恩（今赤峰南）、高（今内蒙古赤峰东）、回纥（亦当在今赤峰一带）三城，取中京，进据泽州（今河北平泉南）。天祚帝逃往鸳鸯泊（今河北张北西北），斜也和宗翰分道追捕，天祚帝又逃到西京（今山西大同）。

金军占据西京后，进而招降了云内（今土默特左旗东南）、天德（今内蒙古乌拉特前旗北）、东胜（今托克托）、宁边（今准格尔旗东）等州、郡。原奔逃在辽的纥石烈部长阿踈被擒。天祚帝又逃到夹山（今萨拉齐西北）。六月，金太祖从上京出发，追击天祚帝到大鱼泊（当即鱼儿泺，今内蒙古克什克腾旗西达来诺尔湖），天祚帝又逃去。金军十二月向燕京（辽南京，今北京）进发，此时燕京小朝廷耶律淳已死，萧德妃出奔，燕京投降。

金占领燕京，一方面，由于已占领原辽汉人的燕云地区，在统治制度上不得不适应新的变化作出新的改变，即在原辽汉人地区仍行汉制，由过去较为单纯的推行猛安谋克制，改为南北面的两种制度并存。另一方面履行与宋订的和约，把燕京六州之地与宋。斡鲁、宗望等继续追捕天祚帝。天辅七年（1123年），金太祖任命左企弓为枢密使，设枢密院于广宁（营州治所，今河北昌黎）；改平州（今卢龙）为南京，以张觉为留守，后张觉在南京城叛金，杀左企弓。

辽国是怎样灭亡的？

金太祖死，弟吴乞买继承王位，为太宗，基本上继承太祖事业，继续平定张觉。张觉叛军被宗望平定后，张觉逃奔于宋。张敦固以南京降，复叛，阇母则执杀张敦固。宗望以平州为鉴，奏请不在汉人地区推行猛安谋克制，保留汉制，与知枢密院事刘彦宗共同商议大事。

金对当时西北的西夏没有出兵，主要是争取其对金称藩。天会二年（西夏元德五年，1124年），金太宗命宗望、宗翰与西夏商议割地议和，把阴山以南、下寨以北的原辽地割给西夏。西夏向金上誓表称臣，接受金朝的主属。

金太宗即位初期，遵守太祖的命令，与西夏议和，这主要是为稳定南京（原平州）的形势及其进一步擒捉辽天祚帝，这是当时灭辽所需要的，也是为巩固金代辽而统治所需要的。金对宋逐渐派遣使臣通好。

天会二年（辽保大四年）十月，辽天祚帝想逃到天德军，进驻应州西余睹谷。完颜娄室派兵追击。天会三年三月二十日（1125年3月26日），天祚帝被擒，辽灭亡。金封天祚帝为海滨王，居于长白山东，天会六年（1128年）因病去世。

金国建立后，北宋对解决燕云问题的方案是怎样的？

北宋末年，政治腐败，农民起义连绵不断，宋徽宗、童贯、蔡京统治集团想乘辽朝衰亡之际，采取联金灭辽的策略，夺取五代后晋割给辽朝的燕、云十六州，以建立万世功业。

政和元年（1111年），郑允中、童贯使辽，辽人马植联合童贯献灭辽之策，受到童贯的重视，于是约马植归来。马植到宋首都开封童贯家后，上书给徽宗，献计宋派遣使臣自莱州（今属山东）、登州（今山东蓬莱）渡海到辽东与女真结盟，共灭辽朝，可以夺取五代后晋割给辽朝的燕云地区，深受徽宗喜爱，赐马植姓名为李良嗣，后又赐姓赵。

什么是“海上”之盟？

1118年马政出使金国，并口头表达了宋金联合攻辽及燕、云地区归还北宋之意。金国则派散睹等人出使北宋商议结盟事务。1120年宋遣马政、赵良嗣先后使

金，金亦多次遣使来宋，双方议定夹攻辽朝，辽燕京由宋军取得，金军进攻辽中京大定府（今辽宁宁城西）等地，辽灭亡后燕云地区归宋朝，宋将原纳给辽朝的岁币转给金朝，史称“海上”之盟。

但是，由于宋军缺乏战斗力，数十万大军两次攻打辽南京（燕京），均被辽守军打败。宋每年加付一百万贯钱为代税钱，随同每年的“岁币”交付给金朝，宣和五年四月，金方将燕京以及所属九州中的西部六州归宋。但燕京居民大部已被金国俘往东北作奴隶，宋所得的只是破旧不堪的空城，宋设燕山府路统治新得的燕京地区。云州（辽西京）地区，金太祖也表示在宋出犒军费给金的条件下归属宋朝。五月，金已答应将武（今山西神池）、朔（今属山西）、蔚（今河北蔚县）三州先归宋，还没有来得及执行，就因同年六月金太祖病死而中断。

金国违背盟约征伐北宋的借口是什么?

金太宗即位初期也是遵守盟约的。天会二年（宋宣和六年，1124年），当时的主将宗望、宗翰都反对割山西地给宋，太宗还说：“这是先帝的遗命，不能违背啊。”

宋宣和五年（1123年）五月，降金辽将、金南京（平州）留守张觉在平州（今河北卢龙）叛金，六月初，张觉战败逃往燕山府，为宋朝收纳，招纳叛将破坏了宋金盟约，宋后来虽将张觉处死并将人头函送给金朝，但这却成为金太宗侵宋的借口。

金国是怎样征伐北宋的?

宣和七年（金天会三年，1125年）三月，金俘辽天祚帝，扫除了除西迁的耶律大石外的辽残余势力。金将宗翰奏称宋朝违背盟约，金太宗在同年十月下令攻宋。

金军兵分两路，东路军以南京路都统宗望（斡离不）、六部路都统挞懒为主将，自南京（平州）西攻燕山。西路军以左副元帅宗翰（粘罕）为统帅，自西京大同府（云州）南攻太原（今属山西）。

当金军围攻太原，占领燕山府消息传到首都开封，昏君徽宗才下诏废除花石纲等。在金军大举南下的情况下，徽宗一心想逃跑，匆忙任命太子赵桓为开封牧，并下诏各地起兵勤王，并企图用太子“监国”的名义，将抗金的重任推给太子赵桓。徽宗急于向南方逃跑，几乎是在李纲、吴敏等人逼迫下，于当年十二月下旬传位给太子，是为宋钦宗。

北宋是怎样灭亡的?

1126年8月上旬，金太宗以宋废除割地和议为借口，命宗翰、宗望分率东西路军第二次侵宋。王禀率军民在弹尽粮绝的情况下，坚守太原长达八个多月，终于在九月初被金军攻破，王禀率军巷战兵败后自杀身亡。十月初，重镇真定府以二千宋军抗击东路金军主力围攻近四十天后被占领，宋将刘翊巷战后兵败自杀，太守张邈被俘不屈被害。两路金军攻城略地快速南下，宋钦宗又急忙派出康王赵构为使、刑部尚书王云为副使，前往东路金军统帅宗望军前，再次同意割让三镇。东路金军已经再次渡河南下，金使提出划河为界，宋钦宗立刻派出执政官耿南仲、聂昌分使两路金军统帅宗望、宗翰军前，允许划河为界议和，此时赵构、王云才到磁州，王云随即被磁州城人民杀死，康王赵构慌忙退还相州，耿南仲与金使前往卫州，乡兵要杀他们，金使逃走，耿南仲前往相州见康王赵构，相约起兵勤王。聂昌到达绛州，

为守军所杀，都没有能完成割地议和的使命。

十一月末、闰十一月初，两路金军先后到达开封城下，数次攻城，均为开封军民击退，但宋钦宗竟然听信骗子郭京以所谓的“六甲神兵”攻打金军。闰十一月二十五日，郭京声称神兵出战而开城门逃跑，金军乘机占领开封的城墙。十二月初二日宋钦宗奉上降表，1127年3月20日，金下令废宋徽宗、钦宗二帝，四月初，宗望、宗翰押着徽宗、钦宗二帝以及宗族四百七十余人北归，这就是“靖康之耻”，北宋灭亡。

南宋政权是怎样建立的?

北宋靖康元年闰十一月中旬，钦宗在开封被攻打得非常危急的时刻，以蜡书诏令在相州的康王赵构为河北兵马大元帅，同时让坚守中山府（今河北定州）孤城已达半年之久的知府陈遘担任元帅，磁州（今磁县）知州宗泽、相州知州汪伯彦为副元帅，起兵抗金，入援京城开封。

康王赵构于十二月一日在相州建大元帅府，就任大元帅，此时金军早已攻破开封的城墙，北宋处于生死存亡的危急关头，钦宗再次蜡书诏令赵构入援开封。

赵构传檄河北各州府起兵会于北京大名府，于中旬派小部队南下汤阴（今属河南）作疑兵，自己带领近万军队出北门北上，经临漳（今河北临漳西南），踏河冰渡过黄河，到达大名。副元帅宗泽带领军队二千人，信德（今邢台）知府梁显祖率部杨沂中、将张俊及三千军兵，韩世忠、刘光世也率所部，相继到达。副元帅宗泽主张快速南下援救开封，遭到汪伯彦、赵构的反对。赵构要宗泽打着大元帅赵构的旗号，率数千军兵南下开德府（今河南濮阳），向开封进发以吸引金军。自己则率大队人马在靖康二年正月初逃到东南方的东平府。

1127年，金国从开封撤军，立张邦昌为伪楚皇帝。张邦昌在万般无奈之下以孟太后之名，下诏立赵构为帝。靖康二年（1127）五月，赵构正式即位，是为宋高宗，南宋建立。

高宗即位后，尊元祐皇后为元祐太后（后改隆祐太后，即孟太后），任命汪伯彦为枢密院长官、黄潜善为执政，分别兼任统兵的副使和御营使，实际掌握军政大权。封原伪楚帝张邦昌为郡王、太保，并参决大事。随后任命主张抗金的名臣李纲为右相，六月，李纲首先参奏张邦昌，张邦昌被贬往潭州（今湖南长沙），李纲随即进行抗金部署，推荐张所为河北招抚使，招抚河北地区抗金义军，岳飞投张所部下为小军官。又让宗泽担任开封知府（随即升为东京留守、开封尹）整顿首都开封，以备高宗回京。

岳飞

南宋建立后的抗金方针是怎样的?

在高宗南逃还是回开封坚持抗金斗争

的大政方针上，李纲与汪伯彦、黄潜善展开了激烈的斗争，高宗被迫表示要与金国大战一场。同时将孟太后、六宫及其卫士家属发往东南，作南逃的准备。当八月初孟太后等离开封府到应天府后，高宗已决定逃往江南地区，于是在八月初升黄潜善为右相，李纲虽同时升为左相，但十多天后即因反对逃往东南而罢相，担任宰相仅两个半月，高宗随即令孟太后逃往江宁。

九月，金军逐渐分兵占领河东、河北州县，而被贬的伪楚帝张邦昌也于同月下旬被处死在贬地潭州。为了躲避金军可能的南侵，十月初一，高宗立刻从南京应天府乘船南逃，同月末即逃到扬州。南宋的建立、张邦昌被杀与伪楚的消灭，违背了金太宗不立赵氏而立异姓为帝，作为附属国的条件。宋高宗还否定了北宋钦宗割让河东、河北两路并成为金朝属国的诺言，而且任命了河北招抚使与河东经制使以图收复两河地区，公然与金抗衡。

南宋建立后，宋高宗为什么躲避江南？

宋高宗即位初期，首先处置了张邦昌，但害怕抗金会遭到金可能把徽宗、钦宗二帝送回来，从而影响自己的帝位，因此决定躲避江南。当时东京留守宗泽请高宗回东京开封，主战派宰相李纲提出避退江南不利抗敌。但高宗都听不进去，就在建炎元年（金天会五年，1127年）逃到扬州（今属江苏）。

金军两次南侵失败后，侵宋政策发生了怎样的变化？

金朝进攻南宋的最初目的本来想消灭南宋，在黄河以南重建傀儡政权。金将宗弼渡江穷追高宗未获，只好渡江北返，说明消灭南宋的目的在短期内达不到，决定随即在已占领的黄河以南地区建立傀儡政权。宗翰即向金太宗推荐刘豫，挞懒也竭力推荐刘豫，金太宗遂允许册立刘豫为伪齐皇帝。

刘豫，字彦游，阜城（今河北交河）人，原来任宋朝济南知府，金左监军挞懒进攻济南，刘豫杀抗金将领关胜降金。任金淮南、京东安抚使，知东平府兼诸路马步军都总管，节制河外诸军，子刘麟任济南知府，金将挞懒率军镇抚刘豫控制的地区。

伪齐政权是怎样建立的？

宋建炎四年（金天会八年）七月二十七日（1130年9月1日），金太宗册封刘豫为帝，国号齐，建都大名（今属河北）府，辖区为原宋朝黄河以南的所有领土。九月九日（10月12日），刘豫在大名府正式受金册命为齐帝，是金的子皇帝，以大名府为北京，汴州（原北宋首都东京开封府）为汴京，东平府为东京。刘豫登基后仍回东平府，当年仍用金天会八年年号，改次年（金天会九年、宋绍兴元年，1131年）为阜昌元年。事实上控制区为原北宋的京东、京西两路及淮南路的部分地区，绍兴元年十一月，金又将新占据的陕西诸路划为伪齐辖区。第二年四月，刘豫迁都汴京，成为南宋与金之间的缓冲地区。

金国为什么扶植伪齐政权？

金朝在伪齐境内干涉政治、驻兵、索要巨额岁币，伪齐在境内又不得民心，宋朝旧臣大多不肯归附。金军只有30万，其余靠从南宋逃来的溃军，如流窜于江淮湖湘的李成，逃离荆湖的孔彦舟，宋行营左护军副都统制郦琼等。

绍兴三年（1333年）刘豫派兵进攻

南宋河南的唐州（今河南唐河）、信阳军（今信阳市）以及湖北的襄阳府、郢（今湖北钟祥）随（今属湖北）两州。当年就被岳飞所收复，刘豫因出师不利，向金取得援助，于是在次年七月，金、齐联合南侵。伪齐夺民船500艘，运载战具，派徐文取海道声言攻定海（今浙江镇海），而以刘豫子刘麟率军会合金将宗弼为前军主力，配合宗辅、挞懒分道南侵。步兵从淮北的承（今高邮）、楚（今江苏淮安）南进；骑兵从淮南的泗州（今盱眙南）趋滁州。

伪齐政权是怎样灭亡的？

绍兴六年（1336年），刘麟兄弟窥伺淮南，被宋将杨沂中在滁州附近的藕塘镇（今安徽定远东南）大败，伪齐从此就一蹶不振。伪齐不但不能与南宋抗衡，反而常被南宋打败，只是依靠金军的援助，才得苟延残喘，引起金朝许多大臣与将领的强烈不满。加上主张建立赵氏之外的属国，统治原北宋地区的金太宗已去世，首荐建立伪齐的首相宗翰也已去世。绍兴七年（金天会十五年）十一月十八日（1137年1月1日），在挞懒等人建议下，伪齐终于被废，金设行台尚书省于汴州。刘豫被降封为王，宋绍兴十六年（金皇统六年，1146年）九月死。

钟相起义是怎样失败的？

钟相，武陵县（今湖南常德）人，出身于小商人家庭。在起义前的二十多年，他利用“左道”（可能是摩尼教）给农民治病，联系群众。

建炎四年（1130年）二月，金军攻陷潭州，大肆抢劫。游寇骚扰澧州（今湖南澧县）、荆南（今湖北江陵）一带，冒充为“钟相民兵”。钟相因此决心起兵，抗拒金军，对抗南宋孔彦舟的部队。参加起义的群众，多数为由渔民、溃散士兵与贫苦农民组成的“忠义军民”，还有少数来避难的知识分子。

同年三月，宋朝廷认命孔彦舟为荆湖南北路捉杀使，使其进入鼎州镇压起义军。

南宋孔彦舟看到起义军力量强大不能以战取胜，暗示允许和钟相停战言和而使其放松警惕，又派出奸细以请求“入法”为名，打入起义军的内部。孔彦舟即刻乘筏夜渡，以奸细为内应，发动总攻击。三月十六日，钟相大败，父子战败被俘，后被杀害，仅有少子钟子仪逃入洞庭湖。

钟相起义失败后余部是怎样坚持斗争的？

钟相起义失败后，余部杨么（原名太，因年少，楚人呼幼为么，故名）、刘衡、黄诚、杨钦、周伦、黄佐、夏诚、杨广、杨华等继续斗争，起义中心从武陵迁到杨么家乡龙阳（今汉寿），分置栅寨，聚众10余万。其中以杨钦、杨么、杨华的势力最大。

绍兴三年（1133年）六月，宋湖南安抚使折彦质联合辛太等，对杨么起义军进行围剿。荆南府制置使王躞总领舟师，十月带兵抵达鼎州沅江上游的鼎口，与起义军接战。官军大败，死伤很多，王躞本人为流矢射中，狼狈逃到桥口，带领神武前军万余人，奔返鼎州。王躞随后进兵岳州，想封锁洞庭湖的东口，以便在洞庭湖中“围剿”起义军，在岳州之南湘江口的阳武口等处捎泊水军。十一月三日，起义军用车船进攻，横冲直撞，踏车回旋，将官军战船大小数百艘，尽碾没入水，官军大败。同年十二月，宋廷又派人招安，也都被杀，起义军已扩大到20万人。

金国西路军侵宋结果如何？

在宗弼带领东路金军南侵的同时，西路军撒离喝也在五月中旬初自河中（今山西永济西）渡黄河进入同州（今陕西大荔），直奔永兴军（今西安），沿途州县陆续迎降，金军很快占领永兴军，随即西向凤翔，陕西宋军大约一半被隔在陕北。四川宣抚副使胡世将派吴璘率军2万自河池赶到宝鸡，吴璘部将姚仲于凤翔府石壁寨打败金军前锋，金军退到屯武功（今武功西）。

六月初，杨政、吴璘主动约金将撒离喝会战。宋军击败金军并占领扶风，又攻击凤翔城西的金军。杨政、吴璘等在渭河两岸布防，抑制撒离喝南下侵蜀，撒离喝见宋军已经有所防备，改而想北攻邠州（今彬县），宋军也在北面设防，经数次战斗，青溪岭（今甘肃泾川西南）战役，撒离喝所率北出的金军又被宋军打败，金军又退回到凤翔。

绍兴议和的抗金形势是怎样变化的？

当绍兴十年（1140年）五月金军围困顺昌时，宋高宗首先任用刘光世，驻太平州，节制王德、李显忠两军进援顺昌。六月初，宋高宗接着命张俊、韩世忠、岳飞皆兼河南、北各路招讨使，作全面攻击态势，命韩世忠进取宿州、淮阳军（今江苏邳县南古邳），张俊进取亳州，命岳飞以骑兵出许（今许昌）、陈（今河南淮阳）、光（今潢川）、蔡（今汝南）诸州，应援顺昌刘锜。事实上只是为了防备金军大举南下，宋高宗随即派李若虚前往岳飞军前“计事”，见岳飞于德安府（今湖北安陆），传达高宗要岳飞退兵的旨意，此时岳飞已作好进军中原的策略，因而不答应退兵，李若虚见岳飞抗金意志坚决，愿意自己承担矫诏之罪，支持岳飞北进。

岳飞军于闰六月中下旬占领陈州、颍昌（今许昌）、郑州、中牟等地，距金军指挥中心开封仅有60多里。七月初，又占领北宋西京洛阳。金都元帅宗弼亲自率领精骑一万余，于七月中旬初袭击宋军指挥中心郾城，岳飞率一部分留守部队奋战，击败金军。金军败退后转而进攻颍昌，也被守城宋军击败。

抗金形势好转的情况下南宋统治者为什么要对金投降？

在柘皋战役中，金军主力10万在宗弼率领下，仍被南宋次要将领杨沂中、刘锜和王德等所部打得大败，显示了宋金军力强弱转化的形势，改变了以前只有韩世忠、岳飞、张俊三大将左右南宋战场形势的局面。宋高宗意识到金军对南宋的存亡已不可能构成威胁，他又不愿把金朝打败，促使金朝放出宋钦宗作为金朝傀儡而威胁自己的帝位，决定向金称臣求和以保留对南方半壁江山的统治。

范同向秦桧献出计策，要达到降金求和的目的，首先要将抗金最坚决的韩世忠、岳飞等人的兵权收回。于是借赏柘皋之功，召三宣抚使到杭州，随即让韩世忠、张俊担任枢密使，岳飞为枢密副使，到枢密院办公。张俊附和宋高宗、秦桧降金求和国策，随后交出兵权。宋高宗乘势宣布撤消三宣抚司，收回岳飞、韩世忠的兵权，秦桧也由右相升为左相。

抗金英雄岳飞是怎样被迫害的？

宋高宗、秦桧首先把打击的矛头指向德高望重的韩世忠，五月下诏令韩世忠、岳飞回朝另职。随后在镇江设枢密行

张宪

府。张俊企图向岳飞暗示宋高宗、秦桧陷害韩世忠，但遭到岳飞的拒绝。因为岳飞没有贯彻宋高宗意图，当七月回到杭州后，又反对罢免名将刘锜的兵权，宋高宗、秦桧接着把矛头转向岳飞，也将岳飞留在杭州，只命张俊到镇江枢密行府措置军务。八月，岳飞被罢官，随后被罗织谋反罪状，并于十月与部将张宪同下大理寺狱，与此同时，高宗、秦桧加紧进行降金求和的活动，韩世忠在反对无效后辞官。十一月，和议成，南宋称臣，划淮为界，岁绢25万、匹贡银25万两，史称“绍兴和议”。十二月末，岳飞最终以“莫须有”的罪名，与部将张宪、子岳云被害。

金国为什么会发动采石之战？

金贞元元年（1153年）由上京会宁府（今黑龙江阿城）迁都到中都大兴府（今北京），并积极准备作战。正隆六年（宋绍兴三十一年，1161年）二月，以巡狩的名义前往南京开封府。五月中旬，完颜亮遣使奔赴杭州，向宋高宗直接提出划江为界，且以军事进攻相威胁。南宋被迫作出防御部署，让吴锜担任四川宣抚使守川，侍卫马军司长官成闵带领部队3万出戍鄂州，任京西、湖北制置使，节制两路军马，控扼长江中游。任命名将刘锜为江、淮、浙制置使，节制各路军马，自镇江进驻扬州，负责长江下游全面防务。

九月初，金军西线首先出兵占领大散关后修垒自守。同月下旬，中路金军进攻信阳（今属河南），完颜亮也从开封南下，侵宋战争全面展开。宋高宗于十月初下令亲征，两淮宋军统帅刘锜扶病自扬州进驻淮阴抗金前线。

金军自涡口（今安徽怀远东）大举渡淮，淮西主将王权违背刘锜节制，自庐州南逃昭关（今含山西北），再逃到和州，金军占领庐州、滁州。刘锜只好从淮阴退回扬州。在金军即将到达长江北岸之际，宋高宗计划再次东逃入海，百官也陆续送家属出城，准备逃亡。

在宰相陈康伯等人的反对下，宋高宗决意亲征，遂任命知枢密院事叶义问任督视江淮军马，中书舍人虞允文任参谋军事，统一率领江淮战事，他们还未从临安出发，王权已放弃和州逃到江南的东采石（时属当涂县，今安徽马鞍山市南），金军随即攻占和州，完颜亮进抵江北岸的西采石附近的江北渡口杨林渡。另路金军此前已占领真州（今江苏仪征），并进攻扬州，刘锜等退守瓜洲（今扬州南），扬州为金军占据。

与此同时，刘锜已病重，奉命渡江退守镇江。

金东路主力虽然取得重大进展，进抵长江北岸，其他各路却进展很小，水军甚至还没来得及出发，即于十月下旬被宋将李宝所率水军自明州千里奔袭，在胶西县东南海湾中的陈家岛金水军基地完全消灭。

采石之战结果如何？

当十月初二金军渡淮大举南侵之后

虞允文

好几天，金朝后院燃起大火，反对完颜亮穷兵黩武南侵的将领拥戴金东京（今辽宁辽阳）留守完颜雍（乌禄）在东京称帝，是为金世宗，改元大定。一月之内快速占领黄河以北地区。十一月初二，金帝完颜亮得知消息后，决定立刻渡江进攻南宋，于初七日临江誓师，次日于西采石渡江南侵。

宋督视军马叶义问初五日到达建康，当天晚上免除王权兵权，改任李显忠为都统制，第二日就派参谋军事虞允文前往芜湖督促李显忠立刻上任，并负责到东采石慰问渡江逃到长江南岸的原王权所部官兵。虞允文到达东采石时，形势已非常严重，遥见长江北岸金军大批水军船只已出杨林渡口，虞允文临时部署宋军进行抵抗，并命当涂县民兵乘海鳅船冲击金水军船队，打败了金军。次日宋将盛新率军乘船防守于长江江心，控制金水军基地杨林河口，一艘金军船只都不能出河入江，宋军又以火攻烧毁金水军的众多船只，完颜亮被迫烧毁其它的船只，转往扬州。

什么是“符离之战”？

大定二年（1162年）九月，金世宗镇压契丹族移剌窝斡起义后，决定和南宋仍按照“绍兴和议”，要求南宋臣服，取得采石之战前后被宋军占领的淮北州府，并要南宋每年照常纳贡银绢，为此于十一月初命右丞相仆散忠义（乌者）兼都元帅率兵攻宋。

宋军占据淮北重镇宿州，一度使南宋君臣大为振奋，随即任命李显忠为京畿、京东、淮南、河北招讨使，邵宏渊为副使，孝宗也下诏亲征。

宋军迅速攻占虹县、灵璧和宿州，也让金世宗为之震动，随即派中使督战，金左副元帅纥石烈志宁（撒曷辇）立刻率精兵进攻宿州，李显忠率所部主动出击，接连激战好几天，金河南道副统、勇将孛术鲁定方在战争中死亡，双方伤亡都在万人之上，胜负相当，但邵宏渊不仅按兵不援，而且还制造谣言动摇军心，邵宏渊之子以及邵部中军统制等首先连夜南逃，其他将领也陆续南逃，李显忠移军入城后，将领的逃亡仍制止不住。金军加紧攻城，李显忠亲自上城守卫砍杀攻城金兵，邵宏渊仍坐视不援，宋军遂于当天晚上撤军南还，诸军溃逃，军资尽失，金军也以伤亡惨重而未穷追，宋军遂移军守淮。史称“符离之战”。

隆兴和议是否改变了宋金臣属关系？

符离之战，不仅打击了南宋抗金派的意志，议和活动又开始进行，而且秦桧党羽汤思退重新上台任右相后竭力主和。当南宋遣使议和时，太上皇宋高宗尽力支持，汤思退后来升为左相。主战的张浚虽升为右相兼都督，竭力反对和议，也得到宋孝宗的拥护，但汤思退公然以太上皇宋

高宗压制宋孝宗，进行议和活动。

金军渡淮南下以压制宋议和，宋孝宗也加紧部署抗金防务。十一月，汤思退被罢相（随后死于贬途中）。南宋在与金议和的草约中，表示不再向金称臣。闰十一月，宋使和金左副元帅纥石烈志宁就上述条件初步达成协议。十二月，宋使以正式国书出使金朝。乾道元年（金大定五年，1165年）正月，宋使到金都面呈金世宗，因为和议基本上已于隆兴二年（1164年）冬达成，所以史称“隆兴和议”。

孝宗主张怎样解决宋金关系？

隆兴和议虽然是宋金达成的和议中类似平等的和议，但毕竟不是平等的协议，何况宋孝宗的目的是收复中原恢复北宋旧疆。隆兴和议是在太上皇宋高宗逼迫下达成的，孝宗为此一直愤慨难平，多次要宋使向金世宗提出在接受金朝国书时采取平等礼仪，但遭到金朝的拒绝。宋孝宗决定以战争来达到收复中原的目的，以雪国耻。

孝宗重视武器装备，经常亲自检阅军队，还调阅福建、两浙民兵，一直不忘恢复中原。但得不到例如虞允文、张浚那样的大臣支持，大臣们对宋金和平相处的现状已非常满足，加上太上皇宋高宗随时可能干预。而金世宗也满足于现状，不再考虑侵宋，相反的是防备南宋北进攻金，所以尽管宋孝宗不忘攻金雪耻，但直到逝世也未能如愿。

南宋政治上最清明的时期是何时？

宋孝宗在位期间，也是南宋政治上最清明，经济、文化最繁荣昌盛的时期，宋孝宗不仅慎选官吏，注意吏治，还兴修水利，轻徭薄赋，发展生产。

宋孝宗时期最为重视的事情是兴修水利，预防水旱灾害，发展农业生产。他不仅奖励兴修水利，还不断派官员复查兴修后的水利工程，对于虚报的或质量不好还要降官处罚。

完整而系统的理学体系形成于何时？

孝宗朝是南宋思想界最活跃的时代，南宋的著名学派几乎都是这个时期形成的。对后世影响巨大的朱熹，就是在此时逐渐建立起完整而系统的理学体系，形成集理学大成的学派。朱熹在尤溪出生，主要活动于崇安（今武夷山市）、建阳，都属于福建路，所以被称为闽学派。陆九渊是理学心学学派的创建者，江西路金溪人，因而也称江西学派。著名的“鹅湖之会”，就是淳熙二年（1175年）六月，由吕祖谦邀请朱熹和陆九渊两大学者在信州（今江西上饶）铅山县城（今铅山东南）东北的鹅湖寺，进行的著名哲学辩论会。

永康学派的主张是什么？

反理学的主要学派是叶适、陈亮的功利学派。陈亮出生和进行活动主要在永康（今属浙江），也称永康学派。他倡导功利主义，反对空谈义理。在淳熙九年以后的多年间，与朱熹通过书信展开了思想史上著名的“王霸义利”之辩。叶适是永嘉（今浙江温州）人，是永嘉学派的代表，其观点和陈亮比较接近。

他们倡导的事功之学，与陆九渊的心学、朱熹的理学相抗衡，鼎足而三。

孝宗时期文学有哪些成就？

文学方面，如被称为“中兴四大诗人”的范成大、陆游、尤袤、杨万里，南宋著名的豪放派词人辛弃疾，主要活动在孝宗朝时期。辛弃疾在孝宗朝历任封疆大

陆九渊

吏，所作大量词作，慷慨激昂，是苏轼之后的第一人，充满爱国主义思想，反映时代精神，取得了辉煌的成就。

学术繁荣也带来了教育的发达，除了国家办的州学、府学、县学，南宋书院大批兴起。在孝宗时。官员修建的，如淳熙六年南康（今江西星子）知军朱熹重修白鹿洞书院，乾道元年潭州知州刘珙重建岳麓书院和淳熙十二年衡州知州潘时重建石鼓书院等。私人创办的书院则更多，著名的有陆九渊于淳熙十三年被免职后回家乡贵溪象山创办的象山书院，婺州城东的吕祖谦创办的丽泽书院，朱熹于淳熙十年在武夷山下创办的武夷精舍等。

伪学风波兴起的政治背景是怎样的？

绍熙五年（1194年）六月，宋孝宗病逝。李后以光宗身体有病为理由，拒绝主持孝宗的丧礼。知枢密院事赵汝愚、左丞相留正请高宗吴后以太皇太后的身份来主持。丞相留正主张皇子嘉王赵扩管理朝政，丧礼后光宗再禅位或复政，先请立嘉王为太子。光宗对他们的请求表示不满，并将难题推给丞相留正。

赵汝愚主张利用光宗御批，以太皇太后诏令嘉王登机，逼迫光宗退位。留正认为光宗未下建太子诏而立刻以嘉王即位表示不妥，为逃避责任，留正装病出城。赵汝愚遂即请知合门事、外戚韩侂胄设法面见太皇太后陈述意见，定策即于嘉王临丧时继承王位，并秘密制作黄袍作嘉王登位之用。赵汝愚又命殿前都指挥使郭杲在宫外部署禁军。七月初，太皇太后即于孝宗灵前下诏，逼迫光宗退位为太上皇，李后为太上皇后，由其子嘉王赵扩于重华宫东庑称帝，是为宁宗。这是由赵汝愚通过韩侂胄等人制造的一次宫廷政变，经过了好几个月，光宗还不知道已被迫退位，宁宗是在孝宗生前退居的重华宫即帝位，长时间在这里处理政务，称为“行宫便殿”，这是因为其母李太后以光宗有病，不想让光宗知道自己已被迫退位而变成太上皇为借口，拒绝宁宗作为皇帝进入皇宫正殿处理政事。导致宁宗曾下诏将原东宫改建为福宁殿，以便作为宁宗居住及处理政务的场所。

丞相赵汝愚则为宋太宗长子汉王赵元佐的后裔，又侈谈自己曾梦到白龙升

宋光宗

天，以此说明他扶持宁宗继承王位是先有梦兆。胡纮、李沭等奏劾赵汝愚以宗室而任丞相，又阴谋夺取帝位，引起身为宋太祖后裔的宋宁宗的猜忌。庆元元年（1195年）二月赵汝愚罢相，后又贬到永州（今属湖南），死于贬所。

赵汝愚及朱熹等人被贬逐，引起朝野的强烈不满，朝臣、太学生等陆续上书求情并请斥逐有关官员。上书人中大多为理学人士。同年六、七月间，何瞻、刘德秀等遂请考核道学真伪。后称朱熹的道学（理学）是“伪学”，禁止传播。庆元三年（1197年）十二月，又定以朱熹、赵汝愚为首的朝野文武59人为“伪学”党籍，其重要成员遭贬斥。

“开禧北伐”发生在何时？

金章宗即位时间不长，蒙古在西北逐渐兴起，金从明昌六年（宋庆元元年，1195年）起不断出兵进攻蒙古部族，蒙古逐渐强盛，金朝兵祸连结。

宋嘉泰四年（1204年）正月，辛弃疾被召回京，进见宁宗，也主张出兵攻金以恢复中原。南宋朝廷随后为韩世忠在镇江建庙祭祀，又追封岳飞为鄂王，后来又追夺秦桧的王爵，改谥号忠献为谬丑，为攻金制造气氛。

开禧元年（1205年）七月，韩侂胄担任高于丞相的平章军国事，积极部署攻金。这年冬金使进见宁宗时态度傲慢懒散，引起宁宗及朝臣的不满，次年（金泰和六年）三四月间，全面部署攻金。四月二十六日，东路宋军不宣而战，宋将毕再遇渡淮一举攻克泗州（今江苏盱眙西北），宋军又占领虹县（今安徽泗县）；中路宋军也进占内乡（今西峡）、新息（今河南息县）等地。消息报到临安，韩侂胄认为时机成熟，宋宁宗遂于五月初七日下诏“伐金”，史称“开禧北伐”。

“开禧北伐”为什么失败？

金章宗在开禧元年（1205）五月十一日下诏“征南”攻宋，但他认为南宋军事强盛，河南地区的金军不一定能抵挡住北进的宋军，必须再作更进一步的抵挡措施，以预防南宋军队可能在占领河南地区后继续北上进攻金都。

但是，南宋军队比较弱小，多数宋军缺乏战斗力和战斗意志。战争初期，宋军虽然主动出击，一遇金军坚守，甚至只有几百名金援军抵达，多数宋军一战即溃，甚至不战而败。五、六月间，北进的宋军纷纷自蔡州（今河南汝南）、宿州（今属安徽）、唐州（今唐河）前线，败退回南宋境内。由于金河南军势单力薄，志在守地，因此金军虽胜大多也不追击，宋军西线的四川宣抚副使吴曦暗中向金降附，求封蜀王，企图割据四川，这使金军西线无后顾之忧，可以集中主力攻击南宋襄樊和两淮地区。

开禧三年（1207年）正月下旬，吴曦在兴州（今陕西略阳）称蜀国王，割据川蜀。二月末，兴州中军正将李贵与李好义率领70多人冲入“王宫”内杀死吴曦，宋军随即收复四州。同年十一月初，礼部侍郎史弥远和杨皇后密谋，伪称宁宗密旨伙同参知政事李壁，命殿前司长官夏震秘密杀死韩侂胄，庸君宋宁宗在韩侂胄被杀死后三天，觉得韩侂胄还活着。奸臣史弥远何杨皇后的叛国行径，最终断送了南宋收复中原的北伐事业，南宋被迫接受了耻辱的“嘉定和议”。

为什么说“嘉定和议”是南宋王朝的耻辱？

宋嘉定元年（金泰和八年，1208年）

三月，南宋被迫接受了金国提出的和议事项，史称“嘉定和议”，改金宋叔侄关系为伯侄关系，岁币由每年绢、银各20万匹、两增为各30万匹、两，比之“绍兴和议”还各多5万匹、两，是宋金和议中“岁币”最多的一次。还有一次性的犒军费（战争赔款）300万贯钱，这是以前和议没有的，给南宋人民带来最沉重的经济负担。

“开禧北伐”受到陆游、辛弃疾的赞同，他们希望在有生之年能看到恢复中原，由于奸臣史弥远的乞和窃权，终于断送了北伐事业。

从嘉定元年十二月开始了独相宁宗、理宗两朝长达25年的奸相史弥远擅权时期，宋朝从此一败涂地。

南宋时何时停止给金国岁币的？

金章宗在“嘉定和议”的当年十一月去世，完颜永济继承王位，是为金卫绍王。蒙古成吉思汗三年前已在漠北崛起，并开始对金国作战，金军屡战屡败，蒙古军兵临金都中都（今北京）城下。金至宁元年（1213年）八月，右副元帅纥石烈执中（胡沙虎）杀卫绍王，完颜珣即位，称金宣宗。

在蒙古军数次兵临金都城下，河北大部地区被蒙古军占领的情况下，金宣宗于贞祐二年（蒙古成吉思汗九年，宋嘉定七年，1214年）三月，向蒙古求降乞和后，五月南迁，七月中旬到南京（今河南开封）。同月下旬，对“嘉定和议”中关于金朝各项要求不满、认为金国要灭亡的真德秀奏请后，南宋终于停止了每年给金朝30万两、匹的银绢的“岁币”。

南宋与金国是何时停战的？

宋嘉定十年（金兴定元年，1217年）四月，金宣宗在被蒙古军打得无力招架之下，以南宋不送“岁币”为借口，决定以武力逼迫南宋屈服，以乌古论庆寿、完颜赛不带领金军南侵襄阳，为宋京湖制置使赵方击败。在赵方的奏请下，五月下旬宋宁宗下令“伐金”。

嘉定十二年（1219年）闰三月，金军进至来安、全椒、六合（今属江苏）及天长（今皆属安徽）县境，游骑数百曾到长江北岸的杨林渡（皆在今安徽和县东）、东采石，也使南宋为之惊恐，但上述各地宋军坚守城池，金军无力进攻，只得退走。至宋嘉定十四年（金兴定五年，蒙古成吉思汗十六年，1221年）四月，金军退回淮北后，在蒙古军攻击下，无力南侵，史弥远当政下的宋朝，也从没有真正攻金的意图，宋金战争“不宣而停”，时停时战，规模都很小。

金元光二年（宋嘉定十六年，1223年）十二月，金宣宗去世，太子完颜守绪继承王位，为金哀宗。金正大元年（宋嘉定十七年，1224年）六月，金哀宗宣布不再伐宋，宋金终于停战，金朝统治已接近结束。

金国是怎样灭亡的？

金天兴三年（蒙古窝阔台汗六年，宋端平元年，1224年）正月，蒙古与宋联军进攻蔡州，蔡州城守危急，金哀宗于正月初十日（1234年2月9日）传位给族人、东面元帅完颜承麟，称金末帝。即位仪式刚结束，宋军已攻入南城，金哀宗自缢焚死。蒙古与宋联军占领蔡州，末帝为乱兵所杀，金亡。从此结束了在中原地区金与宋保持的长达一个世纪的对峙局面，也结束了金在北方统治的120年的历史。

窝阔台

南宋王朝决意收复的三京是指哪里？

蒙古和南宋合力灭金以后，窝阔台汗违背将河南归宋的承诺，只以陈、蔡东南一隅归宋，同时任刘福为河南道总管，南宋朝廷无奈接受这一事实后退兵，蒙古军主力也北归。南宋一些官员提出乘河南空虚，出兵据潼关（今属陕西）、守黄河、收复三京（西京河南府，今洛阳；东京开封府，今河南开封；南京应天府，今商丘南），乘时收复中原。这种不考虑双方实力，破坏已达成的分界新协议，企图乘虚占领三京，迫使蒙古承认既成事实的提议，遭到很多有识之士的反对。但是宋理宗都听不进去，决意收复三京，以建立不世功勋。

宋端平元年（蒙古窝阔台汗六年，1234年）六月，金刚刚灭亡半年，南宋也没有再与蒙古协商，即单方实行收复三京，诏知庐州全子才率淮西兵奔赴开封，开封蒙古将杀长官崔立向宋投降。权兵部尚书、荆湖制置使兼淮东制置使赵葵率淮西兵5万经泗州到开封会师，计划先占领洛阳、潼关。七月，宋军先锋抵达洛阳城下，洛阳守御空虚，民众登城投降，宋军遂入城，第二日，粮食已竭。蒙古将速不台急由陕州（今三门峡西）返兵洛阳，打败宋军后续部队，洛阳城中宋军出战，胜负相当，但因缺粮只好退兵。赵葵、全子才所收复的州县，大多是空城，无兵饷接济，加上蒙古军决开黄河水灌开封，宋军大多溺水身亡，余众也相继弃城南还，南宋收复河南的行动宣告失败。

蒙古灭金以后侵宋的借口是什么？

蒙古灭金以后，以南宋为用兵的主要对象。宋端平元年（1234年）十二月，

宋理宗

蒙古遣使责问宋破坏盟约出兵河南，当做侵宋的借口。宋也因此进行了部分防御措施。

第二年正月，南宋孟珙进驻襄阳（今湖北襄阳），分屯樊城（今襄阳江北）、邓、唐间，以防患蒙古军南侵。六月时蒙古兵分三路大举南侵，七月，西路蒙古军由窝阔台次子阔端率领侵蜀。十二月，从凤州（今陕西凤县东）取沔州（今略阳），围宋制置使赵彦呐于蜀北咽喉的青野原，宋利州（今四川广元）守将曹友闻往援，打败蒙古军，既而又在大安军（今陕西宁强）打败蒙古军，遂引兵扼守凤州西南的仙人关。

中路蒙古军在宋端平三年正月南侵，遇到强烈抵抗，但襄阳宋军向蒙军投降。三月，蒙古军陷郢（今钟祥）、随（今属湖北）两州及荆门军（今荆门）。

东路蒙古军在宋端平二年（1235年）六月，由口温不花及察罕等率军南侵江淮。十一月，攻入淮西舒（今安徽潜山）、蕲（今湖北蕲春）、光（今河南潢川）州，在攻真州（今江苏仪征）时，被宋知州邱岳置炮设伏所败后北还。宋嘉熙元年（1237年）十月，蒙古将口温不花占领黄州（今属湖北），被宋将孟珙所率援军打败。蒙古军转攻安丰（今安徽霍邱西），宋将杜杲竭力固守，宋池州（今安徽贵池）都统制吕文德率援军突围入城，合力抵抗，蒙古军才退走。第二年九月，蒙古将察罕率兵号称80万围庐州，新任庐州守将杜杲百计固守，又用炮击并乘胜出击，蒙古军又败走。

张柔墓

蒙哥汗大举侵宋结果如何？

1251年初，蒙哥继承汗位后，1257年春，蒙哥汗下诏大举侵宋，自率西路蒙古军4万号称10万侵蜀，兵分三路。一趋米仓关（今四川南江北），一趋大散关（今陕西宝鸡西南），一趋沔州（今陕西略阳）。蒙哥汗所部一路攻城略地，1259年正月，攻占合州（今四川合川）钓鱼山（时宋合州徙治于此，山三面临江，依山筑城，守御甚固），宋知州王坚杀蒙招降使者，坚决抵抗。二月，蒙哥汗亲自到钓鱼城下督战，王坚抗击，蒙古军连攻五月不克，伤亡惨重。七月下旬，蒙哥汗因攻城受伤死于钓鱼山下。

忽必烈是怎样继承汗位的？

蒙哥汗之弟忽必烈率东路军南侵，当年八月才渡淮，入大胜关（今湖北大悟东北），月末进到长江北岸。九月初一，蒙古西路军所遣使者从合州钓鱼山下到达忽必烈军营，报告蒙哥汗的死讯，请忽必烈北归以继承汗位，忽必烈以不可无功而返回，决定北归前加紧攻宋以取得重大成绩。随后自阳逻堡（今新洲西南）渡江，三道并进，三次打败阻击的宋军后到达南岸，进围鄂州（今武汉），宋军坚守抗击。

这时蒙古宗室阴谋夺取汗位，情况万分紧急，忽必烈妻察必遣使于同月下旬赶到忽必烈军中，请忽必烈立刻北返以夺汗

位。忽必烈随即回驻长江南岸青山矶（今武汉东北），准备渡江北返，却大言不惭地说要进军南宋首都临安。

此时在鄂州督战的南宋右丞相贾似道遣使向忽必烈求和，愿意称臣纳贡和割让长江以北的土地。蒙古军出发迫在眉睫，忽必烈命使臣前往鄂州谈判，并嘱蒙古使见蒙古军旗动立即返回随军北归，蒙古使在鄂州城头与宋谈判正在进行，见蒙古军旗动马上签订密约后返回。兀良合台也奉命北归，鄂、潭两州相继获救。

1260年3月初，忽必烈返抵开平（今内蒙古正蓝旗东），蒙古诸大臣劝进，于是继承汗位。四月，下即位诏，称帝。并于五月第一次建年号中统，遣郝经为国信使来宋告即位，并索取岁币。

元军是怎样进攻南宋的？

1267年11月，刘整奏请伐宋。第二年七月，忽必烈命刘整联合阿术进攻襄阳，宋将吕文德艰苦拒守。咸淳五年（1269年）十二月，吕文德病死后宋军继续抵抗。宋咸淳九年（元至元十年，1273年）正月，樊城在被围4年后陷落。二月，宋襄阳守将吕文焕降元，历时5年的襄樊保卫战结束。

元军占领襄阳后，第二年六月决定大举伐宋，以伯颜领河南等路行中书省，并晋升为统帅，在襄阳会师，分军为三路侵宋。七月，度宗去世，年仅4岁的恭帝即位，理宗皇后谢道清以太皇太后的身份垂帘听政。

宋德祐元年（元至元十二年，1275年）早期，元军已顺流东下，宋沿江城邑纷纷打败投降。二月，宋相贾似道以战士7万、战舰2500艘，在丁家洲（今安徽贵池北）抗击元军。伯颜命左右翼骑兵夹江而进，炮声远震百里，宋军大败，江东以及淮西诸郡相继败降。

元军兵临临安之前，恭帝的异母兄赵昰被封为益王，判福州；异母弟赵昺被封为广王，判泉州。元兵到皋亭山，驸马都尉杨镇等奉二王走温州，苏刘义、陆秀夫继追及于道，遣人召张世杰、陈宜中。五月初一，益王赵昰即帝位，改当年为景炎元年（1276年），是为宋端宗，年仅7岁，母杨太后掌管朝政。

南宋的最后一个皇帝是谁？

1276年12月，端宗等率领舟师到广州港口，被元守兵抗拒不得入内，舟还大海，驻师秀山（今东莞西南海中），寻次在惠州（今属广东）的甲子门。景炎二年（元至元十四年，1277年）九月，宋水师次于广东路的浅湾（今汕头东北的南澳岛附近），十一月，被元将刘深所攻。张世杰战败，于是奉端宗退保秀山。十二月，道井澳（今中山南海中横琴岛）。三年四月，端宗因病去世。

文天祥

此时南宋疆域已大部分丧失，只有姜才、李庭芝坚守淮东，张钰坚守重庆。其余仅有广、闽以及浙、赣南部，元兵日逼。姜才、李庭芝、张钰先后战死，浙东、闽、广也相继沦陷。

卫王赵昺嗣立，称宋末帝，年仅6岁，杨太后听政，陆秀夫升任左丞相，张世杰升任枢密副使，改当年为祥兴元年。六月，张世杰进攻雷州（今海康）失利后向新会的崖山（今台山东南）转移。十二月，右丞相文天祥兵败，在五坡岭（今海丰境）被俘。元至元二十年（1283年）正月，在大都就义。

宋祥兴二年（元至元十六年，1279年）正月，元将张弘范以舟师围崖山海口，张世杰结大舶千余驻海中抵抗元军，元军切断宋军淡水汲路。二月初六（1279年3月19日）元军大举进攻，宋军战败，左丞相陆秀夫背负年仅7岁的南宋末帝赵昺投海自尽，南宋灭亡。

第十章　西　　夏

西夏政权是一个怎样的政权？

西夏政权是由羌族中党项支系发展起来的少数民族政权，它的发展跟由契丹部落发展形成的辽朝有着类似的过程经历。

西夏国早期的政权是受宋、辽册封的形式。到了李元昊时期，他渐渐摆脱了这种状态，走向了独立发展的时期。后来，西夏一直保持着与宋、辽两个政权的亦战亦和的关系。

党项是怎样发展和强大起来的？

党项是我国古代羌族中的一支，又称党项羌，由于党项政权在发展开始较宋、辽要小很多，在初期阶段和宋、辽更多的是一种依赖关系。

党项在南北朝末期，已在今青海省东南部黄河河曲一带活动。他们按姓氏结为部落，大者五千余骑，小者千余骑，互不统属，以畜牧为生。没有赋税、法令、文字和历法。其时党项社会大概处在氏族社会的父权制阶段。

隋末唐初，党项羌的活动范围越来越大，其中以拓跋氏最为强大，后来建立西夏的也是拓跋氏。

唐玄宗时期，地处青藏高原的吐蕃逐渐强盛，党项诸部不断遭受袭击，迫于吐蕃的威胁，拓跋部首领要求内徙。在近半个世纪的时间里，党项拓跋部辗转经历了从原居地松州向今陕西北部和甘肃一带的大迁徙。一支迁到夏州（今陕西靖边境）的部落，被称为平夏部。西夏就是在平夏部的基础上日趋发展起来的。

五代时期，党项夏州李氏僻居住在西北一隅，充分利用藩镇势力之间的矛盾，增强自己的势力。在这50多年

西夏飞天壁画

(907~960年)间，李氏政权对中原的唐、梁、汉、晋、周及北汉政权，相继保持着“臣属”关系，事实上则尽力摆脱中原皇朝的约束。

后唐长兴四年(933年)，定难军节度使李仁福去世，其子彝超继为“留后”。后唐明宗企图用调任延州(今延安东北)节度留后的办法，逼迫李彝超离开夏州，企图兼并夏州。遭到了夏州李氏的军事抵抗后被迫妥协，让李彝超担任节度使。清泰二年(935年)李彝超去世，李彝殷继任节度使，后周显德元年(954年)被封为西平王。

随着党项政权军事实力的加强与政治威望的提高，党项羌活动的范围也逐渐扩大。一些党项部落更进入汉族居住的地区，入居州城与汉族杂居，接受汉族文明，被汉人称为“熟户”，与散居在山野、以游牧为生的党项“生户”相对。

党项政权初期为什么献地于北宋？

太平兴国七年(982年)，党项政权内部因承袭问题发生矛盾很难解决，新任定难军节度留后李继捧于五月十八日(6月22日)朝见宋太宗时，不得已只好向宋朝献出所管辖的夏、银等五州地。李继捧族人也被召来在京师居住。太宗对李继捧重加赏赐，并晋升官职。宋朝易如反掌地取得了党项李氏世代相管辖的领土。

李继捧归附宋朝，引起了党项内部的巨大分裂。李继捧族弟李继迁，时任定难军管内都知蕃落使，不愿意内迁，反而想留居银州。召集弟继冲和亲信张浦商讨对策。主张乘夏州不注意的时候，杀宋朝诏使，以绥、银为据点，抵抗宋朝。张浦在分析了双方形势和实力后认为，用兵要能屈能伸，不能因小失大，主张联络其他

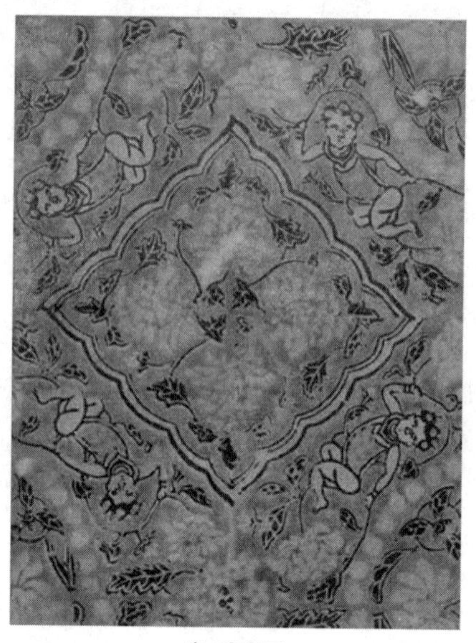

党项壁画

势力。李继迁采取了张浦的建议，率领部落亲属数十人伪装出逃，驻扎在夏州东北300里的地斤泽(今内蒙古鄂托克旗东北)，出示祖先拓跋思忠像，号召部族，抗宋自立。

党项政权独立反抗宋朝开始于何时？

986年是李继迁独立反抗宋朝的开始。前后历时四年，三起三落。太平兴国七年(982年)十二月，李继迁进攻夏州，闻宋朝援兵来，不战而回。

第二年五月攻葭芦川(今陕西佳县西北佳芦河)，九月又攻三岔口(今靖边北内蒙古境内)，都惨遭失败。宋太宗又下诏令，招抚绥、夏、银等州党项与汉族流民归业，给李继迁造成巨大困难。张浦建议攻打宥州，扼险观变，企图光复旧业。十二月，继迁率党项兵2万人进攻宥州，被宥州巡检使李询打退。雍熙元年(984年)，李继迁退守到地斤泽，派李继冲招诱党项部族。五月，党项咩嵬族与南山诸

部族向李继迁投奔。七月，李继迁率众攻打夏州西北的王庭镇，宋军来不及赴援，被继迁取胜，俘获万计。

西夏对抗宋朝为什么会得到党项部落的响应？

李继迁仍以恢复基业为号召，得到党项部落首领的纷纷响应，在夏州以北的黄羊坪聚兵。野利等族首领还把女儿嫁给继迁。银州党项首领拓跋遇派人来与继迁联络进攻银州。继迁等总结了地斤泽失败的原因，认为沙漠北不足以立国，遂利用这个时机占据银州。雍熙二年（985年）二月，李继迁与其亲信以诈降计引诱曹光实出城，于葭芦川设伏，杀死曹光实，利用其旗帜占领银州。

同年三月，李继迁乘胜攻宋三族砦、会州（今甘肃靖远），进围抚宁砦（皆在今陕西米脂境）。四月，又与宋阁门使王侁军在浊轮川（今神木北）大战，大败后撤出银州，其部下党项首领多被俘、投降或战死。六月，联络夏州罗腻、岌伽等14族和越移、吴移等党项部落继续对宋作战，但又多次被击败，党项部落亦溃散或降宋，李继迁陷入无家可归的困境。

北宋政府对西夏的入侵采取了怎样的政策？

端拱元年（988年）五月，宋太宗采纳宰相赵普的建议，重授李继捧为定难军节度使，赐姓名赵保忠，命令他回镇夏州，以收抚李继迁。李继迁则暗中和李继捧勾结，于淳化二年（991年）七月占领银、绥二州，宋朝被迫授予银州观察使，赐姓名赵保吉。咸平（998～1003年）中，迁右金吾卫上将军，并曾出任复州（今湖北天门）、岳州（今湖南岳阳）地方官，景德元年（1004年）六月因病去世。

李继迁收复“故土”后，时间不长又连年侵扰宋朝西北沿边各地。咸平五年（1002年）三月，在辽朝的煽动下，李继迁集重兵陷灵州，杀死知州裴济，改灵州为西平府。六年正月从夏州迁居到西平府。

同年十月，李继迁进攻当时在吐蕃首领潘罗支统治下的西凉，潘罗支伪降，乘李继迁无备在三十九井（灵州附近）地方反击，李继迁中箭逃回。景德元年（1004年）正月，在西平死去，由其子李德明继位。

西夏王国是怎样建立的？

元昊在对河西作战的同时，又以防止宋朝入侵为借口，在边境上修筑堡寨、部署兵力，并不时对宋朝边地发动小规模进攻。早在夏开运元年（944年）（宋景祐元年）二月，元昊开始进攻府州（今陕西府谷），接着又攻掠庆（今庆阳）、环（今甘肃环县）二州。在宋朝境内筑白豹

西夏人物形象

城与后桥堡。第二年七月，元昊又派首领讹遇领兵进攻环、庆。夏天授礼法延祚元年（宋宝元元年，1038年），元昊谋攻占宋朝河东路。七月，元昊召集各路首领于贺兰山会盟，将要发兵时，有人劝阻元昊，“未建大号，不足以服众”，于是元昊决定立刻称帝建国。

十月间，元昊与大臣杨守素、野利仁荣等谋划称帝事宜。十一日元昊在兴庆府称帝，国号大夏，史称西夏。元昊自称为世祖皇帝，是为西夏景宗，并改当年为天授礼法延祚元年，以兴庆府（今宁夏银川）为都城。大封文武官员，追尊祖父李继迁是“神武皇帝”，庙号太祖，父李德明为“光圣皇帝”，庙号太宗。立子宁明为太子，并于十一月去西凉府祀神。

西夏国的疆域是怎样的？

李德明在世时期，其子李元昊对父亲依附宋朝的政策非常不满，李德明去世，李元昊继立，他根据自己的主张，积极摆脱宋朝的控制。

元昊在对河西的战争中表现了他卓越的军事才能，在李德明对回鹘的战争中他也锋芒毕露。元昊继位后，不断向河西用兵。明道二年七月，遣将苏奴儿攻吐蕃唃厮啰牦牛城（今青海西宁北），苏奴儿兵败被俘。九月，元昊亲自领兵复攻，诈和而克城。

夏广运二年（宋景祐二年，1035年）十一月，元昊又攻带星岭、宗哥（今西宁东）诸城，进围青唐（今乐都境），与唃厮啰部将安子罗10万大军昼夜奋战二百余天，子罗败，元昊退兵时也遭到暗算，大溃而还。元昊占领河西后，隔断了吐蕃和宋朝的交通，但始终没有能制服唃厮啰。三年七月，元昊再次举兵进攻回鹘，攻占沙（今敦煌）、瓜（今甘肃安西）、肃（今酒泉）三州，占领了整个河西走廊。至此，夏国的疆域十分广阔。

元昊建国称帝后北宋政府持何立场？

摆脱宋朝的控制，实现党项政权的独立自主是元昊建国称帝的目的。但是，元昊又希望他的建国称帝能得到宋朝的认可。元昊在建国后不到两个月，即天授礼法延祚二年（宋宝元二年，1039年）正月，立即遣使向宋朝上表，表文主旨是说明自己是“帝胄”，表明称帝的合法性，请求宋朝皇帝正式承认他的帝位。宋仁宗见到表章后却于六月间下诏，剥夺过去封给元昊的官职爵位，停止互市，悬赏元昊的头颅。

从天授礼法延祚三年到五年（宋康定元年至庆历二年，1040～1042年）元昊对宋朝发动了三次大战。

四年（宋庆历元年）二月，元昊领兵围攻渭州（今甘肃平凉）。宋新任陕西经略安抚副使韩琦命部将任福统军迎击。元昊诈败，诱任福军进入好水川（今宁夏隆德西北），陷入元昊所设的埋伏中，在羊牧隆城（今西吉东南）附近，全歼宋军，任福战死。元昊又一次取得胜利，史称好水川之战。

五年闰九月，元昊又在天都山（今海原南）集左、右厢兵10万，分东西两路夹击镇戎军（今固原）。宋知渭州王沿派部将葛怀敏出面迎击。葛怀敏轻敌冒进，并入保定川寨（今固原西北），被元昊军尾追包抄，切断其归路和水源。葛怀敏及部下都战死，宋军全军覆没。元昊挥师东进，直达渭州，大掠而回。

西夏外戚篡权局面是何时结束的？

元昊死后，谅祚和秉常两代皇帝都是

幼年继承皇位，青年早亡，由于母族篡权秉政。

元昊死后年仅周岁的谅祚即位，是为西夏毅宗，由母舅没藏讹庞拥立。讹庞自任国相，朝政大权事实上完全掌握在没藏氏兄妹手中。没藏太后死后，讹庞又将自己的女儿嫁给谅祚为后，进一步掌握政权。䄄都三年（1058年），谅祚12岁，开始参与国政。讹庞又借故杀害了谅祚的亲信毛惟昌、高怀正。

五年，没藏讹庞父子阴谋杀害谅祚，谅祚因与讹庞的儿媳梁氏私通，因而得到消息，然后派大将漫咩擒杀讹庞父子以及家属，又杀没藏后，立梁氏为后，结束了没藏氏专权的局面。

西夏历史上汉礼与蕃礼斗争的实质是什么?

谅祚亲政，以梁后弟梁乙埋为丞相。在摆脱外戚干政的情况下，谅祚虽对内在政治上有所建树，对外仍奉行侵宋政策。但他只活到21岁，当政六年，于拱化五年（1067年）十一月因病去世。由子秉常继位，年仅8岁，是为西夏惠宗。

谅祚、秉常在位期间，夏国在政治上存在着汉礼与蕃礼的斗争，并与皇权和后权的斗争紧密地联系在一起。䄄都五年（1060年）五月，谅祚亲政时间不长，即派大臣拽浪撩礼与宋朝划定屈野河边界，解决了没藏讹庞执政期间长期存在的侵耕问题。后来双方又恢复了榷场贸易，复通互市。十月，谅祚下令国内停止使用建国以来实行的党项蕃礼，并上表告宋改用汉仪接待宋朝来使。第二年，提出与宋皇室联姻，请娶公主并改复唐赐李氏汉姓等，宋朝有选择地给以允纳。同年五月，谅祚对元昊设立的十二监军司作了部分改革，增设了新的监军司。又仿宋制在中央官制系统设立侍郎、尚书、中书学士、南北宣徽使等官，使夏国的官制更加完善。

西夏乾顺帝是怎样亲政的?

天祐民安五年（1094年），仁多保忠、嵬名阿吴等人制造借口率部众杀死梁乙逋以及全家，但军政大权仍由梁太后掌握。永安二年（辽寿昌五年，1099年）正月，乾顺年满16岁，应当主持国政，但梁太后不答应，辽国得知后出面干预，派使臣到夏国，用药酒害死梁太后，乾顺在辽国的拥戴下开始亲政。乾顺亲政后，鉴于外戚专权的历史教训，积极采取巩固皇权的措施。四月，以梁太后之死归罪于仁多保忠、嵬名阿吴，将他们处死。

贞观三年（1103年）九月，乾顺封弟察哥为晋王，掌握兵权。元德二年（1120年）十一月，又封宗室景思子仁忠为濮王，二儿子仁礼为舒王。贞观四年（1104年）二月，又解除了仁多保忠的卓罗监军司统军职务，把兵权收回。与此同时，又采用汉人封王的制度，对皇族嵬名氏宗室加封王爵，授以实权。

西夏乾顺政权为什么连年对宋朝发动战争?

乾顺亲政前的十几年中，梁氏与梁乙逋兄妹，兴师动众，连年对宋朝发动战争。

天祐民安元年（宋元祐五年，1090年），梁乙逋在遣使同宋朝谈判边界的同时，又出动人马占领宋朝的质孤（今榆中北）等堡。二年四月，又以10万大军进攻熙河路围定西（今属甘肃）、通远军（今陇西）。五月之后，连攻泾原路土门（今陕西安塞西北）及怀远（今宁夏固原西）。九月，集兵15万分攻麟（今神木北）、府二州。三年正月，借助于辽兵的

高车飞石

援助，又进攻绥德城（今属陕西）。三月，集3万兵于韦州（今宁夏中卫东南）进攻庆（今庆阳）、环（今甘肃环县）二州。十月，梁太后又亲率10万大军进攻环州，七日城不下，被宋军在洪德寨（今环县北）包围，遭到痛击，梁太后弃帷帐、首饰，改装逃走。梁氏兄妹对宋朝的战争依靠辽朝的帮助，乾顺依据辽的力量结束了母党专权的局面。乾顺当政后政治上更加依靠辽。其时宋朝徽宗在位，宰相蔡京与宦官童贯相互勾结，对外实行开边政策，用武邀功。从西夏贞观四年（宋崇宁三年，1104年）到元德元年（宋宣和元年，1119年）的十多年中，西夏不断受到宋朝的攻击。乾顺经常向辽请求援助，依靠对辽朝的卑辞厚礼与姻戚关系，由辽的出面斡旋或对宋施加压力，才顶住了宋朝的压力，稳定了政局。

党项部民为何起义？

大德五年（金天眷二年，1139年）六月，乾顺去世，子仁孝继位，年仅16岁，是为仁宗。

第二年（金皇统元年），仁孝又遣兵捕杀了降金的慕濬、慕洧兄弟。三年，西夏发生饥荒，米价暴涨，升米高至百钱。皇统四年三、四月间，兴庆府和夏州连续发生强烈地震，房屋倒塌，人畜死亡者不计其数。饥荒和地震，使无法生存的西夏人民起兵反抗。这一年七月，静州的埋庆、威州（今同心东北）的大斌、定州（今平罗南）的富儿和笆浪等部纷纷起义，规模大者万余人，小者也有五六千，他们占领州城，杀掠豪富，震动了西夏。各地纷纷告急，仁孝又派任得敬率兵镇压起义军，这时任得敬以平息萧合达之叛升任西平都统军，他以残酷的手段镇压和瓦解威、静等州的起义军，定州富儿、笆浪族的起义队伍在哆讹的领导下，坚持抵抗，但最后也被任得敬偷袭大营，起义领袖哆讹被擒，遭到杀害。党项部民的起义终于被镇压下去。

西夏国的政治制度有何特色？

仁孝时期在政治制度上竭力模仿宋朝，适应小农经济生产力发展的要求。政治制度方面的另一重大举措，是仿宋制实行科举，改革任官制度，与此相应，在境内普遍设立学校，尊崇儒学达到空前的高度。仁孝重文轻武，推崇儒学，对适应经济的发展与抑制豪酋大族的政治特权有一定的积极作用，但同时也造成了统治集团渐趋文弱，让外戚、军阀任得敬的步步高升以至篡权分国成为可能。

乾祐元年（金大定十年，1170年）五月，以军事起家的外戚、楚王任得敬，公然逼迫仁孝分西夏国的一半归他统治，另立楚国。又强迫仁孝为他向金朝请求册封，遭到金朝的强烈反对。八月，仁孝诛杀任得敬及其党羽，政局恢复正常。

西夏国政变知多少？

乾祐二十四年（1193年），仁孝去世，子纯祐继位，时年17岁，是为桓宗。

天庆三年（1196年）十二月，仁孝弟越王仁友因病去世，其子安全请求承袭王爵，纯祐不同意，降封安全为镇夷郡王。安全不满，于是萌发篡权之心。

天庆十三年（1206年）正月，镇夷郡王安全在罗太后的拥护下废纯祐，自立为帝，是为襄宗。皇建二年（1211年），西夏又一次发生宫廷政变，七月间，宗室齐王遵顼废安全，继立为帝，是为神宗。遵顼是齐王彦宗子，年少力学，博览群书，以廷试进士第一，袭封齐王，并擢升大都督府主，率领军队。即位时已49岁，实行附蒙古侵金而惨遭失败，光定十三年（1223年）十二月，在内外交困中，传位给次子德旺，是为献宗。

乾定四年（蒙古成吉思汗二十一年，1226年）五月，在蒙古军队的强大攻击中，遵顼因病去世。七月，德旺也惊吓致死。其弟清平郡王子南平王继位，是为末帝，西夏已濒临灭亡。

西夏国是怎样衰落的？

光定九年（宋嘉定十二年，金兴定三年，1219年）到十年，遵顼又两次遣使入四川，请南宋合兵夹击金朝，都无结果。金迫于几方面的压力，尽量拉拢讨好西夏。如光定二年（金崇庆元年，1212）三月，在遵顼侵金的情况下，金还派使臣来封遵顼为夏国王，遵顼也遣使谢册封，但攻金如故。金遭到西夏的攻击，也不断给予反击，如光定六年十二月，金兵分两路进攻西夏的宥（今内蒙古乌审旗西南）、盐、灵、威、夏、会诸州，遵顼分兵抗衡，双方势均力敌，不相上下。

遵顼的侵金政策，给西夏造成了严重的后果，造成民不聊生的局面。因为战争，金向西夏开放的榷场关闭了，并且也中断了双方贸易，使西夏在经济上遭受重大损失。

对金战争也激化了西夏统治集团内部的矛盾。在皇室中以大臣梁德懿和太子德任为首的联金抗蒙古派，反对遵顼的侵金政策。光定十三年（1223年），德任即因拒不领兵侵金而被废囚禁在灵州，御史中丞梁德懿上疏谏阻，也被罢官。同年，蒙古军大举攻夏，遵顼在附蒙古侵金政策彻底失败后退位。次子德旺继承王位后实行联金抗蒙古以挽救危机，采纳右丞相高良惠的建议，于乾定二年（金正大元年，1224年）十月，遣使与金朝议和。第二年，金、夏又成为“兄弟之国”，但此时金也已处于灭亡前夕，兵虚财尽，自顾犹不及，更无力去援西夏抗蒙古了。

西夏是怎样灭亡的？

西夏光定七年（蒙古成吉思汗十二年，1217年）十二月，蒙古第四次进攻西夏，占领西夏首都中兴府，夏主遵顼出奔西凉（今甘肃武威，或作逃往西京，即灵州，今宁夏吴忠西南）。旋即遣使请降，蒙古退兵。

西夏乾定元年（蒙古成吉思汗十八年，1223年），新即位的夏帝德旺改变降蒙策略，当听说成吉思汗远征西域未返，乘机遣使联结漠北各部，企图联合抵抗蒙古。第二年，成吉思汗从西域返回，得知西夏阴怀异图，遂自将攻沙州（今甘肃敦煌西），逾月未下后退兵。同年九月，蒙古大将孛鲁由东面进攻西夏的银川（今陕西米脂北）。守城主将塔海出战，兵败被俘，死伤好几万，被掳掠牲口数十万，损失惨重。

西夏宝义元年（蒙古成吉思汗二十一年，1226年）正月，成吉思汗以西夏纳其仇人亦剌合桑昆（一作亦腊喝翔昆）以及不遣质子为借口，发动东西两路夹攻。

东路为主力，大军10万由成吉思汗亲自带领，从蒙古草原南向取沙碛古道直捣河西走廊之背，破黑水城，死者不计其数，攻占贺兰山（今宁夏西北与内蒙古接界处），西夏大将阿沙敢卜战败被擒。西路由将领忽都铁穆儿带领，出兵先破沙州，屠肃州（今甘肃酒泉），东进而下甘州（今张掖）。

七月，东西两路会师，合攻西凉府，西夏守将斡札箦力屈投降。成吉思汗率兵翻过沙陀进军黄河九曲（皆在今宁夏中卫西南）处，破应里（今中卫）等县。十一月，攻占灵州（西京），逼近首都中兴府，新即位的西夏末帝遣大将嵬名令公领兵10万赴援，蒙古军渡河拦截，西夏军英勇抵抗，领军佐里等战死，灵州失守，蒙古军遂围中兴府。

1227年初，成吉思汗仅留少数兵力攻西夏，自率大军南下攻金。六月，中兴府被围已半年，西夏末帝力屈投降，末帝举族入蒙古军中，然后被杀，西夏灭亡。

第十一章　元　朝

元朝前四汗时期的政治中心在哪里？

前四汗时期（又称蒙古帝国时期）（太祖、太宗、定宗、宪宗，1206～1259年），长达半个多世纪，蒙古统治者不断地进行大规模的征服战争，地域从朝鲜半岛直到东欧，建立了空前庞大的世界帝国；大汗的军令、政令行于全境，整个大蒙古国基本上维持着统一局面，但西北各汗国逐渐出现分裂的趋势；政治中心在漠北，保持以蒙古本土为主体、对辽阔的被征服地区实行统治的体制；其剥削方式和统治方式虽因不同地区社会经济基础的差异而有一些变化，但基本上是推行蒙古制度。

忽必烈的统治引起中国社会怎样的变化？

忽必烈（1260～1294年）与阿里不哥的帝位之争引起一系列连锁反应，西北各汗国进一步独立化，原属大汗政府直接管辖的西域各地区也分别被他们控制，大汗只能统治蒙古本土和原金、宋、西夏之境以及吐蕃、大理、畏兀儿诸地区。忽必烈推行“汉法”，改革旧制，立年号，置省部，定都邑，建国号，确立了以中原王朝的传统制度为主干的中央集权体制。尽管忽必烈的大汗地位最后得到了各支宗王的承认，但大蒙古国实际上已分裂了。忽必烈的经济、政治改革，使长期遭受战争破坏的中原社会经济逐步恢复。但为了保证蒙古贵族在经济上的特权和政治上的优势地位，又保留了很多蒙古制度。两种制度的矛盾冲突，使得采用“汉法”的进程出现起落反复现象。灭南宋后，忽必烈继续进行野心勃勃的海外远征，又多次出兵讨伐北方蒙古诸王的叛乱，征调频繁，军费浩大，只好增加剥削，因而未能在大统一后给人民以较长期的休养生息机会，影响了社会生产的发展。

忽必烈骑马图

元朝中后期中国社会发展的状况如何？

元代中期包括成宗、武宗、仁宗、英宗、泰定帝、文宗诸朝（1295～1332年）。成宗期间，内外战争基本停止，政治上继续奉行忽必烈的采用“汉法”政策。仁宗、英宗进一步实行改革，如恢复科举，广用儒臣，颁布《通制》，限制投下权力，经理田赋等。虽然改革屡遭挫折，但终究造成不可逆转的趋势，统治集团内部各派的争权夺利和反“汉法”与行“汉法”的斗争交织在一起，每一次的皇

位交替都伴随一场激烈的政治上甚至军事上的争斗，到文宗即位初竟发展为大规模内战。政局不断动荡削弱了元朝中央政府的统治地位。

元代末期，顺帝朝（1333~1368年）统治集团的腐败渐趋严重，吏治败坏，军政废弛，脱脱当政时虽然力图更新政治，但已难于挽回颓势。民族矛盾与阶级矛盾极端尖锐化，终于爆发了红巾军大起义，元朝统治土崩瓦解。

忽必烈是怎样伐宋的？

塔察儿率领的左翼军在1257年秋进攻樊城，不克后退回。后来一年多，除四出抄掠外，一城未取，毫无战功。第二年十一月，蒙哥只好命忽必烈出来统率左翼军攻宋。忽必烈在罢兵闲居时期，每天与谋士商议大计，待时而动。接到出师之命，即欣然从开平南下。1259年春，在邢州会诸王，接收兵权。

九月初，弟末哥从合州遣使到军前，报告蒙哥的死讯，并请求北归，忽必烈不愿意无功而还，亲自指挥各路军队由阳逻堡附近强渡长江，驻南岸浒黄州。过后，进围鄂州，守将高达、张胜奋勇抵抗，吕文德率援军从重庆东下，突围入城，鄂州防守坚固；贾似道以丞相兼制各路军马援鄂，统一指挥守御。蒙古军围攻近二月，不能破，军中乏食，疾病者几乎一半。

钓鱼城博物馆的蒙哥塑像

十一月，忽必烈妻察必合敦遣使至军前，报告阿里不哥已派亲信大臣在大漠南北征兵，并以脱里赤为断事官在燕京行尚书省事，有夺取汗位的企图，请忽必烈快速返回。此时，统领各路援鄂大军的宋右丞相兼枢密使贾似道，却不敢乘忽必烈陷入困境之际发起反攻，反而遣使求和，愿割江为界，岁奉银绢各二十万两、匹。忽必烈顺势求和，撤围北还，留霸都鲁统领少数军队驻江北待命。奉旨从云南北上会合的兀良合台军，在十一月抵潭州（长沙），宋湖南制置使向士璧坚守，久攻不下。忽必烈撤军北还时，特派兵接应兀良合台军随后渡江北撤，蒙古攻宋战争到此暂时告一段落。

忽必烈是怎样登上皇位的？

1260年初，从蒙、宋前线急忙北返的忽必烈抵达燕京。他在燕京附近驻扎了将近三个月。蒙哥汗亲征时留镇漠北的阿里不哥，竭力诱使忽必烈回到草原，好逼迫他就范，再名正言顺地登上大汗宝座。忽必烈则清楚地意识到，在阿里不哥力不从心的情况下，自己在控制和调动进入汉地的蒙古军及汉军方面拥有很大的优势与便利。因此他不肯轻易离开经营多年的中原而贸然北上。双方间使臣往返，交涉不断，矛盾渐趋激化。

践祚次月，忽必烈以《即位诏》向天下公布。诏书明确宣布：今天我已继承汗位。它表明了新政权参用中原王朝的传统体制以改变草原蛮政局面的决心。次月，复以建元中统诏天下，更明确地强调新政权之为天下一家、中朝正统的地位。

元朝花图

忽必烈是怎样巩固皇位的?

忽必烈在漠南抢先继承王位，完全打乱了阿里不哥的预谋。后者只得匆匆于1260年夏季，在驻夏据地阿勒泰山中，召集留守漠北份地的各王宗戚，举行大会，并在会上被拥立为大汗。出席大会的有察合台孙阿鲁忽、察合台子哈剌旭烈的寡妻兀鲁忽乃妃子、海都（合失子）、窝阔台孙覩尔赤（合丹子）、术赤孙忽里迷失、合剌察儿、玉龙答失、蒙哥子阿速台、塔察儿子乃马台和别勒古台之子等。这样就出现了两大汗相抗衡的局面。

1260年秋天，阿里不哥兵分两路，大举南下。东路军由旭烈儿子药木忽儿、术赤后王合剌察儿率领，从和林越过沙漠向南推进。西路军由阿兰答儿带领，直奔六盘山，意在接应从四川前线退屯该地的蒙哥攻宋主力，这支军队在蒙哥死后曾归阿速台节制，阿速台投奔漠北以后，一直控制在阿里不哥的大将哈剌不华和浑都海手里。

元朝文物

阿里不哥的左路军以宗王为帅，而且直接威胁汉地政治经济中心燕京，因此忽必烈亲自领兵抵抗，而以纳邻合丹（当为合赤温孙）、移相哥为其前部。移相哥军打败药木忽儿和合剌察儿，阿里不哥难以继续在和林立足，急忙退到由他继承的拖雷分地吉里吉思。忽必烈大概是循帖里干道，顺利进到和林。当时和林城的残破比较严重，所以到达不久，忽必烈便南到汪吉河（今翁金河）冬营地，以为短期休整。

阿里不哥唯恐忽必烈乘胜追击，乃遣使假意求和，并称待马力稍稍恢复，再赴阙谢罪。忽必烈深以汉地政局为念，于是留移相哥镇守漠北，自己冒严寒南返。

溃败远遁的阿里不哥，在吉里吉思歇息，到1261年秋天，元气稍有恢复，又举兵东来。他事先遣使向移相哥伪称率众来归，使移相哥疏于防备，因而突袭成功。移相哥大军溃败，和林城再次失守。十月，忽必烈率诸路汉军与蒙古诸王所部再

次北征。两军在昔木土脑儿之西相遇，阿里不哥先因所部外剌军队溃败撤兵。待阿速台率领的后继部队赶到，阿里不哥回军再战。其右翼被打败，左、中两翼与忽必烈军鏖战至夜仍不分胜负。自是双方引军后退，在大碛南缘相峙。

1262年冬，阿里不哥在打败阿鲁忽后驻营于阿力麻里。他烧杀抢掠，伊犁河流域为之残破不堪。1264年春，阿力麻里地区粮草严重不足，军心越来越涣散。阿里不哥计出无奈，被迫向忽必烈输诚。长达五年的汗位纠纷随之结束。

忽必烈是怎样加强西北边防的？

中统、至元早叶，元朝西北边地的形势，经历了几度急剧而复杂的变化。

忽必烈和阿里不哥的汗位之争，极大地促进了察合台兀鲁思势力的快速扩张。阿里不哥在受命阿鲁忽为察合台兀鲁思汗的同时，把统辖西到阿姆河东岸的西域绿洲城邦的权力给与了阿鲁忽。原来由大汗派驻该地区的军队和官员，现在也都改属阿鲁忽。时间不长，当阿鲁忽改换门庭，归命于忽必烈时，后者又重申了阿鲁忽业已在手的既得权益。

到元初，忽必烈把自己相信的察合台诸王八剌派往察合台兀鲁思，企望通过他加强大汗对西北政局的管辖。他还遣铁连出使钦察之地，力图分离术赤后王与海都的关系。至元三年（1266年）六月，又任命皇子那木罕为北平王，到漠北镇守，增强对阿里不哥系诸王的监视，同时也为从蒙古高原出兵西北边地作好了军事准备。

忽必烈与海都的关系如何？

忽必烈再三诏命海都入中原朝觐。鉴于窝阔台系诸王遭受蒙哥清洗报复的教训，海都对忽必烈的朝觐之命充满疑惑，很难说他对祖父曾据有的大汗宝座有觊觎之心，但他坚持自己作为窝阔台后王有权控制一块比较独立的分地，声称将在自己“所至之处”服从大汗。忽必烈与海都在互相猜忌之中逐渐敌对。

为了避免河中城郭地区遭受更大破坏，海都派遣合丹的儿子钦察去与八剌约和。1269年春，察合台兀鲁思、术赤兀鲁思和窝阔台兀鲁思三方在塔剌思河会盟。翌年春天，八剌便从河中西攻呼罗珊。伊利汗阿八哈在也里（今阿富汗赫拉特）附近设计大败八剌军。八剌败退河中，不久去世。察合台孙聂古伯（撒里班之子）被海都立为察合台兀鲁思的新汗，察合台兀鲁思沦为海都的附庸。

忽必烈是怎样荡平西北叛乱的？

海都取得对突厥斯坦和河中的支配权后，对元朝的态度渐趋强硬起来，开始了与元朝在天山南北两路直接对峙和争夺的阶段。

至元八年（1271年），忽必烈命北平王那木罕在阿力麻里建幕庭。十年，那木罕趁察合台汗聂古伯与海都不睦之际，前往征伐，聂古伯兵败身亡。

至元十三年（1276年），那木罕所部脱帖木儿（拖雷孙，岁哥都子）先叛，继又诱引药木忽儿、昔里吉等实行兵变。叛王们推昔里吉为大汗，械系阔阔出（忽必烈庶子）、那木罕和安童，分别把他们送到海都和术赤后王忙哥帖木儿处，并欲与二王结盟以抗元朝。可是海都除了乘元军前线大本营瓦解、叛师东移的机会夺得阿力麻里空城外，与这位新“大汗”配合行动并不热心。昔里吉于当年冬天兴师东逾阿勒台山，回到拖雷系诸王份地所在的岭北地区。途中他们又与另一支叛王撒里蛮（蒙哥孙、玉龙答失子）的部众相合并。

拖雷和妻子唆鲁禾帖尼

在以后几年里，元朝在北线的战事，主要是在岭北地区开展的。

至元十四年（1277年）春，叛军从他们的谦州大本营、吉利吉思南进，结集在和林北面土拉河、鄂尔浑河一带。夏天时，漠南元军打败驻牧应昌的翁吉剌贵族只儿瓦台响应昔里吉的叛乱后，绝漠增援和林地区。七月，伯颜奉诏带领岭北诸军平叛。元军在土拉河和鄂尔浑河连胜叛军。昔里吉等败退到吉利吉思。至元十五年，元军在唐麓岭（今唐努山）以南巡弋，渐渐形成对吉利吉思的军事包围。

至元十六、十七两年（1279、1280年），双方接连交战，元军一度进至位于叛王巢穴的兀速水（今叶尼塞河上游支流乌斯河流域）、谦河（今叶尼塞河上源）一带。这时叛军已失去继续作战的能力，连叛王中最强盛的脱帖木儿，士气低落，于是叛王之间发生了内讧，撒里蛮和昔里吉互相攻杀。至元十九年，他们先后赴阙谢罪，长达七年的昔里吉之乱遂告结束。

大概就是在收复斡端之后，海都再次向元廷表示愿意和解，遣回了在窝阔台兀鲁思拘禁的石天麟和安童。至元二十一年（1284年）三月，那木罕、安童相继回到漠南，但元朝不甘心轻易放弃天山南路，海都方面没有获得预期反应。

至元二十三年（1286年），海都以偏师袭击阿勒台山地区，自率主力由阿力麻里东进，在马纳思河（今玛纳斯河）和元军交战，打败元军，掩杀至哈密力之地。畏兀儿亦都护火赤哈儿这时屯驻于哈密力，战死。后来亦都护移治甘肃永昌，海都不久退回。元军重戍于畏兀儿之地，斡端重新回到元朝控制下。

元朝统一后是怎样巩固统治的？

元朝前期的社会经济，为元政府强化自己的统治提供了物质基础。元王朝的统治秩序进一步确立与巩固。

元王朝立国的根本之地就是元朝政治中心大都和上都等地。这个地区是蒙古、探马赤军的镇守重点。淮河以南广大地区，主要由新附军、汉军戍守，亦掺以蒙古探马赤军，以相互制约。其中临江沿淮之地，是联结位于南方经济重心和北方政治中心的关键地带，因此是南方戍守的重点。

海运的开辟和大运河的贯通，则从经济上使北方和南方紧密地联合在一起。为了加强中央对地方的行政控制，至元二十年（1283年）前后，元廷改变了过去以行某处省事系衔派往地方行使中书省职权的做法，将行省从中央政府的派出机构转变成最高一级的常设地方行政机构。

蒙古军和汉军军户，占有四顷免征赋税的“赡军地”。蒙古军户所占有的这部分地产，主要来自政府分给他们的荒芜田地。他们自己并不直接从事农作，而将这些农田出租给汉族佃户，或者由依靠他们的驱户及农业农户耕作，大量蒙古军户由此转化为中小地主。不过因为不善经营，其中也有很多人很快又丧失了手中的土地。元代农业生产的直接承担者，仍然主

元代雕像

要是小土地自耕农以及国有土地和私有土地上的佃农。

元朝初期农民起义知多少？

元十三年（1276年）至二十年，福建有畲族女豪杰许夫人、陈吊眼及黄华先后起义，他们或用南宋年号，或与南宋残部相联合，这些斗争多少是在恢复宋朝的政治口号下开展的。

至元二十年（1283年），南方各地发生的起义二百余起，其中以广东爆发的黎德、欧南喜起义规模最大，有舰八百艘，兵众达二十万。二十四年（1287年），福建又有畲族钟明亮的举事，他拥众十万，声势浩大，起义持续五年之久，才以失败告终。

二十六年（1289年），江南发生的起义达四百余处。二十九年（1292年），广西僮族土官黄圣许起兵反元。这期间发生在边远少数民族地区的许多起义，反映出元朝统治深入边徼之地，是伴随着沉重的民族剥削和压迫而实现的。这一时期由于忽必烈连年用兵海外，徭役异常沉重，民不能堪，所以江南人民起义如此之多。不过这些起义，大多局限于较小的地域范围，相互之间也很少联系，因此往往在较短的时间内就被元政府镇压下去。这时的社会民族矛盾和阶级矛盾，总的说来并没有达到十分尖锐的程度。

元朝时期汗位争夺激烈的原因是什么？

元成宗有好几个儿子，只有德寿太子为卜鲁罕皇后所生。大德九年（1305年）六月，成宗在病中册封德寿为皇太子。甫半年，德寿先于成宗去世，无后。后来仅一年，成宗也去世了，生前未再立皇太子。由于缺乏明确的法定继承人，更激起汗位觊觎者之间的激烈角逐。

按照蒙古旧俗，大汗去世后，理应由皇后摄政，主持召开选立新汗的忽里台大会。但卜鲁罕企图控制朝议以遂其私的行动表明，元皇朝确立的中央集权官僚政治体制，已在很大程度上腐蚀了漠北旧制。处于皇权制约的官僚中枢的权力，在皇权暂时中断的情形下不但没有消失或弱化，反而对整个政治结构具有了更关键的影响力。最终掌握这种影响力的右丞相哈剌哈孙，数年以来一直处在忽明忽暗地与卜鲁罕相对立的地位，现在成为阻止卜鲁罕掌权的重要因素。

成宗去世后争夺汗位的双方是谁？

成宗之后卜鲁罕在大德后期干政很多年，与枢密院、中书省里的许多回回大臣深相结纳。他们与皈依伊斯兰教的成宗堂弟、安西王阿难答之间，也有非同寻常的关系。后来仁宗甚至宣称阿难答与成宗后有私通关系。因此卜鲁罕计划内而操纵朝议，外而倚重阿难答手中的兵权，临朝称制，并任用阿难答辅国。而阿难答本人也因为手握重兵，欲以世祖嫡孙的身份争夺皇位。双方为了共同对付出镇漠北的海山和他弟弟爱育黎拔力八达而结为同盟。

元朝建筑——洪洞关帝楼

为了试探舆情，卜鲁罕等人多次召集馆阁会议。朝中汉人儒臣大多对回回势力集团心存戒心，所以往往持冷淡态度。

海山兄弟是争夺皇位的另一方。海山长年总兵北边，在大德年间与西北藩王的多次硬仗中战功卓著，又是真金嫡孙，很受漠北作战过的诸王将领的拥护；海山兄弟爱育黎拔力八达则雅重儒术，从成宗朝起就在身边聚集起一部分汉人士大夫或倾心汉文化的色目、蒙古侍臣，被南方和中原汉族士人看成振兴文运的希望所在。

戍守和林的海山接到成宗去世的消息后，曾准备立刻离开大军回朝。大德十一年（1307年），率领军队自金山前线东返的海山抵达和林，召集岭北诸王勋戚大会，杀害与阿难答通谋的合赤温后王也只里，与会宗亲大臣合辞劝进。

海山这时已获悉答己与爱育黎拔力八达先到大都，决定在和林窥视动向，他依靠手中握有重兵，因此对于帝位，志在必得。与阿难答、卜鲁罕和海山相比，爱育黎拔力八达的最初行动最值得质疑。他的汉族侍臣们尽管从中原王朝立嫡立长的皇统观念出发，把阿难答称为“庶子”，但即使作为真金嫡传、次序居长者也应该是海山。如按蒙古传统，则新君当选又必持强大的军事实力当做后援，这也是爱育黎拔力八达根本缺少的。

成宗去世后争夺汗位的结果是怎样的？

大德十一年（1307年）二月下旬，答己母子回到大都。爱育黎拔力八达立刻派李孟装扮成医生，入皇宫探视称病坚卧的哈剌哈孙，取得秘密联系。

卜鲁罕这时已定在三月初三御殿听政，并谋以伪贺爱育黎拔力八达生日拘禁答己母子。直到此时，爱育黎拔力八达仍意存观望，在幻想等海山带兵到京再行举事。李孟唆使卜者担言以祯吉，爱育黎拔力八达这才决定行动，在阿难答发难前一天，从大都郊外寓所秘密驰入禁中。哈剌哈孙诈称海山遣使至京，约卜鲁罕、阿忽台、阿难答等入朝议事，遂将他们全部拘捕。

爱育黎拔力八达以实力最弱的一方能除掉对手，关键在于他取得了朝廷官僚中枢的支持和配合。最早以清君侧的名义进入宫廷的爱育黎拔力八达，一旦清除卜鲁罕集团之后，禁不住对唾手可得的皇位产生垂涎之心。

面临海山强大的军事威慑，答己母子及大都诸臣被迫改变最早的想法，表示宗王大臣推戴之意。大德十一年（1307年）五月，海山会答己、爱育黎拔力八达在上都，在忽里台大会上就任新汗，为武宗。

武宗执政时期是怎样进行财政改革的？

大德十一年（1307年）九月，武宗曾经下诏立尚书省，以教化、脱虎脱、法忽鲁丁立省政，俾其自举官属，并铸尚书省印。因为遭到御史台的强烈反对，这项诏令好像没有实施。于是武宗才决心任尚书省整顿财用，最初由中书右丞相乞台普济兼任尚书右丞相，不久又提拔脱虎脱出任此职，与三宝奴、乐实等人一起受信用之专，主持财政改革。

至大二年（1309年）九月，发布新钞，以新币一两准至白银一两、元钞五贯、赤金一钱。按官方原定的兑换价格，以至元钞二贯准花银入库价一两、赤金入库价一钱。因此，新币的发行，事实上是通过由政府命令宣布至元钞贬值一倍半的方法，把通货膨胀的患害转嫁到私人用户身上。

新钞发行后，面额一贯的中统钞只抵至大银钞一两的二十五分之一，名实严重不符，因此颁行到大银钞同时，废中统钞，限一百日内赴库倒换。至大银钞的面额，有以文、十文、百文、两计者，共十三等。以文为单位的通货作为小额辅币在民间日用品的零售方面使用极其广泛。但厘钞因为流通非常频繁，最易昏烂，既不便于民，印刷和发行也不经济。似乎就是出于这些原因，至大三年（1310年）正月，元廷又决定行用铜钱，发行“至大通宝”，其一文准至大银钞一厘，并以历代铜钱与至大钱相参行用。在币制改革的敏感时期，以行用信誉稳定的金属辅币来平抑小额零售商业领域内物价的过份波动，应该是一项具有积极意义的经济措施。

元朝统治走向更衰败的原因有哪些？

伯颜秉政长达7年。在当时民族矛盾、阶级矛盾日益尖锐的形势下，元朝统治出现了严重的动荡不安。为了在这种不稳定的社会条件下取得个人权利的绝对稳定，伯颜推行了一系列措施。

第一，排斥汉人和南人，加强民族压迫措施。他下令禁止汉人、南人学习蒙古、色目文字，用来阻止他们参与政权机关的管理活动，并于至元元年（1335）宣布废除科举，以防止汉人、南人通过科举入仕。在中书省以内，汉人、南人遭到从来没有的排斥。至元二年以来，只有许有壬、王懋德、傅岩起分别担任过参知政事和左丞，其中许有壬为了争论废科举事，丢掉了参知政事的职务。当至元三年先后爆发河南棒胡起义、广东朱光卿后，伯颜竟提出杀王、张、李、刘、赵五姓汉人的主张，尽管这一荒谬的建议无法执行，但是已暴露出伯颜集团对汉人、南人的歧视和仇视心理。与此同时，对汉人、南人还实行了刷马匹、禁军器等防范措施。

第二，对蒙古统治集团内部的异己者实行排斥、打击。伯颜出生于蔑儿乞部，该部曾被铁木真打败，部众大多被俘为奴，故伯颜幼时曾为剡王彻彻秃家奴。剡王彻彻秃为宪宗蒙哥第三子玉龙答失之孙，立有战功，地位显赫。

第三，滥发纸币，大肆敛财。至元三年（1337年）发行纸币75万锭，比至顺三年（1332年）增加50%以上。伯颜把大量钱财据为己有，仅得赐田一项就达1万多顷。

由于伯颜倒行逆施，使整个社会动荡不安，四川、湖广、江浙、江西等行省农民起义和少数民族起义接连不断。至元三年（1337年）正月，广州增城县民朱光卿发动起义，钟大明、石昆山率众响应，称“大金国”，改元“赤符”；四月，归善县民谭景山、聂秀卿私造军器，以宗教

为号召，拜戴甲为定光佛，并与朱光卿联合，朱光卿虽被镇压，但其余部一直活动了长达三年。

太师脱脱是怎样推行新政的？

伯颜被放逐后，妥欢贴睦尔命脱脱之父马札儿台为太师、中书右丞相，脱脱为知枢密院事，也先帖木儿为御史大夫。马札儿台对经商敛财比较热衷，半年后下台。至元六年（1340年）十一月，脱脱出任中书右丞相。当时天子图治之意非常密切，把大权交给脱脱，脱脱立刻大刀阔斧地废除伯颜“旧政”，推行一系列新政，史称“更化”。

自后至元末到至正九年脱脱复相的近9年时间内，妥欢贴睦尔雄才大略，大有中兴之意。其中前4年由脱脱主持更化政策，主要是废除伯颜的旧政，调整与汉族地主阶级的关系，巩固蒙古统治集团内部的团结，加强文治，这一目的基本上达到了；后来5年主要由妥欢贴睦尔亲政，新政的内容主要是加强廉政、完善法制、选拔人才，这一目的大体没有达到。

综观至正新政的内容，基本上没有触及解决财政危机、遏制土地兼并等更尖锐的问题。即使至正新政全部成功地推行了，也不能改变元朝整个政治肌体败坏、大厦将倾的局面，更不可能出现一个“中兴”的奇迹。

元朝时期是怎样治理黄河的？

至正四年（1344年）五月，大雨二十余日，黄河暴溢，受害地区十分广阔，是河患史上所罕见的。更因为政府没有采取果断治河措施，水势不断北侵。

比较严重的是，河患加剧了社会的动荡不安。赋役沉重且不均，这是造成广大人民不满的重要原因。此类情况，江南特别严重。

至正十一年（1351年）四月初四日，妥欢贴睦尔正式批准治河，下诏中外，命贾鲁为工部尚书兼总治河防使，发大名、汴梁13路夫15万人，庐州（今安徽合肥）等地戍军18翼2万人供役。四月二日开土，七月完成疏通黄河故道工程，开始堵塞黄河故道下游上段各豁口、决口，修筑北岸堤防，八月二十九日放水入故道。九月七日，贾鲁用船堤障水法开始堵水工程，到十一月十一日终于使龙口堵合，贾鲁在治河工程上取得成功。

元朝末年白莲教得到了怎样的发展？

白莲教来源于佛教净土宗的弥勒净土法门，得名于5世纪初东晋庐山慧远之白莲社。南宋初昆山（今属江苏）人茅子元创立白莲宗，就是白莲教。该教信奉阿弥陀佛，认为人死后可“往生”到西方极乐世界。该教要求徒众做到三皈（皈法、皈佛、皈僧）、五戒（不偷盗、不杀生、不妄语、不邪淫、不饮酒），主张素食。元朝建立以后，白莲教得到进一步发展。

元朝是怎样镇压红巾军起义的？

面对红巾军起义的浪潮，元朝廷加紧了对南人、汉人的防范。规定凡议军事，南人、汉人官吏必须回避。同时，元廷又用募捐、卖官等办法来求助于富豪巨商，组织和支持地主武装——义兵。河南罗山人李思齐和沈丘畏兀儿人察罕帖木儿纠集地主武装至万人，元廷授察罕帖木儿汝宁府达鲁花赤，李思齐汝宁府知府；淮东豪民王宣，募得丁壮达三万人之多，号称“黄军”。此类地主武装，农民起义地区处处皆有，他们配合元军，使红巾军遭到很大损失。

至正十二年（1352年）八月，脱脱亲自率领大军出征徐州芝麻李。九月，破城，元军进行大屠杀，芝麻李被俘杀，彭大、赵均用、彭早住等率余众奔濠州郭子兴。脱脱命贾鲁围濠州，元军撤围。彭早住称鲁淮王，赵均用称永义王，势力在郭子兴之上。十四年，彭、赵东去盱眙、泗州等地。

至正十三年（1353年）十一月，元江西行省右丞火你赤破瑞州，彭莹玉等惨遭杀害。十二月，南台御史中丞蛮子海牙、江浙行省平章卜颜帖木儿、左丞秃失里、四川行省参知政事哈临秃、西宁王牙罕沙等联合进攻天完政权都城蕲水，城破，天完政权四百多名官员被屠杀，徐寿辉等遁入沔阳湖和黄梅山中。

至此，南北红巾军经过最早两年的战斗，虽然摧毁了很多元朝地方政权，对元朝统治和各地地主富豪打击非常沉重，但敌人的势力仍然相当强大，红巾军又牺牲了彭莹玉、韩山童这样的杰出领袖，因而遇到了暂时的挫折。

陈友谅是怎样建立大汉政权的?

陈友谅出生在沔阳谢姓渔家，因赘于陈氏，故改姓陈，曾在县衙任贴书之职。元末兵起，与弟友贵、友仁聚众起义，投奔天完政权，充任倪文俊部下簿掾，累官到统军元帅。杀倪文俊后，夺得天完政权军权，率军重点讨伐东南。至正十七（1357年）年底，沿江而下，在小孤山大败元军。十八年正月，与赵普胜等联军进攻安庆，杀元淮南行省左丞余阙等。后来，连克瑞州、龙兴、吉安、邵武、建昌、抚州、汀州、赣州、信州、衢州等路。使天完政权成为南方各支起义军中实力最强、拓地最广的武装力量。但陈友谅与倪文俊一样，篡权野心很重。

这一年年底，又逼迫徐寿辉徙都江州，乘机杀害徐寿辉部属，自称汉王，改元天定。二十年五月，陈友谅挟徐寿辉占领太平。闰五月，在采石杀徐寿辉，自称皇帝，改国号为大汉，年号大义，仍以张必先为丞相，以赵普胜为太师，张定边为太尉兼知枢密院事。

陈友谅篡夺皇位后，赵普胜和徐寿辉旧部纷纷离去。而陈友谅则把矛头指向应天（今江苏南京）的朱元璋，企图联合已经降元的平江张士诚对朱元璋两面夹击。张士诚没有敢出兵。

元朝末年的大夏政权是怎样建立的?

陈友谅杀害徐寿辉篡夺政权后，天完旧将明玉珍宣布与陈友谅势不两立，在四川形成割据。明玉珍是随州（今湖北随县）梅丘里平林聚的农民。元末兵起后，明玉珍被当地富豪推选为屯长，组织武装结寨自保。至正十三年（1353年）冬，向徐寿辉投奔，被封为统军元帅，守沔阳。十七年秋，占领重庆，徐寿辉授为陇蜀行省参政。十八年，在普安（今四川剑阁）、广元大败李喜喜的“青军”，明玉珍为陇蜀行省左丞。十九年四月，攻克嘉定（今四川乐山），败元四川行省平章朗革歹等，杀右丞完者都，进克隆庆、成都、潼川。至此，元朝在四川的统治宣告结束。

二十一年七月，明玉珍称陇蜀王。二十三年正月，明玉珍称帝，国号大夏，改元天统，仿周制，设六卿。明玉珍曾经出兵云南、陕西、贵州等地，但大多都不能守，以后很少出兵，重于防守。二十五年，明玉珍更六卿为枢密院、中书省，以尚大亨、张文炳为知院，戴春为左丞相，万胜为右丞相，邹兴等为平章。二十六年

春，明玉珍因病去世。

红巾军起义发展的最后结果是什么？

这时淮西朱元璋已占领集庆（今江苏南京），势力向东扩展，朱、张双方在镇江形成对峙。至正十七（1357年）年，朱元璋军连克常州、长兴、江阴、泰兴、常熟等地，张士德在常熟被朱元璋军俘获。在腹背受敌、内外交困的情况下，张士诚接受元朝招安，妥欢贴睦尔降旨授士诚为太尉。

张士诚降元后，继续与朱元璋抢夺地盘，双方在江南地区大体上维持原来态势，但在鲁南、苏北、皖北一带，张士诚利用宋政权衰败的机会，把势力一直扩张到濠州、济宁一线。元廷为解决京师饥荒，在至正十九年九月，不惜把御酒龙衣

朱元璋像

赐给张士诚，以换取海运粮。从至正二十年到二十三年（1360～1363年），方国珍和张士诚，一个出船，一个出粮，每年海运粮11万石至13万石不等，运往大都，从而延长了元朝的反动统治。

自从至正十四年（1354年）高邮战役后，北南红巾军展开了规模更大的反元武装斗争。北方红巾军分兵三路北伐，对元朝在北方的统治给以沉重打击，并为南方红巾军的发展和朱元璋队伍的壮大创造了有利条件。

南方红巾军战绩辉煌，按实力本可担负起推翻元朝的历史重任，但陈友谅篡权后快速蜕变，最后众叛亲离，自取灭亡。北方朱元璋稳扎稳打，逐步扩大，最后终于在1368年正月初四登基，建立了大明政权。

元朝时期戏曲艺术的发展有什么新成就？

元代戏曲艺术有很大发展，元代具有创造性的文艺品种之一就是元曲。元曲包括戏曲（杂剧和南戏）和散曲，而杂剧以其内容上的现实性、艺术上的创造性，成为这个时代文学艺术的代表。

散曲分小令和套数两种体裁。

小令来源于唐末五代。通常以一只曲子为一首，和一首单调的词差不多，但可以将这只曲子再重复一遍，也可采用“带过曲”的方式，继续写一二个宫调相同而音律衔接的曲调。每句用韵，并加衬字，形成表达自由、腔格固定的特色。由不同曲牌同一宫调的若干支小曲联缀成套，称为散套或套数。

散曲共有六宫十一调，共十七宫调：中吕宫、正宫、南吕宫、道宫和黄钟宫；小石调、大石调、般涉调、南平调、商角调、歇指调、商调、双调、宫调、角调、

越调。

散曲曲调来源很非常广阔，有来自民间的“里巷之曲”，又有北方或者西域少数民族的“胡夷之曲”。元散曲是继承宋金人词，吸引少数民族乐曲和民间俗曲而形成的独具特色的新体文艺。

元朝前期著名的“元曲四大家”是谁？

杂剧是我国历代歌舞艺术和讲唱伎艺长时间发展而形成的新的戏曲形式。我国戏剧产生于唐代，自宋开始，少数大城市就曾建立勾栏、瓦舍，很所民间艺人在里面进行说唱表演。金中都的院本，就是宋代市民文学的继承和发展。元杂剧是在金院本和诸宫调基础上慢慢形成的。

元杂剧把宾白、歌曲、舞蹈动作融合在一起，实际上是一种综合性的戏剧艺术。它以唱为主，唱词由同一宫调的套曲组成，句尾入韵，并有白（念白）、科（动作）相配合表述剧情。每一出剧通常分为四折，剧前或两折之间可加“楔子”。演出时由一个演员（正末或正旦）演唱到底，其他演员只作配合的科白。

关汉卿像

关汉卿是最著名的剧作家，他被誉为“编修师首”，他共创作了63个杂剧剧本，现存曲目完全的12个，科目残缺的3个。其中《单刀会》《窦娥冤》《拜月亭》等有较高的艺术性和思想性。

马致远的《汉宫秋》、王实甫的《西厢记》、郑光祖的《倩女离魂》、白朴的《墙头马上》、纪君祥的《赵氏孤儿》等都是这个时代的名剧。明代以后被誉为“元曲四大家”的就是马、关、郑、白。

元朝时期诗歌的发展有什么新成就？

元初诗坛，北方以刘秉忠、耶律楚材、许衡等为代表，风格淳朴；南方如方回、宗江西诗法，代表元力主变宋代静细清新句法。

元代中期进入了元诗的繁荣时期。杨载、虞集、揭傒斯、范亨，号称“诗歌四大家”。他们的作品讲究典雅华丽，内容多为应酬闲逸之作，比较空泛。

这一时期，回回人马九皋、萨都剌的诗最为著名。特别是萨都剌的诗，敢于触及时事，表达自己内心的爱憎，如天历之战、南坡之变、黄河决堤、明宗暴卒、农民起义等等，均有诗篇反映，《江南怨》《鬻女谣》《征妇怨》等深刻暴露了官府的腐败和民众的苦况。

萨都剌的现实主义诗风为元代诗坛带来了新的风气，后来出现了许多现实主义的诗人和作品。萨都剌亦善词，他的两首寄调《满江红》的词——《金陵怀古》和《登石头城》就是豪迈而带感慨，抒情而又写景的好作品。

元朝时期绘画艺术的发展有什么新成就？

元代没有画院，画家大多是士人，因此摆脱了南宋画院形式主义的习气，逐步形成写意的画风。

元代书画的巨匠是赵孟頫。他提倡人物画要继承唐人的画法，山水画要学五代人巨然、董源。他作画精于木石、山水、人马、花竹，并以书法笔调写竹，用“飞石”法画石，自成清腴华润的风格。他的书法用笔骨力秀劲，圆转流美，世称“赵体”，他的书画对当时和后世影响很大。

回族人高克恭也是元代负有盛名的画家。在高克恭、赵孟頫之后，吴镇、黄公望、王蒙、倪瓒称“元四家”。吴镇善画山水竹木，笔力劲爽，墨气淋漓，能画出山川林木峥嵘郁茂景气。黄公望善画山水，颜色以浅绛居多，气势雄伟。王蒙为赵孟頫之甥，山水画融各家之长而独创一格。倪瓒之画常有很多题跋，抒发画家的胸中逸气。此外，任仁发善人物鞍马，钱选善人物花鸟，王冕善梅竹，著有《梅谱》一卷。

元朝时期全真道的发展状况如何？

全真道在金朝中期由道士王喆所创，他的七大弟子是追随他为发展全真道作出重要贡献的人。全真教宣扬儒、道、释三家合一，兼而修之，故号全真。

元代道教人物中最著名的应该是长春真人丘处机。丘处机是全真道创始人王喆七弟子之一。他曾经奉成吉思汗召请，远赴中亚。他去世后，全真掌教尹志平（1169～1251年）和李志常（1193～1256年）在促成本宗的全盛方面显示了经营大家的才干，在他们的主持下，全真道进行了几项大规模的活动。其中包括刊行道藏；为邱处机举行显耀的葬礼；在终南祖庭会葬祖师王喆，并扩建重阳万寿宫；大兴土木、广建宫观，乃至筑道院于和林；在广度门徒的同时，竭力争取朝廷的支持和信任。

为了争取道流正宗的地位，扩大传道手段，全真掌教尹志平决定让披云真人宋德方担任主持刊藏的职务。前后设经局27所，以管州（治今山西静乐）所存《大金玄都宝藏》当做基础，搜求遗佚，以及全真道人的著述，一并刊刻入藏。元刊道藏共计七千八百余卷，大概比《大金玄都宝藏》多一千四百卷。可惜道藏刊成后时间不长，便遭到蒙哥时代和至元十八年焚经之灾。

宋元时期的科技成就有哪些？

活字印刷术。北宋庆历年间，布衣（百姓）毕昇在雕版印刷术的基础上发明了活字印刷术。这种方法比雕版印刷更省工省力，成本比较低，所以很快便得到推广。毕昇最早用胶泥刻字，每字为一印，火烧使之坚硬，便于印制和存放。到元代，又改进为用木制活字。活字印刷术发明使用后，时间不长即传入朝鲜、日本、越南等国，欧洲则直到四百多年以后才开始使用活字印刷。中国人民对世界文明的重大贡献就是活字印刷术。

指南针。北宋时，已能用磁石磨成针以指示方向，这就是指南针。指南针已普遍用于航海等方面。当时有四种放针方法：一是放在指甲上，二是浮于水上，三是悬在丝线上，四是放在碗沿上，以第四种方法为最好。指南针最先传到阿拉伯地区，以后又传到欧洲。

火药发明于唐末。北宋初年，曾用来抗击辽军。从此火药得到普遍应用，北宋在开封设有专门制造火器和火药的官营手工业作坊。北宋末发明了爆炸性的“霹雳

炮”。南宋时，“铁火炮”和管状发射器“突火枪”又先后被发明，后来发展为用铜或铁作筒的“火铳”。南宋时，火药从海上传到阿拉伯，后来蒙古人和金人也相继学会了使用和制造火药武器。蒙古军西征时，火药又自陆路传到西方各国。

元朝时期天文历法方面有什么重大成就？

宋朝历法一共改了十九次，是中国历史上历法改革最频繁的年代。历法的不断改革，反映了天文学研究的进步。南宋《统天历》比较精确，它定一回归年的长度为365.2425日，比实际周期仅差26秒，和现代国际通用的公历完全相同，并且也比后者早了四百多年。

宋代的天文仪器制造也有所成就，发明了水运仪象台和计时的莲花漏。这一仪象台用水力发动，可以有节奏的按时转动，把观象测天和报时同时显示出来。

元代大科学家郭守敬，在数学、天文以及水利工程等方面都有很高的成就。他奉命修历，认识到修历的基本工作在于实测。他创造了仰仪、简仪和圭表等一系列仪器以助观测。其中简仪的设计很周密，在当时是非常先进的。这个仪器要比欧洲的同样仪器早三百年，他又在全国设立二十七个测景所，最北的北海测景所已在北极圈附近。他根据观测和研究，制订了《授时历》，这是中国古代使用最久和最精确的历法。

这一时期与天文历法有关的数学也有进步，出现了南宋的秦九韶、杨辉、北宋的贾宪和元的朱世杰、金的李冶等著名数学家。李冶《测圆海镜》、秦九韶《数书九章》、朱世杰《四元玉鉴》等都是世界闻名的数学著作，他们的许多成就都领先于欧洲好几百年。

元朝时期的医学成就有什么突破？

针灸学是这一时期突出的医学成就。北宋太医、针灸学家王惟一总结历代针灸家的实践经验，设计铸造了两个针灸铜人模型，在上面刻画穴位，标注名称；并将《图经》刻石流传，便利了针灸的实际操作和传授；又写成《新铸铜人腧穴针灸图经》三卷。金、元时期医学理论有很大发展，产生了四大学派，称为“金、元四大家”。四大家以元代的朱震亨和金代的刘完素、张从正、李杲为代表。他们的理论和医术，对中国医学的发展有一定的影响。另外，病因学、药学、法医学也有发展，出现了许多名著。

第十二章　明清历史（鸦片战争前）

明王朝的中央政府是怎样构成的?

朱元璋建国初期，仍承袭元制，设立中书省，综理政务。中书省有左、右丞相（正一品），左、右丞（正二品）等官。中书省下设六部，六部各有尚书（正三品）、侍郎（正四品）。这时六部是中书省的机构，尚书只不过是丞相的属员，丞相独揽大权，位于皇帝一人之下、百官之上。到了洪武十三年（1380年），因丞相胡惟庸专权揽政，企图谋反，朱元璋杀胡惟庸，废除中书省以及丞相，并且规定以后子孙不允许设丞相，臣下有奏请者处以极刑。

六部是中央政府中最重要的机构。六部各有尚书、侍郎。下设各司，以处理事务，都称某某清吏司，每司有员外郎（从五品）、郎中（正五品）、主事（正六品），皆为司官、属官。吏部为六部之首，因掌握用人大权，在六部中权威最高。

朱元璋把丞相废除之后，便设置殿（华盖殿、武英殿等）、阁（文渊阁、东阁）大学士，都是正五品，使侍左右，备顾问，并不参预政事，不过是皇帝的私人秘书，仅承旨办事而已。明成祖继承皇位以后，则特简胡广、解缙、杨荣等七人入直文渊阁，才能参预机务，称为内阁学士，渐升为大学士。

都察院为明代所设立，把历代相沿的御史台改为都察院，但不完全沿袭历代的御史台制。

大理寺是司法机关，主管平反冤狱、复审大案，长官为大理寺卿（正三品）。凡都察院和刑部问过案件，皆移送大理寺复审，听候发落。

明朝的地方行政机构是怎样设置的?

地方行政制度为府、省、县三级制。明初仍效仿元制，在各地设行中书省，在各行省设左右丞、平章政事、参知政事等官。

元朝的行中书省职权非常大，几乎无所不统，而布政司的职权则仅限于掌管财政、民政。到宣德三年（1428年），全国除南北两京外，共有十三个布政司，即山西、山东、陕西、河南、江西、四川、浙江、湖广、广东、福建、云南、广西、贵州，终明之世不变。

各省除布政司以外，又有都指挥使司，简称都司，提刑按察使司，简称按察司，合称为三司。按察司掌管监察和司法，设按察使一人（正三品），又设佥事（正五品）、副使（正四品），均无定员。按察使不仅主管一省刑狱，也兼有纠劾官吏之责，俗称为臬台或按台。副使、佥事的职务是分道管事，详见于下。都司掌管军政，设都指挥同知二人（从二品）、都指挥使一人（正二品）、都指挥佥事四人（正三品）。

省以下的行政单位是府，直隶于布政司。全国共有府一百五十九个。府有同知（俗称司马，正五品）、知府一人（正四品）和通判（俗称别驾，正六品）无定员，

推官一人（俗称司理或司李，正七品）。

府以下是县，全国共有县一千一百七十一个。县有知县丞一人（正八品）、县一人（正七品）、主簿一人（正九品）。

明朝是怎样巩固北部边疆的？

明朝初年，蒙古分裂为瓦剌、鞑靼和兀良哈三大部。永乐时，瓦剌和鞑靼不断发兵南侵，因而明成祖曾先后五次率兵亲征，给予了重大打击。

元朝被推翻之后，元朝皇族退回蒙古草原，最早仍保持元朝国号，继帝位者仍称皇帝，历史上叫做北元。到建文四年（1402年），开始废除元朝国号，改称鞑靼，皇帝改称可汗。永乐七年（1409年），明朝遣使与鞑靼通好，被鞑靼杀害。明即派兵讨伐鞑靼，被鞑靼打败。第二年，明成祖亲率五十万大军第一次北征，在今鄂嫩河沿岸打败鞑靼主力军，鞑靼归降明朝。明封鞑靼首领阿鲁台为和宁王。

瓦剌与鞑靼矛盾增加，曾攻杀鞑靼可汗，后来又准备进攻明朝。明成祖于永乐十二年（1414年）第二次北征，在忽兰忽失温（今乌兰巴托东）大败瓦剌军。瓦剌请降，明封其首领脱欢是顺宁王。鞑靼后来又兴兵南下侵犯明的边区，明成祖继续北征，鞑靼也都北撤，没有发生战斗。明成祖第五次亲征，是在永乐二十二年（1424年），他在归途中病死。

明成祖五次北征，打败了瓦剌和鞑靼，巩固了明朝的北部边防。兀良哈部在洪武时向明朝归附，明太祖朱元璋在其居地设置福余、朵颜、泰宁三卫指挥使司，让其首领担任指挥使。又封儿子朱权为宁王，镇守大宁，以控制兀良哈三卫。明成祖发动靖难之变时，恐宁王在后控制，即胁迫宁王入关，又借用兀良哈三卫兵从征南京。明成祖即位之后，迁宁王于南昌，因为兀良哈兵从征有功，便把大宁割给兀良哈，仍为三卫，这是明成祖的一大失策。明成祖以后，兀良哈三卫不断南迁，迁到今辽河以西地区，一方面对明朝叛服无常，一方面和明朝互市贸易，不时入边抄掠，成为明朝北部边境的不安定因素。

明朝是怎样加强对东北地区管理的？

为加强对东北地区的管理，明太祖先设立辽东都指挥使司，用来控制女真各部。以后明成祖于永乐二年（1404年）在黑龙江口特林地方，设立奴儿干卫。永乐七年（1409年），又在特林设置奴儿干都指挥使司（简称奴儿干都司），下面设许多卫、所，统辖松花江、黑龙江、乌苏里江流域及库页岛的广大地区。

明朝是怎样加强对西藏管理的？

洪武时，明朝在西藏设立两个都指挥使司，即朵甘卫都指挥使司及乌斯藏都指挥使司，又设有宣慰使司、指挥使司、万户府、招讨使司、千户所等机构，综理军民事务。永乐时，明朝还修了从雅州（今四川雅安）到乌斯藏的驿道，设置了驿站，西藏与内地的交通便利了。

明朝是怎样加强对西南地区管理的？

明朝在西南瑶、苗、彝、壮、傣等族聚居地区，仍沿袭元朝的土司制度，设立土官统治，任用当地少数民族的头人做土官。如四川、湖广（今湖南、湖北）、贵州、云南、广西等省皆有若干土官。土官的机构有宣抚使司、宣慰使司、招讨使司、安抚使司、长官司、蛮夷长官司等，设置宣抚使、宣慰使、招讨使、安抚使、长官等官。此外，又有土州、土府、土县等，设官同于一般府州县。凡土官机构或隶于都司，或隶于布政司，或隶于行都司。土官一般是世袭的，流官比较少，容易形成割据势力。有些土官图谋割据称雄，经常叛乱。

明朝的宦官专权开始于何时？

明太祖朱元璋鉴于唐、汉宦官专权之祸，曾经严厉禁止宦官干政。明成祖朱棣即位之后，开始信任宦官，不仅给以专征、出使、监军之权，而且设立“东厂”特务机构，由亲信宦官掌管，由此开了宦官干政的先河。

明英宗去世后，儿子宪宗即位。宪宗宠信宦官，在东厂之外另设西厂，命宦官汪直掌管，所领官校比东厂强百倍，掌东厂太监尚铭任其指挥，锦衣卫千户吴绶是他的爪牙，权势远在东厂及锦衣卫之上。汪直利用职权，多次兴建大狱，任意捕杀臣民，冤死者成千上万。

刘瑾又给吏、兵二部下令，凡遇进退文武官员，必先在刘瑾处详议。因而，吏、兵二部用人的权利，也由刘瑾所操纵。刘瑾专权期间，整个明朝官僚集团贪污成风，吏治败坏到了极点。刘瑾的家财有金1200多万两，银2.5亿多万两，仅银子一项就相当于明朝六十年的国税收入。

土木堡之变是怎么回事？

明英宗正统初年，蒙古瓦剌部逐渐强盛，其首领脱欢统一了鞑靼和瓦剌两大部，拥护原来元朝皇室后裔脱脱不花为可汗，自称丞相。正统四年（1439年），脱欢去世，其子也先继位，自称太师淮王。当时脱脱不花仅是名义上的可汗，事实上鞑靼和瓦剌两大部的统治权完全操在也先手里。也先不仅征服了北方蒙古各部，而且东破兀良哈三卫，侵扰辽东，威胁朝鲜，西攻哈密，控制西域要道，逐渐跋扈，成为明朝北方严重的边患。

正统十四年（1449年）七月，也先带领军队大举南下，攻掠大同。边报传到京师，王振不作充分准备，即挟英宗领兵五十万亲征。大军离开京城之后，北出居庸关，向大同进发。大军还没有到大同，兵士已缺乏粮草，饥寒交迫，死者满路。八月初，大军到达大同，王振得报前线各军屡败，因而惧不敢战，又立刻折回，回师至土木堡（河北怀来境），被瓦剌军追上，兵士死伤超过一半，英宗被俘，王振被护卫将军樊忠用锤打死，这就是所谓的“土木之变”。

土木堡的败讯传来，全朝为之震动，群臣聚哭，不知所措。有人建议迁都南京，以避瓦剌的兵锋。兵部侍郎于谦怒斥南迁之论，建议固守京师。他急忙调配军队赴京师守卫，又转运通州仓粮入京以备守城。于谦升为兵部尚书，就与大臣拥戴英宗弟郕王朱祁钰为帝（景泰帝），以稳定民心，全力抗敌。果然，时间不长瓦剌也先挟持英宗直逼北京城下，以英宗在手要挟明朝。于谦调二十二万大军分布于京

于谦

师九门之外，不接受敌人的威胁，他亲自领兵在德胜门外，然后关闭各城门，以示背城决一死战。瓦剌军主力进攻德胜门，被打得大败，也先之弟战死。攻其他城门也失败，也先只有挟英宗退走。英宗在也先手中已没有多大用处，于景泰元年（1450年）八月，被放回。这次北京保卫战的胜利和英宗的放回，于谦有很大的功劳。

明中期的农民起义知多少？

明中期以来，人口超重，农民失业严重，流民已达数百万，散布到十余省。

叶宗留，浙江庆元人，早在正统七年（1442年），便聚集千余人，进入闽、浙、赣交界山区采银矿。这里是封禁山区，叶宗留等被官府追捕，后出没于福建、浙江、江西边境地区结帮为匪，劫杀豪富，势力逐渐昌盛。邓茂七，福建沙县佃农，正统十三年（1448年），带领民众杀掉知县起义，自称“铲平王”。连下二十余县，并围攻延平府（今福建南平市），掠财巨丰，养兵达十余万人。但后来这两支起义军都为官军打败，叶宗留、邓茂七相继战死。

成化元年（1465年），荆襄流民在石龙（又名石和尚）、刘通（又名赵千斤）等领导下发动了起义，聚众数万。官军镇压，刘通被擒杀。石龙带领残部退入四川，后也被杀，起义失败。

成化六年（1470年），荆襄流民又在刘通的部下李原（绰号李胡子）等人的带领下，再度揭起义旗，多达百万。明政府调动大军二十五万，兵分八路围攻起义军。第二年，李原等兵败被俘，解送北京处死。到此，荆襄流民起义完全被镇压下去了。

刘六（刘宠）、刘七（刘宸）是河北文安人，杨虎是河北交河人。他们最早是打家劫舍、劫富济贫的绿林好汉（土匪），被称为“响马盗”，后于正德五年（1510年）十月，在霸州（今属河北）举行起义，率众数千人。文安县生员赵鐩也加入农民军中。第二年，农民军扩大到数万人，分两支活动。杨虎、刘惠（又称刘三）、赵鐩（绰号赵风子）等为一支，主要在河南一带活动；刘六、刘七、齐彦名等为一支，主要在山东、河北一带活动。

杨虎一支先是在渡小黄河（黄河故道）时，受到明军的袭击，杨虎不幸船翻溺死，于是民众推刘惠为首，赵鐩为副。刘六一支曾三次威胁京师，有五、六万人。正德七年（1512年），明政府大举镇压农民军，刘惠与赵鐩陆续死去，河南农民军失败。刘六等势单力薄，遂走湖北，在黄州（湖北黄冈）兵败，投水而死。刘七与齐彦名夺舟入江，顺流东下，直到南通州（江苏南通市）。后来齐彦名战死，刘七也中箭溺死。刘六、杨虎所领导的农民起义，宣告失败。

明朝农业的发展取得了怎样的成就？

万历年间，番薯传入中国，它的产量很高，每亩可得数千斤，所以传播得很快。高产作物的引进，耕地产出的增加，使中国土地对吃饭人口的承载能力大大提高，加上张居正的资本化改革，中国的资本经济迅猛发展。尽管上次内乱人口巨减，但是高产作物大大缓解了吃饭人口的压力，张居正主政时期，明朝出现中兴局面和资本主义萌芽的雏形。

这时农业经济作物的种植面积在逐步扩大，棉花的种植已遍布南北。美洲的烟草在明中后期由菲律宾传入，先传至广东、福建，以后波及长江流域等地。到了

明朝末年，北方大多也种植烟草。美洲的花生在明中后期也传入中国，种植于福建、江苏、浙江等地。花生是重要的油料作物，它的传入意义很大。

明朝手工业的发展取得了怎样的成就?

在手工业方面，冶铁业、纺织业、制瓷业等有了新的发展，这时棉纺织业已成为十分普遍的家庭手工业。

丝织业也比以前有所进步。苏、杭二府是全国丝织业的中心区，山西潞安府的丝织业也闻名全国。这时用的织机有提花机和腰机。提花机是最值得一提的，它的结构复杂，提花技术变化多端，能够织出各种繁杂的花纹，鲜艳美观。

这时冶铁技术有突飞猛涨的进步，炼铁不仅普遍用煤，而且使用焦炭。鼓风已经应用装有活门、活塞的木风箱，这是当时世界上最先进的鼓风工具。炼铁炉的容量也逐渐增大，例如河北遵化的大铁炉，高一丈三尺，每炉可容纳矿砂两千多斤。

这时制瓷业，特别是景德镇的制瓷业，技术多有革新。如瓷器施釉法有所改进，用吹釉法代替蘸釉法，施釉更加均匀光泽。这时印刷业也有进步，已经能应用铜活字印书。明代的中国科技文化又有了大幅度的提高，各个方面依然处在世界领先水平。

在农业和手工业生产水平提高的基础上，明中叶之后，商品经济有了很大的发展，已经超过了之前的任何时代。

明朝商业的发展取得了怎样的成就?

这时全国性的工商业城市，首推北京和南京，人口都在百万以上。手工业发达的城市，如苏、杭二州是丝织业的中心，松江是棉织业的中心，铅山（今属江西）是造纸业的中心，景德镇是拥有数十万人的瓷都，芜湖是染业的中心。此外，山西的潞安、浙江的湖州和西北的兰州等地都是纺织业的中心。河北的遵化、山西的平阳、广东的佛山都是冶铁业的中心。至于商业大城市更是多达三十余座，散布在运河两岸、长江两岸、东南沿海及其他地区。北方的工商业城市比较少，南方则占了绝大部分。明代城市经济的发展，明显是南北不平衡的。

由于工商业的发展，商业资本也十分活跃，在全国出现了更多的商人，他们在各地设立会馆，组织各种商帮。其中最多的是徽商，其次是江右商、晋商，再次是粤商、闽商、关陕商、吴越商。他们之中大部分都是中小商人，但也有拥资数万、数十万甚至百万的大商人，这些商人贩卖各种农产品及手工业产品。

随着工商业的发达，银代替了钞（纸币）、钱，成为市场上主要的流通货币。这时朝野上下普遍用银，民间不仅大交易用银，而且小交易也都用碎银。明政府的徭役、田赋、海关税、工商业税乃至国库开支、官吏俸禄，也大都是以银折价，以银计算。

郑和下西洋与欧洲远航有何不同?

郑和下西洋在世界航海事业上，做出了巨大贡献。郑和下西洋发生在地理大发现之前，比迪亚士在1487年发现好望角要早82年，比哥伦布在1492年到美洲要早87年，比麦哲伦在1521年到达菲律宾要早116年，比达·伽马在1498年到达印度卡里库特要早93年。

郑和下西洋的规模是无可比拟的。郑和的船队以宝船为主构成，此外，还有粮船、马船、战船、坐船等许多船只。无论

是军队人数，还是船只吨位，都是当时世界上最大的远征舰队。所到之处，当地国王都惊恐万分，以最高礼遇相迎。但是中国军队并不像欧洲那样，以占领、掠夺、屠杀和贸易为最大目的，而是一个和平舰队，一个传播先进文明的舰队。

郑和下西洋有什么重大意义？

郑和的宝船有九桅，张十二帆，大者长44.4丈，是当时世界上最大的舰船。而达·伽马去印度只有四船，约160人；哥伦布去美洲仅有三船，80多人；麦哲伦去菲律宾仅有五船，260多人，船都不大。这和郑和的船队相比，真是小巫见大巫。郑和七下西洋打通了从中国到东非的航路，把亚、非的海域连成一片，这是地理大发现前人类航海史上的伟大成就。

郑和下西洋促进了中国同亚、非诸国的和平交往，发展了中国同亚、非各国的经济文化交流。郑和下西洋是和平进行的，没有征讨和杀戮，如果有则完全出于自卫。郑和的船队在所到之处，首先向国王、头人等宣读皇帝诏书，赏赐大批物品，然后才展开贸易活动，甚至派小船往偏僻去处贸易。郑和的船队总是满载货物往返，主要以中国的手工业品换取各国的土特产品，载出的手工业品有瓷器、丝绸、铜线、铁器等等，载归的土特产品有奇货重宝及珍禽异兽等，如珊瑚、珍珠、香料、宝石、狮子、麒麟（长颈鹿）、鸵鸟之类。因为所载都是奇珍异宝，价值连城，所以郑和的船被称为“宝船”。

自郑和下西洋以后，中国沿海渔民和商人到南洋去的逐渐增多，把中国手工业品和进步的生产技术带到南洋各地，对南洋的开发起了巨大作用。

明朝时期倭寇之患何时最激烈？

倭是当时对日本的通称。明朝初年，日本正处于分裂混战的南北朝时期，一些封建主为了取得财富，便组织许多商人、武士和浪人，结成武装集团，到中国沿海一带进行劫掠骚扰和走私贸易，被称作倭寇。倭寇先是骚扰山东，以后渐次南下，经浙江、江苏而达于广东、福建沿海，杀伤居民，掠夺财货。但在明朝初年，由于沿海加强海防，倭寇不敢肆虐，没有酿成大患。倭寇为患最盛的时期，是在明世宗嘉靖年间。那时奸臣严嵩当权，政治非常腐败，海防松弛。如明初沿海防倭各军，每卫约五千多人，至此无一足额，甚至仅余一半，惟余老弱。

嘉靖三十二年（1553年），倭寇与徐海、汪直等勾结，率战舰数百艘，分路进扰江南、北及浙东、西，沿海数千里同时告警。嘉靖三十四年（1554年），倭寇流劫数省，并深入内地，攻掠芜湖、徽州、南京，所到之处挖掘坟墓，掳掠妇女，烧杀抢劫甚至更惨。有一股倭寇有七十二人，自浙江衢州、严州，过江西饶州，历徽州等地，而到南京。南京明军与之接战，死者八九百人，此七十二人不折一人而去。南京十三门紧闭，大小官员都登城守门，全城百姓也被点上城，虽然倭寇已退走，犹不敢解严。

明朝时期著名的抗倭将领是谁？

正当倭寇问题长时间得不到解决的时候，明军中有两位抗倭名将出现，就是俞大猷和戚继光。他们招募训练新军，依靠人民的拥护，终于平定了倭寇。

戚继光是山东蓬莱人，原在山东防倭，嘉靖三十四年（1555年），奉调到浙

戚继光塑像

江，镇守台州（今浙江临海）等地，时间不长便升为参将。

戚继光见卫兵不习战，乃招募矿夫和农民三千人，组成一支新军，亲自练成精兵，人称为“戚家军”。他又针对倭寇活动的特点及江南的地形，创造了一种鸳鸯阵法，将兵士十二人分为一队，用长短兵器相配合，以便短兵相接时，强有力地杀伤倭寇。嘉靖四十年（1561年），倭寇大举袭击台州，焚掠海边的圻头、桃渚。戚继光率军交战，连战皆捷，全部歼灭倭寇，浙东的倭寇被扫除。后来，福建方面的倭寇又不断猖獗，戚继光又奉命入闽剿寇。此时福建倭寇结大营于宁德的横屿、福清的牛田、兴化（今福建莆田）的林墩，互相声援。戚继光最先破横屿，又乘胜破牛田，然后袭破林墩，痛歼倭寇。倭寇三大巢穴全部荡平，戚继光班师回浙。

福建倭寇平定后，广东倭患二万余人，侵扰惠州、潮州一带。嘉靖四十三年（1564年），明廷让吴桂芳担任提督两广兼理巡抚，又命俞大猷为广东总兵，负责剿倭。在吴桂芳的拥护下，俞大猷招收山区农民以及矿夫组成新军，又调集大量官兵，先后大战于海丰等地，将倭寇擒斩殆尽，于是广东的倭寇也被肃清。至此，东南沿海的倭患全部解除，抗倭斗争取得了最后胜利。

明朝中后期侵略我国的殖民国家有哪些?

公元15、16世纪，西欧处于资本主义萌芽和成长时期。欧洲的探险家、商人及传教士们，都希望到东方来进行贸易与殖民活动，特别希望到中国和印度。

葡萄牙殖民者是最先来到中国的，当时明朝称之为佛郎机。

正德十二年（1517年），葡萄牙殖民者最先到达广东屯门岛（今宝安县南头附近），并在此建筑堡垒，大造火铳，杀人抢船，掠卖良民。正德十六年（1521年），明军收复屯门岛，驱赶葡萄牙殖民者。

葡萄牙殖民者得以窃据澳门，完全是明朝地方官吏傲慢、轻视对方的结果。但明朝政府并没有将澳门地方让给葡萄牙殖民者，中国澳门的主权仍在，葡萄牙殖民者每年缴纳地租银五百两，明朝政府每年在澳门征收税银二万余两。葡萄牙并没有骚扰中国边民之恶行，具有互惠互利的性质，因此就没有加以驱逐。

17世纪初期，葡萄牙、西班牙的海上势力逐渐衰弱，荷兰殖民者的势力突起，掌握了东方海上的霸权，占领了印度尼西亚的摩鹿加岛（今马鲁古岛）及爪哇岛等，同时也把触角伸进中国。万历二十九年（1601年），荷兰殖民者第一次闯入广

东沿海。天启二年（1622年），荷兰殖民者占领澎湖。天启四年（1624年），福建巡抚南居益派兵收复澎湖，大败荷兰殖民者。荷兰殖民者败走台湾南部，从此荷兰人把台湾南部据为己有。在此之前，西班牙人已占据台湾北部。1642年（崇祯十五年），荷兰打败西班牙人，独占了台湾，直到郑成功时，始被驱逐。

你知道阉党与东林党的明争暗斗吗？

万历在后宫几乎与大臣隔绝，所有章奏皆不答批。特别在晚年，官缺也多不补，以致内阁、部院各衙门多没有人，地方官也缺十之六七。万历二十二年（1594年），吏部郎中顾宪成罢官，从北京回到无锡。顾宪成倡议修复东林书院，遂与好友钱一本、高攀龙等在其中讲学，并在讲习之余，批评朝政，议论人物。当时不仅那些在野士大夫闻风响附，而且在朝的一般正派官员也遥相呼应。于是东林党人名声大著，其政治倾向是要求改良政治，反对矿监税使掠夺城市工商业者，反对宦官专权肆恶，反对宗室贵戚无限占田。

天启四年（1624年），东林党人杨涟最先上疏参劾魏忠贤二十四大罪状，一时群僚响应，著文章论魏忠贤不法。天启五年（1625年），魏忠贤大举反扑，逮东林党左光斗、杨涟、袁化中、魏大中、顾大章、周朝瑞六人下狱，借边事加以陷害，诬其曾受熊廷弼、杨镐贿。六人均在狱中死去，时称为六君子。天启六年（1626年），魏忠贤又兴大狱，逮东林党周顺昌、高攀龙、缪昌期、周起元、周宗建、李应昇、黄尊素七人。高攀龙投水而死，其余六人死在狱中，时称为后七君子。

诸官皆称魏忠贤为九千岁，甚至称为九千九百岁。浙江巡抚潘汝桢首先为魏忠贤在西湖建立生祠。由是四方效尤，魏忠贤生祠遍及天下。又有监生陆万龄请以魏忠贤配孔子，忠贤父配启圣公。崇祯帝继位后，始除掉客氏及魏忠贤，并清洗阉党。但东林党与阉党的斗争仍未停止，直到明朝才灭亡。

明朝末年大西政权是怎样建立的？

天启七年（1627年），陕西发生灾荒，饥民遍地都是，政府不仅没有粮食救济，而且国库空虚，要州县加紧征税。澄城知县张平耀严催赋税，于是王二团结数百个饥民，冲进县城，杀死张斗耀，揭开了明末农民大起义的序幕。

崇祯九年（1636年）秋，闯王高迎祥被俘处死，李自成由闯将变成闯王，但这时他的势力还不大，起义军中以张献忠的势力最强，实际成为支撑局面的主力。崇祯十一、二年（1638、1639年）间，在明军的进攻下，很多起义军先后投降了明朝，张献忠也在湖广谷城降熊文灿；李自成在四川北部梓潼打了败仗，退到陕南商洛山中，因此一时出现了起义军斗争的沉寂。崇祯十二年（1639年）五月，张献忠于谷城重举义旗。李自成也出山战斗，起义军又活跃起来。明廷急派大学士杨嗣昌督师襄阳，统兵十万，对张献忠大举进攻。张献忠奋力突破包围，进入四川，杨嗣昌也领兵入川追击。张献忠采用游击的策略，领兵疾走掠食，从崇祯十三年（1640年）七月到十四年正月，在半年之内，几乎走遍全川，但是当时粮食饥荒十分严重，张献忠四处运动掠粮。

崇祯十七年（1644年）正月，张献忠率兵进入四川，七月占领重庆，八月破成都，随后分兵四出，几乎占了四川的全

部。十一月，张献忠在成都正式建立国家，国号大西，年号大顺。

明朝末年大顺政权是怎样建立的？

崇祯十三年（1640年）秋后，李自成率领五十骑人马，经湖广郧阳到河南。此时河南正闹饥荒，所在饥民蜂起。李自成一入河南，饥民从者如流，农民军很快扩大到数万人。崇祯十四年（1641年）正月，李自成占领洛阳，杀死福王朱常洵，掘发福王府和富户金银窖藏赈济贫民，深得饥民支持，当时民谣“要吃粮，跟闯王，跟着闯王抢粮仓”。农民军发展到五十万人，号称百万。

李自成开始吸收知识分子入伍。如卢氏举人牛金星、河南杞县诸生李岩和宋献策等，都在这时加入农民军。李自成让他们做谋士，他们在农民军中起了两个重要作用，一是出主意，二是造舆论，对李部农民军有重大影响。李自成在李岩的帮助下，在河南明确地提出打土豪“免公粮”“均田地”的政治口号，极符合广大饥民减免赋税与得到土地的希望，因而很能鼓舞和号召群众。

崇祯十六年（1643年）夏，明朝命陕西总督孙传庭领兵出关，讨伐李自成。李自成亲率大军北上，在河南郏县与明军对垒，先出轻骑切断敌人粮道，然后围攻，斩杀四万多人。孙传庭退守潼关，李自成乘胜追击，破潼关，孙传庭战死，西安不战而降，起义军顺利进入西安。

崇祯十七年（1644年）正月，李自成在西安建立大顺国，年号永昌，进一步加强在襄阳初建的政权机构，设天佑殿大学士，用牛金星充任；增置六政府尚书，用宋企郊等人充任。又造新历，铸“永昌”钱。又开科取士，改八股文为散文。这时李自成有马兵六十万，步兵四十万。

大顺政权建立后是如何建立官制的？

李自成当了新皇帝，所建立的政权基本上仿照明朝政权的模式，其制度也仿照明朝的制度。中央主要官吏已就职，山东、河北、河南等地的有些官职已被任命，或已赴任。对明朝的原任官吏的处置，其办法也还可取，凡三品以上的大官一律不用，四品以下的官吏则酌情录用。明朝官吏有相当大一批先后被录用，如授外职的四百多人，授京职的三百多人。

李自成还在北京执行对明朝旧官吏严刑缴纳军饷的措施，其办法是按照明官职位的高低，规定不同的数目。共追回白银七千万两，很多交不够数目的清官被拷打而死。农民军将领们以个人喜怒行事，大概对明朝官吏普遍追饷，并且用刑拷打。这就使得明朝官吏谈之色变，导致不能争取更多的人支持新政权。

此时明军驻守在山海关的宁远总兵吴三桂有精兵四万人，在山海关以外的清军有二十万人。这两者都靠近北京，朝发夕至。李自成好像知道争取吴三桂之必要，也曾设法招降吴三桂。可是他的大将刘宗敏却霸占了吴三桂的爱妾陈圆圆，并逮捕了吴三桂的父亲吴襄进行拷打逼饷。其结果，招降不成，反倒促使吴三桂投降清朝。

吴三桂为什么会降清？

满清趁明朝内乱，开始占领明朝地盘。李自成进北京之前，清兵几乎已全部控制了辽西地区。明宁远总兵吴三桂退守山海关。李自成进北京初期，曾命吴三桂之父吴襄写信，由他派人到山海关招降吴三桂，并以银四万两犒赏吴军；另派将率二万农民军代吴守山海关。吴答应投降，即率军往北京。但行至滦州，听说爱妾陈

多尔衮朝服像

圆圆为刘宗敏霸占，就愤怒回师，击败李自成派驻山海关的守军，急派人向清兵求援。这时清兵正由摄政王多尔衮率领南下。四月十五日，行至翁后（今辽宁阜新附近），接到吴三桂求助书，多尔衮立刻回书答应，并许封吴三桂为“藩王”。1644年四月二十日，清兵到达连山（今辽宁锦西），吴三桂催兵之书再至，清兵马不停蹄。次日，在山海关外一片打败李自成将唐通部。又次日，即到达山海关。吴三桂出迎，十余万清兵快速入关。

李自成听说吴三桂不肯投降，并击败了他派去据守山海关的军队，即率精兵六万余人东击吴三桂，并挟持吴三桂之父吴襄同行。四月二十一日，到达山海关外，此时清兵也已抵山海关下。第二天，多尔衮先命吴三桂军与农民军激战，清兵自右翼突然进攻，大败农民军。二十六日，李自成率残军退回北京，下令杀死了吴襄全家三十余口。又命部属将金银辎重发运西安，自己于二十九日，在牛金星等下的策划下，在明宫武英殿即皇帝位。第二日，即逃离北京，农民军在北京前后共四十二天。

李自成西逃，路上数次被吴三桂军和清兵所败，又听信牛金星的谗言，杀掉正直多谋的李岩，部众人心涣散，失去战斗力，迅速走向失败。

努尔哈赤是怎样统一女真各部的？

女真族是满族的前身。女真族在明初分为海西女真、建州女真、野人女真三大部。明中期以后，三大部女真不断迁徙，到努尔哈赤起兵以前，按地域分作长白、建州、东海与扈伦四大部分。当时女真族各部群涌风起，皆称王争长，互相战杀，甚至骨肉相残。在这种混战的局面之下，人们渐渐产生了统一女真各部的要求，努尔哈赤就成为实现这一历史要求的英雄人物。

努尔哈赤统一女真各部的过程，大致分为三个阶段：

第一阶段，征服建州五部。从万历十一年（1583年）开始，努尔哈赤以祖上遗甲十三副、不满百人起兵，到万历十六年（1588年），即统一了五部。万历十七年（1589年），明朝晋升努尔哈赤为都督佥事。第二年，努尔哈赤即亲自入京朝贡及“谢恩”。

清太祖朝服像

第二阶段，打败九部联军及合并长白三部。努尔哈赤统一建州五部后，在万历十九年（1591年），又兼并长白鸭绿江部，引起其他部族不安。万历二十一年（1593年），以叶赫为首的蒙古三部（科尔沁、锡伯、卦勒察）、扈伦四部、长白二部（珠舍哩、讷殷）等九部联军，合兵三万兵分三路来攻，被努尔哈赤在浑河附近大败，努尔哈赤又乘胜消灭长白珠舍哩、讷殷二部。万历二十三年（1595年），明朝又加封努尔哈赤为龙虎将军。第二年，努尔哈赤再次赴京入贡及“谢恩”。

第三阶段，消灭大部分扈化四部及东海诸部。努尔哈赤最先于万历二十七年（1599年）消灭哈达，又于万历三十五年（1607年）灭辉发，于万历四十一年（1613年）灭乌喇，于万历四十七年（1619年）消灭叶赫。在兼并扈伦四部的同时，努尔哈赤又先后用兵于东海的库尔哈部、瓦尔喀部、渥集部，统一了东海诸部的主要部分。这样，从1583年至1619年，三十余年中间，努尔哈赤就基本上完成了统一女真各部的事业。

八旗制度是怎样建立的？

努尔哈赤在统一女真各部过程中，创立了八旗制度。八旗制度是由女真族氏族社会的一种牛录组织演变而来的。最早女真族凡出征狩猎，每人取箭一支，十人中设一首领，率领九人行进，此首领称为牛录额真（牛录汉语是“大箭”的意思，额真汉语是“主”的意思）。这种牛录组织不是固定的组织，只是遇到行猎及出征，才临时编制起来，事毕即散。牛录额真也不是常设的首领，乃是临时选举的指挥者，事毕即罢职。努尔哈赤起兵之后，征服及来归的女真部族日渐增多，即根据女真族的传统习惯和战争的需要，把原来的牛录组织加以扩充，逐步建立了八旗制度，用来编制女真族人民。

八旗各有旗主，由努尔哈赤的亲近子侄担任，称作八固山贝勒，也称八和硕贝勒。又有八固山额真，是旗主之下的总管大臣，由努尔哈赤的子侄及亲臣担当。努尔哈赤则为八旗旗主之上的最高君长。

清军入关后的第一位皇帝是谁？

清军入关以前，在明朝先进文明的影响下，满族社会处于正向封建关系飞跃发展的阶段。这一深刻而剧烈的社会变革，在统治集团内部引起了革新与守旧两派力量之间的斗争。清初推行的一系列弊政遭到广大汉族人民强烈反对，使两派之间的矛盾更加尖锐。

李自成败退后，多尔衮领兵直趋北京，凡所过之处，都宣布定乱安民，勿杀勿掠，因而州县官民，皆开门迎降。1964年五月二日，多尔衮到北京，明文武官员皆出迎五里外。多尔衮由朝阳门入宫，登武英殿受朝贺，下令兵士勿入民家，秋毫无犯。

多尔衮既入京，即商议迁都，遣官往盛京迎顺治帝。九月，顺治帝自盛京出发，进到山海关，经通州，抵北京。十月一日，顺治帝祭告天地，登皇极殿，即皇帝位，昭告天下，定都北京。

清军入关初期是怎样稳定政权？

清兵入关初期，为了稳定政权，曾颁布一些安民措施。其一，明官吏降附者，各予升级，仍令视事。明朱姓诸王，亦仍保留王爵。其二，赋税除正额之外，一切加派如辽饷、练饷、剿饷，尽行蠲免。其三，为明崇祯帝发丧，令官民服丧三日。凡明诸帝陵，皆设官守护。明朝后期的

厂、卫诸弊政，都一律废止。其四，礼俗衣冠暂用明制，汉人薙发与否，听从其便。这样的政策对争取中原地区汉族的人心起了非常好的作用。

可是仅过两年，清政府的政策突变，开始强制推行一些民族压迫政策。其中主要有“衣冠、剃发、投充、圈地、逃人”五事。剃发即“剃头”，是要征服区的汉人剃掉头发，服从满人习俗。衣冠即更换明朝衣冠，从满人服饰。圈地即“圈田”，是把畿辅五百里内汉人的田地圈占给八旗将士。三次大规模圈田，共圈占田地十六万余顷。名义上是圈占明朝勋戚、皇室的庄田，实际上这些田地已在农民战争中归于农民所有。此外，还有很多自耕农的田地亦被圈占。“投充法”，凡在京城三百里内外，八旗庄头以及仆从等，将各州县村庄汉人逼充奴隶，特别是各色工匠被逼投充。但汉人废除奴隶制已经两千多年了，被强迫做奴隶的汉人陆续逃跑。奴隶在满清入关之前一直是部落奴隶制度，所以清朝制度“逃人法”，就是满洲贵族的奴隶有逃走者，“将逃人鞭一百，归还原主”，“邻右九家、甲长、乡约各鞭一百，流徙边远”。隐匿逃人者，也要治罪。此外，在战争中还多次发生屠城之事。这样政策的实行，更加剧了民族矛盾和斗争。

清朝初期的“三藩之乱”有什么危害？

清初，利用明朝降将来镇守南方：平西王吴三桂驻在云南，平南王尚可喜驻在广东，靖南王耿精忠驻在福建，称为三藩。三藩当中，吴三桂的势力最大，兵力不下十万。因此，清廷对他颇有顾忌，一切都不敢过问，假以专制云、贵两省的大权。当时清政府所给云、贵两省督抚的敕书，都要写上“听王节制”四个字。吴三桂可以随便替补官吏，号曰“西选”。凡是朝廷所选文武官至云南，吴三桂就派人加以收买，以为己用。

三藩各据一方，形成独立的王国，严重地威胁着清政府的统治。三藩的存在，每年要耗费官府兵饷二千多万两，在经济上也成了清廷沉重的负担，所以，清廷考虑撤藩。

清朝初期是怎样平定“三藩之乱”的？

康熙十二年（1673年）的春天，尚可喜请归老辽东，而想让其子尚之信继续留驻广东。康熙帝抓住这次机会，即命其父子率领属下和兵丁家小同撤。吴三桂、耿精忠听说后，也奏请撤藩，目的是想试探朝廷的态度。当时朝中大臣都畏惧吴三桂的武力，多数人不敢主张应允撤藩。而康熙帝却毅然作出决定，吴、耿二藩也一齐撤掉。

撤藩之令既下，吴三桂首先在这年的十一月杀死云南巡抚朱国治而反，自称天下都招讨兵马大元帅，蓄发，易衣冠，发布檄文，倡言“兴明讨虏”。吴三桂军从云、贵两省直入湖南，长驱到岳州，占领湖南全省。吴军又分军进入四川，四川的提督、巡抚和总兵先后投降。从此，云南、贵州、湖南、四川四省都落入吴三桂之手。响应吴三桂叛乱的还有福建的靖南王耿精忠和广东的平南王尚之信。此三王的叛乱，史称“三藩之乱”。另外，广西、陕西、湖北、河南等省的军政官长也陆续响应叛乱。这样，中国的西南部和东南沿海地区及中原、西北的大部分地区也都混乱起来了。

以吴三桂为首领的联军内部勾心斗角，矛盾重重。而且吴三桂一开始就在战略上犯了保守主义错误，本来他以锐不可当的功势占领湖南全省，但却立即收住了攻势，在沿江布置防御工事，与官军对抗。一方面，他遣兵长沙犯江西，企图与耿精忠合，另一方面从四川犯陕西，企图与陕西提督王辅臣会合。

这样一种打法，就给了康熙帝以调兵遣将、从容布置的机会。康熙帝在对付这一事变中表现出了他的雄才大略。他看出主要的叛变者是吴三桂，所以他的对策是坚决打击吴三桂，决不予他妥协讲和的机会；而对其他的叛变者却大开招抚之门，只要肯投降，既往不咎，以此来分化敌人，削弱吴三桂的势力，从而孤立吴三桂。在这个方针之下，康熙帝把湖南作为军事进攻的中心，命令勒尔锦等统领大军到荆州、武昌，正面抵抗吴三桂，并进击湖南，又命岳乐从江西赴长沙，来夹攻湖南。此外，康熙帝还放手利用汉将汉兵作战。

康熙十五年（1676年），陕西的王辅臣和福建的耿精忠先后投降清政府。第二年，广东的尚之信也投降了。吴三桂局促于湖南一隅之地，外援日削，而清兵已由江西围攻长沙，其失败之势已定。康熙十七年（1678年），吴三桂已经起兵六年，时年67岁，为排解胸中的苦闷，于此年三月在衡州称帝，国号周，大封诸将。不久就忧愤成疾，于八月病死。吴三桂一死，其势力就土崩瓦解。官军占领岳州、四川，开始进攻云贵。康熙二十年（1681年）冬天，官军进入云南省城，吴三桂的孙子吴世璠自杀。历经八年的时间。波及数十个省的三藩之乱，终于被平定了。

康熙帝时期是怎样统一台湾的?

郑成功去世后，他的子孙继续占据台湾，以恢复明朝为幌子，其实恢复明朝在大陆的统治地位已经不可能，只是在这种名义之下走向了割据为王的道路，但它却日益变成了全国统一的障碍。

康熙

康熙二十年（1681年），三藩之乱被平定，解决台湾问题的时机也成熟了。这年郑成功的儿子郑经死，诸子争位，长子被杀死，幼子郑克塽立。郑克塽时年12岁，大掌握在冯锡范与刘国轩的手中。康熙帝任用施琅为水师提督，进兵台湾。康熙二十二年（1683年）闰六月，施琅率战船三百，水师两万，攻打澎湖。一战而克，大获全胜。郑军两万士兵，二百只战舰全被击溃，守将刘国轩逃回台湾。郑克塽等人见大势已去，就向施琅投降。

康熙帝在台湾设立一府三县——台湾府和凤山、台湾、诸罗三个县，属于福建省。并在台湾设总兵一名，驻兵八千，在澎湖设副将一名，驻兵两千。康熙帝收复台湾，完成了台湾和大陆之间的政治统一，大大地促进了以后台湾的经济、政治与文化的发展。从此，台湾成了中国东南海上的重镇，有利于巩固和加强中国东南

沿海的国防，更有利于防御西方殖民势力的入侵。康熙帝统一台湾，其意义十分重大。

康熙帝是怎样平定准噶尔部叛乱的？

准噶尔部的首领叛乱，开始于康熙年间，继续于雍正年间，终结在乾隆年间，历时有七十多年的时间。清廷平定准噶尔叛乱，关系到国家对新疆、青海、西藏、蒙古的统一问题，具有十分重大的意义。

康熙初年，噶尔丹做了准噶尔大汗。他野心勃勃，首先把厄鲁特各部并入自己的统治之下，又征服了南疆的回部（今维吾尔族），成为控制今新疆、青海的庞大割据势力。他在康熙二十七年（1688年）向东推进，打败了喀尔喀蒙古，迫使喀尔喀十万多人南徙。噶尔丹成了清朝北部疆域的重大祸患。康熙帝一方面把喀尔喀部众安置在内蒙古北部放牧，另一方面命令噶尔丹退兵，让他归还属于喀尔喀部的牧地。但噶尔丹在俄罗斯的支持下，不但不听命于康熙帝，相反却继续东进，侵入内蒙古。在这种情况下，康熙帝决定讨伐噶尔丹。

康熙帝对噶尔丹展开了三次亲征。第一次在康熙二十九年（1690年），清军分左右两翼向其出击。右翼军在内蒙古乌珠穆沁和噶尔丹接触，作战失利，噶尔丹乘胜前进，深入乌兰布通（今赤峰市境），距北京仅有七百里，震动京师。左翼军则用优势火器击破了噶尔丹用万驼围成的“驼城”，噶尔丹军大败。第二次在康熙三十五年（1696年），清军在昭莫多（今乌兰巴托东南）大败噶尔丹，噶尔丹仅有数十骑逃走。第三次在康熙三十六（1697年）年，康熙帝亲自到宁夏对噶尔丹进行包围，噶尔丹穷蹙无计，饮药死去。

战争结束以后，康熙帝让喀尔喀诸部仍回原牧地，并把喀尔喀各部统一改编为旗，共分为五十五旗，旗设有扎萨克（旗长），由蒙古领主担任。雍正年间，喀尔喀又分为七十四旗；到了乾隆年间，因人口繁殖，增为八十四旗。从康熙开始，喀尔喀蒙古正式归附清政府，外蒙古地区完全由清廷管理。到了雍正、乾隆两朝，清政府又先后在乌里雅苏台（今蒙古国扎布哈朗特）和科布多（今吉尔格朗图）筑城，设定边左副将军驻守乌里雅苏台，设参赞大臣驻科布多来掌管喀尔喀蒙古的军政大权，从此成为定制。

噶尔丹死后，他的侄子策妄阿尧为大将军再次叛乱，清朝任岳钟琪为奋威将军，统兵讨伐。雍正二年（1724年）二月，岳钟琪发动突袭，罗卜藏丹津军大败，罗卜藏丹津逃到了准噶尔部。从此，清朝加强了对青海的统治。

清初是怎样解决沙俄侵占领土问题的？

16世纪80年代初期，俄罗斯的势力开始越过乌拉尔山，迅速向东方扩张。到17世纪40年代末期，西起乌拉尔山东到太平洋沿岸辽阔的西伯利亚地区就基本被其所吞并。此后，数次派遣匪徒闯进黑龙江流域烧杀抢掠，并先后占据了尼布楚和雅克萨两个地方，在此筑城据守。此时正值清朝顺治年间，清政府忙于国内战争，无暇顾及北方，所以使俄罗斯的侵略势力得以肆虐。

在平定三藩之乱以后，康熙帝亲自部署，准备驱逐俄罗斯的侵略势力。康熙二十四年（1685年），彭春、林兴珠等统兵三千五百人出征，水陆并进，大败俄罗斯军，毁雅克萨城而还。但俄罗斯军在清军撤退以后，又返回到雅克萨筑城据守。

康熙二十五年，萨布素等率军二千余人再次向雅克萨进攻，俄罗斯兵有八百多人死守不去，双方相持了三月之久。最后，俄罗斯损兵折将十分惨重，守城头目死在炮火之中，兵卒伤亡最后只剩下几十个人，雅克萨城危在旦夕。但就在这个时候，双方开始和议，康熙帝宣布撤围停战。俄罗斯派遣戈洛文，清廷派遣索额图、佟国纲等，在康熙二十八年会于尼布楚（今俄国涅尔琴斯克），签订了《尼布楚条约》。

条约用满、蒙、汉、俄、拉丁五种文字写成，其中最主要的是拉丁文本，因为双方的署名盖章都在这一文本上。条约规定：两个国家以格尔必齐河、外兴安岭和额尔古纳河作为分界线，外兴安岭以北属于俄罗斯，以南属于中国，额尔古纳河以北属于俄罗斯，以南属于中国。至于外兴安岭与乌第河之间的地方暂时存放，留到以后再作定议。又规定损毁雅克萨城，让俄人出境，以后两国商旅凡是持有文票（护照）的人，任其往来贸易不禁。这是中俄两国签订的第一个边界条约，这是一个相当平等的条约，它规定了中俄两国的东段边界，肯定了黑龙江和乌苏里江流域的广大地区都是中国的领土，黑龙江和乌苏里江也都是中国的内河。但在这个条约中，贝加尔湖东边的中国领土割让给了俄国，这是清政府在边界谈判中的失误。

直到雍正五年（1727年），双方签订了《布连斯奇条约》，规定中俄中段边界：以恰克图为起点，由这里向东到额尔古纳河，向西到沙毕纳伊岭（即沙宾达巴哈），以北属于俄罗斯，以南属于中国。布连斯奇条约签订以后，双方又在雍正六年（1728年），在恰克图签订了《恰克图条约》，这是谈判的总结果。条约共分十一条，主要有以下这些内容：在边界方面，再次肯定了《布连斯奇条约》中关于中段边界的划分，并且重申了《尼布楚条约》中关于乌第河地区作为待议区的规定。在贸易方面，规定俄罗斯商人每隔三年来北京一次，每次不得超过两百人，一切货物均免税。

此外，还可以在恰克图、尼布楚边界贸易，也不收税。在宗教方面，允许俄国派东正教士来北京传教，也可派遣留学生到北京学习满、汉文。

清朝时期的中央机构是怎样设立的？

清政府沿袭明制，仍然以内阁作为政府的中枢机关，任内阁大学士为宰辅，但事实上内阁的实权远比不上明朝。内阁是由皇太极时的文馆及内三院演变而来。天聪三年（1620年），皇太极设立文馆，后来改文馆为内三院，就是内国史院、内秘书院、内弘文院。入关后，清政府仿照明制，改内三院为内阁。后来经过几次反复，到了乾隆年间，内阁的体制才逐渐稳定并得到发展。

内阁主要官员定作大学士满、汉各一人，均为正一品；协助大学士满、汉各一人，均为从一品；学士满六个人，汉四个人，均为从二品。内阁大学士自定为正一品以后，遂成为有清以来最高的官员，就像历代的宰相，地位极为尊崇。清代也承袭了明代的票拟制，内阁的职务主要就在于票拟，这是内阁权力的集中表现。清朝初期官员奏事，公事用题本，私事用奏本，题需要印，奏本不需要印。乾隆前期往后，禁止奏本，一律用题本。所谓票拟，就是内阁有权代替皇帝事先阅读官员的题本、奏本，并可提出处理意见，写在一张小纸票上，然后呈送给皇帝裁定。这种内阁事先用小纸票标写批答之辞，就叫作票拟，也叫做票签。

大清邮政五彩麻质龙旗

中央机构又设有各部院衙门，分掌各方面的事务。其中最重要的有吏、户、礼、兵、刑、工六部。吏部主管国家文职官员的任免及考核，户部主管国家土地、户口、田赋、关税等事务，礼部主要掌管国家典礼及学校、科举等事务，兵部主管国家军事及武职官员的考核、任免，刑部主要掌管全国刑罚的政令，工部主要掌管各种工程事务。还有都察院，作为监察机关。有大理寺，是审理刑狱的机关。清朝和明朝一样，刑部、都察院、大理寺都称为“三法司”。凡是重大案件（斩绞案件），都需经三法司会勘，先经刑部审明，再由都察院参核，然后由大理寺平允，最后奏请皇帝裁决。

军机处设立于何时？

军机处的设立是清朝中枢机构的重大变革，标志着清代君主集权达到了顶点。军机处成立于雍正七年（1729年），刚开始名为“军机房”，不久改称为“办理军机处”，乾隆以后省去了“办理”二字，简称“军机处”。军机处的官职有军机大臣，俗称“大军机”，有军机章京，俗称“小军机”。军机大臣由皇帝从满、汉尚书、大学士、侍郎等官员内精简，有些也由军机章京升任。军机大臣之任命，其名目为“军机处行走”，或“军机大臣上行走”。所谓“行走”者，就是入值办事的意思。军机大臣没有固定人数，军机处刚设立时为三个人，以后增加到四、五人至八、九人，最多至十一人。军机章京最初也无定额，到嘉庆初年，开始定为满、汉章京各十六个人，共三十二个人，满、汉章京又各分两班值班，每班八个人。军机章京之任命，或称为“军机司员上行走”，或称为“军机章京上行走”。

军机处成立以后，议政王大臣会议在乾隆五十六年（1791年）被废止了，内阁成为只是办理例行事务的机构，一切机密大政都由军机处办理。军机处总揽军政大权，成为真正执政的最高国家机关。

军机大臣的职务也没有制度上的规定，一切都是由皇帝临时交办，所以军机大臣只是奉旨办事罢了。“只供传述缮撰，而不能稍有赞画于其间”，这些都充分说明军机处是皇帝的御用工具。

理藩院是一个怎样的机构？

理藩院是管理少数民族地区事务的机构，其体制同六部一样，地位列在工部的后面。职官只有尚书一人，左、右侍郎各一人，额外设侍郎一人，它的下边又有属官若干人，主要官员由满洲人和蒙古人担任，属官也有少数汉军旗人担任。理藩院的职务主管内外蒙古和青海、新疆、西藏等地区的蒙、维、藏族事务，如政令、爵禄、朝会、刑罚等。此外，理藩院也掌管一些外交事务。凡是和俄罗斯交涉的事情，都有理藩院办理。

内务府是一个怎样的机构？

内务府是主管皇帝家务的机构，其全称为“总管内务府衙门”，最高官员为“总管内务府大臣”，由满洲贵族的王公

大臣担任。内务府的职权很广，凡是宫廷的祭祀、典礼、财用、库藏、赏赐、服御、供应、建造、刑律等事，都归总管大臣所管。内务府由清代首创，是对历代皇帝家务管理制度的改革。在中国历史上，皇帝家务归宦官掌管，因此宦官往往能得到皇帝的重用，从而可以执掌大权，因此就出现了宦官专权之祸。而清代设立的内务府，则有大臣统领，革除了明代宦官二十四衙门，把宦官权力都归入内务府，让宦官从事洒扫之役。这就排除了宦官干政，杜绝了宦官专权。在清代，虽也有受到宠幸的宦官，但从未在政治上酿成大祸。

清朝时期的农业发展有什么成就？

清初荒芜的土地很极多，随到处都是可见，而到了康熙末年，则大部分被开垦耕种。因而耕地面积从由1645年的400余万顷，增加到1724年的680余万顷。

水利的兴修。康熙在位时，曾经大力举治理黄河，还兼治淮河、运河，同时又曾修治永定河。雍正在位时又修筑了江苏、浙江的海塘，使沿海地一带的农田免受海潮的破坏，这也是一项伟大的工程。

粮食亩产量的提高。如湖南、江苏、四川、湖北及东南沿海一带都是稻米高产区，一般亩产可达二三石，多的可达五六石甚至六七石。这时，高产农作物如玉米（即玉蜀黍）、番薯（俗称地瓜）的推广，对于粮食的增产产生了重大影响。玉米原产美洲，明朝中叶传到中国，渐次种植在南北的许多地方，到了清代，几乎种遍了全国各省。番薯也原产于美洲，明朝后期传到了中国，先是种植在福建等沿海地区，后来慢慢推广到北方，清代普遍种植在全国各地。玉黍的产量远远比麦类高，番薯亩产可达数千斤。

经济作物种植的扩大。如棉花的种植已普及全国各地，其中浙江、江苏、湖北、河北、河南、山东都是有名的产棉区，这些地方的棉花大量外销，甚至于种植棉花较晚的奉天地区（今辽宁），每年也有很多棉花运往关内。甘蔗的种植在福建、广东、台湾、浙江、江西、江苏、四川等地也很普遍，如广东有些地方种植甘蔗达到千顷，如芦苇一样茂盛，台湾也有蔗田万顷。明代传到中国的烟草，这时已普及全国各地。种桑养蚕事业也很兴盛，如浙江、广东、江苏一些地区，种桑养蚕已经成为农民的重要生产项目。经济作物种植面积的扩大，是商品经济发展的重要体现，同时也促进了商品经济的发展。

清朝时期纺织业的发展有什么新成就？

纺织业中的丝织业，在清代有突出进展。杭州和苏州是明代的丝织业中心，这时仍然保持其盛况。例如苏州东城“比户习织，专其业者不啻万家”。杭州东城更是“机杼之声，比户相闻”。江宁（今江苏南京）在明代没什么丝织业的名望，但是到了清代，丝织业却大为发展，已经超过苏州和杭州，成了最大的丝织业中心，这里缎子的织造十分出名。缎子的种类有很多，织缎的机器有一百多种名目。在乾隆、嘉庆年间，这里的缎机就有三万多张，其他织机还不包括在内。广州也是清朝新兴起的丝绸产地，所盛产的纱、绸、缎等都很名贵。特别是广纱的精美已经胜过了江宁、苏、杭，有“广纱甲于天下”之称。

棉织业也有很大发展。松江（包括上海）、无锡、苏州都是棉织业的核心地。松江盛产的棉布不仅数量多，而且质量也好，畅销全国各地，清政府经常在这里购

买棉布。如康熙在位时，一次就在上海县购买了青蓝布三十万匹。苏州的城乡普遍织造棉布，“苏布名称四方”，行销遍布天下。棉布的加工业，在苏州也很发达。如这里有很多专门经营棉布加工业务的字号出现，每一个字号都有工匠数十名，凡是漂布、看布、染布、行布，都有专人操作。无锡号称“布码头”，很多富商巨贾都在这里开设花布行，大量收购棉布运到苏北等地销售，每年交易不低于数百万。

清朝时期制瓷业的发展有什么新成就？

制瓷业也有新的发展，江西景德镇仍然是全国制瓷业的中心。景德镇的范围很大，除了官窑之外，还有“民窑二三百区，终年烟火相望，工匠人佚不下数十余万。”其繁荣程度超出了明代。这里民窑所盛产的瓷器盛销全国各地，并且大量运向国外。除景德镇以外，瓷器产地还有几十个地方，分布在数十个省。清朝的制瓷技术比明代更先进，主要表现在彩色瓷器的工艺水平有很大提高。清朝的五彩、青花、素三彩、珐琅彩和粉彩等都很出名，其中以粉彩和珐琅彩最为精美，驰名中外。

清朝时期采矿业的发展有什么新成就？

矿冶业也有进一步的发展，其中最有名的是云南的铜矿开采业和广东佛山镇的冶铁业。云南的铜矿开采，有官方商办的大厂，也有私人的小厂。大厂有矿工七八万人，小厂也低于万人。全省铜矿开采量最大时，每年可达一千多万斤，主要为北京和各省官府铸钱所用。佛山镇是铁器制造业的中心，有炒铁炉数十个，铸铁炉有百余，所铸造的铁器不但多而且质量又好。其中以铁锅最出名，不仅畅销国内各地，而且有大量运出国外。此外，制盐、制糖、造纸、印刷、造船等业也都有所发展。

清朝商业兴盛资本主义为何发展缓慢？

由于商业的兴盛，清朝出现了很多大商人。最大的商人是广东行商、两淮盐商山西票号商和等。其中，两淮盐商是享有特权的商人。因为，那时盐是清廷控制的商品，只有特许的商人才能售卖。两淮盐商取得两淮食盐的专卖权，可以赚取五六倍的利润，因而其富有可以千万两（银）计。票号是经营存款、汇兑、放款的金融组织，最先由山西人创办，后来山西人创办的票号普及各省，所以称为山西票号。山西大商人往往拥有资产数十万到数百万两（银），甚至于数千万两。因此他们有实力开办票号，而开办票号以后就更加变为巨富。广东行（即“十三行”）商也是清廷特许的商人，赢得对外贸易的特权，其资产也多达数千万两（银）。

随着社会经济的发展，商品经济的活跃，清朝的资本主义萌芽虽然有所发展，但仍然十分微弱。在中国当时的社会条件下，资本主义的发展遭遇了重重障碍。最重要的原因是人口太多。其次是政府对内实行了抑商重农的政策，对外则实行闭关锁国政策，严重地防碍了工商业和内外贸易的发展。再次是商业资本大部分用在购置土地上，很少投资于手工业生产。所有这些原因都是阻碍资本主义萌芽发展的根本原因。

清代中期各族人民起义知多少？

从乾隆到嘉庆年间，人口超重，农民失业严重，流亡饥民不断增加流亡饥民逐渐增加，全国各地许多民族，由逃租逃税

演变为反官府反地主的起义。其中主要的有如下几支：

乾隆六十年（1795年），湖南、贵州、四川三省的苗民起义。贵州松桃厅（今贵州松桃苗）苗民石柳邓首先最先发动起义，湖南永绥厅苗民石三保及乾州厅（今湖南吉首西南）苗民吴八月相继起而响应。这次起义继续了十二年这次起义持续了十二年，直到嘉庆十一年（1806年），才被平息。

在苗民起义的同时，湖北、四川、陕西一带又发生了白莲教起义。白莲教是民间的秘密结社，其教义是宣传弥勒佛下凡，人民可以得救。

嘉庆元年（1796年），湖北枝江宜都、枝江宜都人民在张正谟等领导下，首先举起义旗。接着，襄阳女艺人王聪儿（齐王氏）和姚之富等起而响应，不到两月，有众数万人。随后，四川达州（今四川达县）徐天德和东乡（今四川宣汉）王三槐冷天禄等也相继而起。次年，湖北起义军由姚之富、王聪儿率领分路进攻河南、陕西。嘉庆三年，作战失利，姚之富、王聪儿战死。此后四川的徐天德等继续斗争。这次起义共历时九年，席卷湖北、四川、陕西、河南、甘肃五省，到嘉庆九年（1804年）被平息。

嘉庆十八年（1813年），又爆发了天理教起义，天理教是白莲教的一支，又名八卦教。当时信徒很多，遍布河北、河南、山东、山西等省。北京林清和河南滑县李文成是主要教首。李文成和林清预定嘉庆十八年九月十五日同时发动起义，但因李文成行动暴露，被滑县知县逮捕入狱，群众遂提前起义，救出李文成，占据滑县城占领滑县城，号召四方。林清则按期行事，在北京南之黄村组织队伍，以二百人潜入城内，于九月十五日，在入教太监的导引下，分由东、西华门攻进清宫。由东华门入者因门急闭，仅进入十多人，其余被阻于门外散回。由西华门入者因未被阻，全队进入，聚攻隆宗门。时嘉庆帝在热河围猎未归，皇子旻宁（后来的道光帝）在宫内，以鸟枪射击起义军。镇国公奕灏则急调火器营兵千余人入宫，镇压起义军。起义军因寡不敌众而失败，林清在黄村被捕牺牲。现在故宫隆宗门的匾额上，还保存着一支当年农民军射入的箭头。李文成在滑县起初声势很大，后为清军击败后，退至辉县山中，自焚而死。

清朝时期为什么实行闭关锁国政策？

当时中国社会是自给自足的自然经济，不太需要外国货物，因而清朝统治者尽量限制对外贸易，把允许外国与中国通商看作是一种恩赐。如1793年（乾隆五十八年）乾隆帝在致英国国王书中说："天朝物产丰盈，无所不有，原不假外夷货物以通有无。特因天朝所产茶叶、瓷器、丝绸为西洋各国及尔国必需之物，是以加恩体恤，在澳门开设洋行，俾得日用有资，并霑余润。"这种看法便是中国自给自足的自然经济的反映。

清朝统治者保守自大，在世界形势已经改变的情况下，依然坚持传统的天朝大国观念，认为其他国家都是蛮夷小邦，西方国家的科学技术不过是奇技淫巧而已，抵不上中国的大经大法，所以看不到中国科技经济的落后和西方资本主义国家的进步，看不到中外科技经济交流的必要和好处。两千年来一直处于领先于世界文明的骄傲之心还一时转变不过来。

清朝统治者害怕西方资本主义国家前来侵害，又害怕中国百姓出海结聚外寇，所以把闭关政策当作是一种国防手段，主

要是用来对付外国侵略者。

清朝在统一台湾以前，曾经历行海禁政策，严禁商民出海贸易。同时对西洋商船的限制也很严，只许其驶泊澳门，在澳门进行贸易，并且规定大小船不得超过二十五只。这种海禁政策的实施，主要是为了对付郑成功及其子孙的海上抗清势力，并不是针对外国。1683年（康熙二十二年）清朝收复台湾后，逐渐放宽海禁，准许允许民间装载五百石以下的船往海上贸易、捕鱼，并开放广州、漳州、宁波、云台作为对外贸易港口，准许外国商船前来交易。

乾隆前期，针对英国等西方国家贪得无厌的要求，清政府又加强了对外贸易的限制，下令关闭除广州以外的其他通商口岸，并且颁行严格约束外国商人的条例和章程，这样便形成了所谓闭关政策。闭关政策历经乾隆、嘉庆年间，一直延续到道光时鸦片战争前夕。

清朝中后期的闭关政策有什么危害？

19世纪上半期的中国人口超重，失业率高得惊人，社会面临着全面危机。在这种状况下，内忧外患，政府无计可施，茫然无力。而西方野心侵略中国的国家开始拉拢中国的反政府力量，试图联合起来对付清朝政府。清朝政府在内部危机重重之际，为了防止外国势力与国内反对势力相勾结，实行了严厉的“闭关政策”，把中外接触限制在狭小的范围内，试图通过这种封闭办法来维持国家的稳定。而英国则极力要求中国开放港口和国内市场，为其工业品倾销打开道路。尤其是他们的鸦片贸易，试图向中国倾销，清朝政府予以坚决抵制。1793年乾隆皇帝在《致英王第二道敕谕》中说：“天朝物产丰盈，无所不有，原不藉外夷货物以通有无。”以委婉的方式予以拒绝了英国的无理要求。

闭关政策固然虽然是清朝政府在遇到外来威胁的情况下采取的一种民族自卫政策，在一定的时期内也起到了某种抵御外侵的作用，但从历史发展来看，它也存在很大的消极作用。实行这种政策的结果，不仅切断了中国与世界的联系，阻碍了中外的经济文化交流，而且严重地束缚了国人的眼界和思想，使中国经济更难以摆脱困境。

明清时期的哲学思想呈现出什么特点？

明清时期的哲学思想有很大发展，唯心主义与唯物主义的对立和斗争很激烈。明清时代的礼教纲常愈趋苛严，正统礼教的弊端也开始暴露。明朝中期出现了“西学东渐”近代科学的传入和资本主义的萌芽，大大地开阔人们的视野，为思想界注入崭新的时代气息。

明朝时期最著名的哲学家是谁？

明朝前期，程朱理学很流行，在思想领域处于统治的地位。至明朝中期以后，王守仁的心学兴起，一时影响极大。

王守仁

王守仁（1472～1528年），字伯安，余姚（今属浙江）人，曾结庐故乡阳明洞侧，世称阳明先生。他发展了南宋陆九渊的学说，主张“心外无物”“心外无理”“心明便是天理”。他又提倡“知行合一”与“致良知”。所谓“知行合一”，不是认识与实践的统一，而是知与行合二而一，知就是行，行就是知。“知行合一”说的宗旨，在于消除人们意念中之不善，以防祸于未然。所谓“致良知”者，即是要求人们从事于“去人欲，存天理”的修养。王守仁的学说在明后期广为流行，几乎有取代程朱理学的趋势。王守仁的著作由门人辑成《王文成公全书》三十八卷，其中的《大学问》和《传习录》为主要哲学著作。王守仁学说被称为王学，其学派被称为阳明学派或姚江学派。

明末清初的三大思想家是谁？

明末清初，有三大思想家，就是黄宗羲、顾炎武、王夫之。

黄宗羲（1610–1695年），字太冲，号南雷，世称梨洲先生，浙江余姚人。他反对宋儒“理在气先”之说，认为觉得“理”不是实体，只是“气”中的条理和秩序。他在政治上反对君主专权，对君主专权作了深刻地揭露，指出帝王把天下当作自己的产业，乃害民之贼；又指出帝王之法乃是“一家之法”，并非天下人之大法。此外，在经济上，他反对“工商为末”的传统观念，提出工商“皆本”之论。这种见解代表了工商业者的利益。

顾炎武（1613～1682年），字宁人，世称亭林先生，江苏昆山人。他在哲学上受到二程和朱熹的影响，可是他也赞成张载的唯物主义观点，承认“气”是宇宙的实体。他反对君主专权的政治，异常称赞《明夷待访录》一书，认为他的主张和《明夷待访录》相合者十之六七。他又反对理学，认为理学空言心性，那不是学问。他极力提倡“实学”，主张“经世致用”。

王夫之（1619～1692年），字而农，号姜斋，世称船山先生，湖南衡阳人。他在哲学上发展了张载的唯物主义观点，批判了宋、明以来的主观唯心主义和客观唯心主义，主张提倡“尽天地之间，无不是气，即无不是理也”。把中国古代的朴素唯物主义向前发展了一步。此外，他还提出了“耕者有其田”的主张，认为土地不是帝王的私产，是耕者所有，这个观点是很进步的。

明清文学的发展有什么新成就？

明清文学以小说最为发展。明代的小说最负盛名的是罗贯中的《三国演义》、施耐庵的《水浒传》、吴承恩的《西游记》。清代的小说最负盛名的是曹雪芹的《红楼梦》、蒲松龄的《聊斋志异》、吴敬梓的《儒林外史》。

《三国演义》的全称是《三国志通俗演义》，是一部长篇历史小说。其内容是根据陈寿的《三国志》、元代《三国志平话》和某些传说写成，系统而生动地描述了一百年间的主要人物和重要史实。此书的思想宣传正统主义，文字浅近，文笔生动，情节曲折，人物各有思想、情态，尤其是对于战争和策略的描述，至今还被兵家看作是“权谋”类兵书。

《水浒传》是一部描述北宋末年农民起义的长篇小说，其内容是根据《宣和遗事》及有关故事话本写成，书中创造了108个农民男女英雄形像，以梁山为根据地，四处掠夺富人和官府，这是中国古代少有的歌颂绿林大盗、描述土匪的小说。

《西游记》是长篇神话小说，是在民间流传的唐僧取经故事和有关杂剧话本的基础上写成。书中的主人公孙悟空曾大闹天宫，又保护唐僧历尽千山万水，到“西天”取经。此书想象丰富，视野广阔，蔑视社会道德秩序，歌颂造反精神，语言生动，情节曲折，是一部家喻户晓、老少皆宜的通俗小说。

《红楼梦》是一部杰出的长篇爱情小说，实际是以贾宝玉和林黛玉两位青年的爱情悲剧为线索，描述了清朝前期的官僚贵族和富商贾、史、王、薛四大家族的盛衰过程，反映了朝代循环周期中处于衰败时期的各种矛盾和斗争。书中对富豪的家庭生活进行了详细的描述刻画，对于一些善良人们的不幸遭遇给予同情。这是一部具有高度艺术性和思想性的著作。

《聊斋志异》是一部短篇小说集。全书以描述人与鬼、狐的关系为主要内容，写成若干故事。

《儒林外史》是一部以描写王朝后期儒生为主的长篇小说。书中描述了科举制度，谴责了一些追逐功名利禄的儒生的种种丑态，对于自食其力的人则给予同情。

明清时期戏剧也有很高的成就。最优秀的剧本有明代汤显祖的《牡丹亭》、清代洪昇的《长生殿》、孔尚任的《桃花扇》等。

《牡丹亭》是描写爱情故事的剧本。即杜丽娘和柳梦梅在梦中相会，杜丽娘醒后思念成疾，抑郁而死。后来柳梦梅打开她的坟，她又死而复生，经过同家长的斗争，二人终于结为夫妇。此剧又名《还魂记》。

《长生殿》描写了唐明皇（唐玄宗李隆基）和杨贵妃的爱情故事。剧中歌颂了他（她）们的生死不渝的爱情。

《桃花扇》描写了文人侯方域和秦淮歌妓李香君的爱情故事。

中国历史上最早最大的一部百科全书是哪部著作？

在图书典籍的整理和编纂方面，明代编有《永乐大典》。《永乐大典》成书于明成祖永乐时，由解缙等奉命纂修。全书为二万二千八百七十七卷，另有目录、凡例六十卷，装成一万一千零九十五册。全书收入古书七八千种，上自先秦，下到明初。《永乐大典》是中国历史上最早最大的一部百科全书式的类书，而且也是世界上最早和最大的一部百科全书。可惜这部名贵典籍在清末八国联军入侵北京时，已被焚烧殆尽，少量的被劫到国外。目前经多方访查整理，已由中华书局影印出版了七百九十七卷。

清朝对图书的编纂有什么贡献？

清代编有《四库全书》《古今图书集成》。《古今图书集成》一万卷，总目四十卷，共计一万零四十卷，清康熙时陈梦雷编，雍正时蒋廷锡奉敕重编。全书分为历象、方舆、博物、明伦、理学、经济六编，每编又分若干典，合共三十二典。这是中国现存一部最大的类书。

《四库全书》是清乾隆皇帝委派纪昀等许多著名学者编纂的，全书分为经、史、子、集四类，收入古书三千五百零三种，共七万九千三百三十七卷，装订成三万六千三百零四册，这是中国最大的一部丛书。书成后共缮写七部，现完整保存下来的只有四部。《四库全书》编成后，编者们又撰《四库全书总目提要》二百卷，仍以经、史、子、集分类，类下又分目属，每书皆摘举要点，考其源流得失，广泛地评价了中国的古籍，是阅读古籍入门之书。

第十三章　西方资本主义入侵与太平天国运动

鸦片战争以前中国经济结构的基础是什么？

鸦片战争以前，中国是被清朝政府统治着的一个独立的封闭国家。其时，尽管一些少数民族地区还停留在落后的社会发展阶段，但是长江流域及东南沿海一些地区已经出现了资本主义生产关系的萌芽，但就中国社会总体而言，家庭手工业和小农业紧密结合的自给自足的自然经济仍旧占着统治地位。与小农经济相对应的上层建筑、意识形态，依然是建立在这种经济结构的基础之上的。

“康乾盛世”后中国严重的社会危机是什么？

清朝经过“康乾盛世”后，人口再次急速膨胀，到18世纪后期达到饱和，经济步入衰退期。人口超重，农民无地可租耕，民饥而穷，经济衰退，财政拮据，军备废弛，社会危机四伏。虽然一些大官僚拥有广阔的土地，雇佣农民施行集约化经营来发展农业生产，但是粮食的增长永远也赶不上吃饭人口的增长速度，人多地少，农民失业现象非常严重，各地流民日益增多，人民饥苦而体弱，生活艰难困苦。“其得以暖不号寒，丰不啼饥，而可以卒岁者，十室之中无二三焉”。

无业流民的增多，由此带来的社会问题日益严重，社会矛盾日益尖锐，国家无粮救济饥民，下层饥民的反抗斗争不断爆发。1796年，鄂、川、陕等省发生了声势浩大的白莲教大起义，卷入民众数百万。起义军转战湖北、四川、河南、陕西、甘肃等地，政府调集了所能抽调的武装部队，花费9年的时间，镇压了这次起义。1813年，属于白莲教的天理教在河南滑县发动起义。

这些起义相继失败，这已经表明，像所有朝代一样，人口已经超重，土地的人均产出值已经达到将要快要崩溃的临界值，朝代的衰退已经不可挽。

清朝后期著名思想家龚自珍是如何批判清朝政治的？

清朝后期著名思想家龚自珍（1792～1841年）已经敏锐地看到了这一点，一针见血地指出：清朝已经“日之将夕”，处于大乱将起的“衰世”。他用犀利的笔调描绘出清朝政府江河日下的没落景象，说：“自乾隆末年以来，官吏士民，狼艰狈蹶，不仕不农不工不商之人，十将五六。自京师始，概乎四方，大抵富户变贫户，贫户变饿者。四民之首，奔走下贱。各省大局，岌岌乎皆不可以支月日，奚暇问年岁？”

龚自珍所描述的社会失业状况已经非常严重，“不仕不农不工不商之人，十将五六”，足见无地可租耕，无业可就的饥民比例高得多么令人吃惊。按照龚自珍的说法，已经超过一半人失业，如果这在欧洲，全面战争早已爆发了，中国人的亲情互助观念比较浓，总是能缓和社会矛盾的爆发，但是一旦达到崩溃点，爆发起来也是全面的。

中国衰落时西方资本主义国家的发展状况如何？

与中国处在趋衰周期形成鲜明对照的是西方资本主义国家的快速发展。英国在17世纪初期通过对外掠夺和贸易，已经开始对美洲和非洲大量输出人口，建立农业种植园，源源不断地向欧洲提供粮食，使欧洲的资本主义顺利发展，资本力量不断增强。到了17世纪中期，资产阶级开始替代封建贵族走进国家政治舞台。资本的发展，不断刺激科技的进步。18世纪后期又开展了工业革命，到19世纪，各主要工业部门都采用了机器生产，极大地提高了生产力，成为世界上头等资本主义强国。

在法国，爆发于18世纪末的资产阶级革命为资本主义发展开辟了道路，促进了产业革命的开展，使法国成为仅次于英国的资本主义国家。建国较晚的美国，在19世纪初，虽然它的工业不及英、法，但生产发展的速度较快，它步英、法后尘，积极向海外扩张。

在英国侵华的同时还有哪些列强紧随其后？

在英国东侵的同时，法国、美国及沙俄不甘示弱，也把侵略矛头指向中国和远东地区。1698年，法国商船“安菲得里蒂号”来华。1728年法国在广州设立商馆。美国在独立战争后着手开辟对亚洲的贸易。到19世纪初，美国趁因拿破仑战争封锁欧洲大陆和沿海港口，致使美国的国际贸易陷入困顿，于是转向对亚洲的贸易，尤其大力发展对华贸易，美国成为仅次于英国的对华贸易大国。在清朝前期，沙俄与中国签订了《尼布楚条约》等几个条约，确定了中俄两国的东段和中段边界，这并未能遏阻沙俄的侵略野心。尼古拉一世在位期间（1825～1855年），沙俄加快了对华侵略的步伐，多次派人深入中国黑龙江地区，刺探情报，违约入侵事件接连发生。

清朝政府是从何时禁止鸦片的？

清朝政府鉴于鸦片的危害，早在雍正年间就已下令禁止鸦片。其后，在嘉庆、道光年间，又反复重申禁令。

但是，英国鸦片贩子无视清朝政府的禁令，通过逃避检查、贿赂官员等方式，偷运鸦片进口，甚至凭借快船利炮，公开进行武装走私。他们用“快蟹”、”扒龙”（帆张三桅，左右快桨各二、三十，配备枪炮，航行快速的走私船）等特制快艇，从停泊零丁洋面的趸船起运鸦片，向广州、澳门等地走私。到19世纪30年代，走私范围又从珠江口扩大到东南沿海，甚至北及直隶和奉天海岸。

“东亚病夫”的民众形象是怎样形成的？

西方列强的鸦片输入给中国带来了巨大的社会灾难。鸦片吸食者往往“瘾至，其人涕泪交横，手足委顿不能举”，“故久食鸦片者，肩耸顶缩，颜色枯羸，奄奄若病夫初起”。1829年，吸食鸦片者已滋蔓至十几个省。据估计，到1835年前后，全国吸食鸦片的人数达200万之众，“上自官府缙绅，下至工商优隶，以及妇女、僧尼、道士，都在吸食”。其中，包括农民、手工业者、轿夫、水手等在内的劳动者，也为数甚巨。吸食鸦片，后果恶劣，不仅大量吸收了中国有限的社会购买力，造成工商业的普遍萧条和衰落，而且毒害了中国人民的身心健康，摧残了社会生产力。所谓“东亚病夫”的民众形象正是西方列强一手残害出来的。

鸦片贸易的严重危害是怎样的？

鸦片贸易使中国在中英贸易中由出超变为入超，造成大量白银外流。据估计，1830年至年到1840年的10年间，中国平均每年外流白银达七八百万元。白银大量外流，造成银荒，导致了银贵钱贱的现象日趋逐渐严重。道光朝初年，每两白银折换铜钱1000文左右，到1838年每两银子竟换钱1，638文。而同一时期的手工业品和农产品的价格并没有变动。广大劳动人民出售有限的农产品，只能换回成本钱，过去农民卖一石谷可纳税银一两，而今差不多要卖两石谷，才可纳同样的税银。农民的实际负担大大加重，生活更趋恶化。西方的贸易侵略和掠夺使中国百姓的生活更加苦难。

鸦片贸易也严重地威胁了清朝政府金融稳定和财政基础。白银外流，银贵钱贱，人民的负担增加了，导致百姓无力纳税，各省拖欠的赋税日益增多，造成了政府的财政危机。

八旗绿营的战斗力为什么会下降？

在八旗绿营的官兵中，不少人也手持烟枪，吞云吐雾，军纪因之废弛，战斗力愈形下降。鸦片走私中的行贿受贿，复使政府吏治败坏。马克思指出："中国人在道义上抵制的直接后果是英国人腐蚀中国当局、海关职员和一般的官员。"鸦片走私削弱政府的统治力，也削弱了中国军队抵御外敌的战斗力。同时，它给中华民族造成的巨大灾难，又使中国人民与西方资本主义侵略势力间的矛盾迅速尖锐起来。

清朝政府内部怎样对待鸦片的走私的？

面对烟毒泛滥愈演愈烈和民众强烈的禁烟要求，清朝政府内部在要不要禁烟的问题上，形成了严禁、弛禁两种意见。

1836年6月，太常寺少卿许乃济向道光皇帝上《鸦片例禁愈严流弊愈大亟请变通办理折》，主张取消鸦片输入禁令，准许公开买卖。针对鸦片输入，道光朝以前采取的手段不外"塞源"（禁止鸦片输入）、"遏流"（查禁内地私销）两个办法，又加上了"正本"（禁止官民吸食）。现在许乃济则主张："准令夷商将鸦片照药材纳税"进口，除了"文武员弁士子兵丁"应严禁吸食外，民间吸食可以"一概勿论"。

但公开允许鸦片贸易毕竟有害国体，所以许乃济的主张一经提出，便遭到许多人的反对。内阁学士朱樽、兵科给事中许球、御史袁玉麟、朱成烈等纷纷上书畅言，驳斥许乃济，请严禁鸦片。袁玉麟批驳说：如果采取"禁官弁士兵，不禁小民"的办法，会导致会造成"坏政体而伤治化"的后果。如果把抽鸦片税当成国家财政收入的来源，"是见小利而伤大体"。这些言论驳倒了弛禁官员的荒谬说法，以至在此后一段时期内，朝野上下无人再敢公开主张弛禁。

"虎门销烟"是谁领导的？

1838年12月林则徐抵京，经过多次召见，被任命为钦差大臣，节制广东水师，前往广州厉行禁烟。

林则徐（1785～1850年），字少穆，福建侯官（今福建福州）人。少负经世之志，1811年成进士，历任江苏按察使、陕西和湖北布政使、江苏巡抚、东河总督、湖广总督等职，以关心民生疾苦，办事干练著称。在湖广总督任内，他就曾力禁鸦片，成绩卓著成绩卓越，对这次查禁鸦片，更充满信心。

1839年1月，林则徐离京南下，3月，抵达广州。当地人民群众高昂的反侵略斗志，使林则徐深受鼓舞，他说：“察看内地民情，皆动公愤，倘该夷不知改悔，唯利是图，非但水陆官兵，军威壮盛，即号召民间丁壮，已足制其命而有余。”民众的支持和拥护进一步加强了给林则徐很大的禁烟信心和决心。

林则徐会同广东水师提督关天培、两广总督邓廷桢加紧整顿水师，加强海防。一再晓谕鸦片吸食者立即呈缴烟土烟具，限期戒绝。并发布谕帖，勒令外国烟贩将存储于趸船的鸦片“尽数缴官”，并具结保证“嗣后来船永不敢夹带鸦片，如有带来，一经查出，货尽没官，人即正法”。林则徐还严正声明：“若鸦片一日未绝，本大臣一日不回，誓与此事相始终，断无中止之理。”广东民众积极支持林则徐的禁烟措施。城乡各地纷纷呈缴烟膏烟具，揭发检举鸦片贩子。虎门附近的群众自发组织起来，一发现走私鸦片的商船，立即吹响螺号，出动船只缉捕，并纵火将其焚毁。在广大民众的支持下，禁烟运动迅速走向高潮。

“虎门销烟”取得了怎样的成就？

林则徐经过一番努力，迫使英美烟贩先后被迫缴出鸦片19 127箱，又2119袋（其中美国烟贩缴出1540箱），共计2 376 254斤。

1839年6月3日～25日，林则徐会同两广总督邓廷桢、广东水师提督关天培等至虎门，督令将收缴的鸦片全部当众销毁。这就是著名的“虎门销烟”。

虎门销烟后，林则徐宣布开放中英贸易，但要求进口商船出具甘结，保证永不夹带鸦片。义律则不甘心失败，百般阻挠英商具结，竭力制造事端。1839年7月，英国水手在九龙尖沙咀行凶，殴毙村民林维喜。林则徐多次要求义律交出凶手，义律不但拒不交凶，还一再进行军事挑衅。英国侵略军先后在九龙、穿鼻、珠江口海面袭击中国水师，但均被击退。

虎门销烟之后英国侵略者采取了怎样的对策？

虎门销烟之后，英国侵略者一方面连续不断地在广州进行武装挑衅，一方面酝酿发动大规模的侵华战争，企图用武力打开中国的大门。1839年9月4日，英国军舰“珍珠”号、“路易沙”号及一艘快艇，突然窜入九龙湾，袭击中国水师，中国军队奋起还击，将其击退。11月3日，装备有28门大炮的英国巡洋舰“窝拉疑”号在穿鼻洋面挑起冲突，受挫而退。随后，英军又在官涌发动了6次进攻，均以失败而告终。然而，英国侵略者并不甘心，执意扩大事态，对华发动全面战争的计划正在伦敦酝酿。

鸦片战争是怎样爆发的？

1839年10月1日，英国政府在一片对华开战的鼓噪声中召开内阁会议，讨论侵略中国的问题。陆军大臣麦考莱、外交大臣巴麦尊都持强硬立场，主张对中国采取军事行动。内阁会议经过讨论作出决定，“派遣一支舰队到中国海去，并训令印度总督对于我们兵船司令所采取的任何必要行动予以合作”。

1840年2月，英国政府分别任命乔治·懿律和查理·义律为正副全权代表，义律为侵华英军总司令。义律组织起一支由16艘军舰、4艘武装汽船、4000名士兵及540门大炮和28艘运输船组成的所谓“东方远征军”。同年6月，这支远征舰队侵入中国广东海面，一场由英国发动的

侵华战争终于爆发了。

鸦片战争分为哪几个阶段？

第一次鸦片战争始自1840年6月，终于1842年8月，持续了两年多，经历了3个阶段。战争的第一阶段，自从1840年6月英军封锁广州洋面始，至到1841年1月义律单方面公布《穿鼻草约》时止，历时7个月。

战争的第二阶段，自从1841年1月27日清朝政府对英国宣战始，至5月27日《广州和约》签订为止，历时4个月。

第三阶段，从1841年8月英军扩大侵略战争，再次进攻厦门起再次进占厦门起，到1842年8月签订《南京条约》为止，历时一年多。

鸦片战争第一阶段战况如何？

1840年6月英国侵略军到达广州洋面后，立即对广州实行了封锁，但因无隙可乘，便按原计划北上。7月，进犯厦门，未能得逞，遂北上进犯浙江，攻陷定海。8月，抵天津白河口，京畿震动。义律向直隶总督琦善递交巴麦尊致中国宰相照会，提出赔款、割地、通商等无理要求，并威胁说，如果不满足要求，必“相战不息”。

定海失陷和英国兵舰驶抵天津海口，使中国的首都安全受到威胁。9月17日，道光帝任命琦善担任钦差大臣，赴广东与英国侵略者举行谈判。同时，又以“办理不善”的罪名，下令将林则徐、邓廷桢革职查办，由琦善署理两广总督。不久后来，清朝政府又将林、邓发往新疆，“效力赎罪”。至此到此，抵抗派受到沉重打击，政府妥协派开始占了上风。

1840年11月底，琦善到达广州，实行取媚于敌人的方针。同年12月，中英双方开始谈判。英方委派义律为全权代表，会谈中，琦善对义律提出的各项侵略要求，均一一应允，只对割让香港一事不敢做主，答应代为转奏朝廷。为了迫使琦善完全屈服，义律决定施加军事压力。

1841年1月7日，英军突袭虎门外的沙角、大角炮台，守将陈连升率部坚决抵抗，终因孤军无援，壮烈牺牲，炮台失陷。

鸦片战争第一阶段清政府为什么会失败？

当时的沿海各省督抚，除了林则徐和邓廷桢等人外，大多都没有做任何军事部署。作为北京门户的天津，负责防卫的兵丁仅有800余名。山海关的守军纪律松弛，武器钝陋，甚至连一尊可用的大炮都没有。

面对耀武扬威的侵略军，主张妥协的官员乘机传播流言蜚语，中伤林则徐。他们扬言：“夷兵之来，系由禁烟而起”，“上年广东缴烟，先许价买，而后负约，以至激变”。因此，唯有将林则徐治罪，才能平息事端，否则，“边衅一开，兵结莫释”。道光帝很快转向妥协立场。在接到英方照会的第二天，他就授命琦善向英军表示：林则徐上年禁烟“措置失当”，“必当逐细查明，重治其罪”。只要英军退回广东，“听候钦派大臣驰往广东，秉公查办，定能代伸冤抑”。

鸦片战争的第二阶段战况如何？

自从1841年1月27日清朝政府对英国宣战始，至5月27日《广州和约》签订为止，历时4个月。

英国的侵华行为激起了国内各阶层民众的强烈愤慨。广东爱国绅民集会要求“痛剿”英军，收复香港。许多官员上书

朝廷，弹劾琦善，呼吁重新起用林则徐抵抗外敌。1841年1月27日，道光帝下令对英宣战，并将琦善交部议处。

30日派皇侄、御前大臣奕山为靖逆将军，户部尚书隆文、湖南提督杨芳为参赞大臣，调集军队17000人，驰赴广东作战。当奕山一行尚未到达广州时，义律先下手为强，于2月23日率兵船进攻虎门炮台。水师提督关天培率部英勇抵抗，尚在广州的琦善竟拒绝增援，致使关天培与守军400多人全部牺牲，英舰驶入省河，广州告急。

奕山等人在未做充分准备的情况下，便贸然决定夜袭英军。结果，次日英军反攻，占领了城郊的四方泥城等炮台，包围了广州城，并开炮轰击城内。奕山在城头竖起白旗，并派广州知府余保纯出城向英军乞降。

鸦片战争第三阶段的政治背景是怎样的？

1841年4月，英国政府接到义律关于订立《穿鼻草约》的报告，十分不满，认为条约获取的侵略权益太少，不予批准，并决定召回义律，改派曾在印度任职的璞鼎查担任侵华全权代表，更换军队司令官，扩大侵华战争。临行前，巴麦尊指示璞鼎查：只有中国皇帝对英国政府提出的一切全部要求无条件依允答应时，英国才能停止军事行动，并要璞鼎查迫使清朝政府承认鸦片为合法贸易。8月，璞鼎查到达广东，声言要出兵北上，用武力强迫中国满足英国在去年提出的所有要求。随后，英国侵略军便在福建、浙江、江苏等地燃起了更大的战火。

鸦片战争第三阶段战况如何？

1841年8月初璞鼎查率士兵3500人，兵船26只，从香港北上，进犯厦门。8月26日，厦门陷落。总兵江继芸率兵御敌，力战牺牲。9月，英军进犯定海，总兵葛云飞、王锡朋、郑国鸿等率5000守军与敌人血战6昼夜，最后壮烈牺牲，定海再次陷落。接着，英军攻打镇海，浙江提督余步云不战而逃，两江总督裕谦坚决抵抗。10月10日镇海陷落，裕谦愤而投水自尽。英军随即占宁波。英军在进犯浙江的同时，多次出动兵船侵扰台湾。台湾道姚莹和总兵达洪阿在广大民众的支持拥护下，英勇抵抗，击退了英军的进攻。

10月18日，道光帝派皇侄奕经为扬威将军，侍郎文蔚和副都统特依顺为参赞大臣，从江西、湖北、安徽、四川、河南、陕西、甘肃等省抽调军队近2万人，赶赴浙江作战。奕经及随员杨熙、联芳、阿彦达及侍卫容照等，“皆纨绔少年，所至索供应，征歌舞，纵樗蒱，揽威福”。他们流连苏州多日不进，直到言官弹劾，人言籍籍，才离开苏州，于在1842年2月到达绍兴。

1842年5月，英军退出镇海宁波，集中兵力攻打江浙海防重镇乍浦。6月，英军进入长江，直取吴淞炮台。江南提督陈化成请两江总督牛鉴作后援，自己亲至炮台，冒着敌人密集的炮火指挥守军猛烈的还击。敌兵伤亡颇重，不敢正面突进，转攻东炮台。不料牛鉴临阵逃脱，致使炮台失守，陈化成腹背受敌，处于险境。陈化成坚守不退，虽身负7处重伤，仍奋力杀敌，力竭殉国。

7月21日，镇江失守，海龄在衙署自焚殉国，英军也付出了惨重的代价。就在镇江失陷当天，侵略军死亡37人，伤128人受伤，失踪3人失踪。入城后，英军大肆杀戮抢掠，镇江城顿成一片废

墟。连侵略分子也不得不承认“即使是心肠最硬、资格最老、以杀人越货为生的人，看到这种悲惨现象景象，也不能无动于衷的”。

《南京条约》损害了我国的那些主权？

《南京条约》是中国近代历史上第一个丧权辱国的不平等条约。它是外国资本主义侵略势力通过炮舰政策强加在中国人民头上的枷锁。这个条约共计13款，主要内容是：

1.割让香港。从此香港沦为成为英国殖民地，成为是英国对华侵略的重要基地。

2.五口通商。条约规定中国开放广州、厦门、福州、宁波、上海五地为通商口岸，英国可在这五口派驻领事等官。从此中国东南沿海门户大开，外国资本主义侵略势力源源不断东来。

3.中国赔偿鸦片烟价600万元、商欠300万元、兵费1200万元，三项总计2100万元。（其中不包括广州“赎城费”600万元，以及极其英国侵略军四处抢掠勒索的银两。）。条约规定赔款分4年还清，没有未付清之前，英军继续占领侵占舟山群岛和厦门鼓浪屿。（直至1847年，英军始退出这两个地方）。

4.协定关税。条约规定，居住五口的英国商民缴纳进出口货税，“均宜秉公议定则例”，中国的关税自主权被破坏。

5.废除公行制度。条约规定，英国商民在华贸易无须与公行打交道，可以任意与华商直接交易。这就便利了西方列强在中国培植买办势力。有关开埠通商关税税率、开埠通商关税税率等问题在《南京条约》中还未作明确规定。对此，中英双方继续在广东谈判。

英国侵略者是怎样扩大在中国的侵略权益的？

1843年10月，璞鼎查又强迫清朝政府签订了中英《五口通商章程》、《五口通商附粘善后条款》（即《虎门条约》），作为《南京条约》的补充条款。英国侵略者通过这两个条约章又取得以下权益：

1.领事裁判权。《五口通商章程》规定，中国人与在华英人打官司，英人如何定罪，“由英国议定章程、法律发给管事官照办”。这项规定严重地侵犯了中国的司法主权。

2.片面最惠国待遇。《虎门条约》规定，中国将来“有新恩施及各国，亦应准英人一体均沾，用示平允”。这条规定后来被侵略者广泛利用，只要有一国与中国签订不平等条约，其他国家都可以分享其中特权，对中国造成的危害极其严重。

3.低关税。《五口通商章程》附带的《海关税则》，把中国的海关税率大幅度压低，将其减少到5%～6%左右。这种低关税率极大地削弱了中国海关对民族经济的保护作用，便利了西方资本主义各国在中国倾销商品和掠夺原料的权利。

4.在华租赁土地。《虎门条约》规定，英人可在通商口岸租赁土地、房屋，永久性地居住，这便成为以日后西方殖民势力在华我国设立“租界”的口实。鸦片问题虽然是导致这场战争的导火线，但是在《南京条约》及其附件中没有提及。因为清朝官吏不用认为这用不着明文写入条约，他们曾向璞鼎查作过保证：无论外国商船是否载有鸦片，清朝政府都不会查问，也不会采取任何行动。

法国政府是怎样签订《黄埔条约》的？

1844年8月，法国政府派专使拉萼尼率8艘兵船到达澳门。9月，拉萼尼会见耆英，并且百般威胁利诱。10月24日拉萼尼与耆英在停泊于黄埔的法国军舰上签订了中法《黄埔条约》。法国通过这个不平等的条约，不仅取得了《南京条约》、《望厦条约》规定的各种侵略权益，而且获得在五口建造教堂和墓地的特权。

这些不平等条约给我国造成了怎样的灾难？

西方列强通过发动鸦片战争和签订不平等条约强行打开了中国的大门。战前，中国是一个主权独立的国家；战后，中国的关税、司法和领土的主权开始遭到破坏，逐渐丧失了政治上的独立地位，被迫走上了半殖民地的道路。战前，中国是一个自给自足的自然经济占统治地位的封建国家；战后，传统的自然经济日益逐渐解体，逐步成为资本主义世界的商品市场和原料产地。战后的中国，一步一步地变成了一个半殖民地社会。

三元里人民是怎样痛击英军的？

广州北郊的民众却发动了大规模的抗英斗争。1841年5月29日，小股英军窜到广州城北五里的三元里村抢夺，村民奋起抵抗，当场毙敌数人，其余的英军狼狈逃去。为了对付侵略者的报复，村民在三元古庙集会，议定以庙中三星旗为令旗，“旗进人进，旗退人退”，“打死无怨”。同时又联络附近103乡群众，共同对敌。参加斗争的除了有农民、丝织工人、打石工人外，还有地主士绅。

5月30日凌晨，三元里及各乡群众数千人进攻英军盘踞的四方炮台，然后迅速撤退，诱敌至三元里牛栏岗，即行包围。中午，恰好大雨倾盆，敌军火药尽湿，枪炮皆哑。手持刀、矛、刀、锄耙的民众乘势猛攻，附近农民从四面八方赶来，人数越聚越多人，“刀斧犁锄，握在手即成军器；儿童妇女，喊声亦助兵威。”英军拼命突围，“无奈人如山积，围开复合，各弃其鸟枪，徒手延颈就戮，乞命之声震山谷”，敌军增援部队到达后，被围英军才得以撤回四方炮台。这次战斗给侵略军以沉重的打击，并缴获了大量战利品。

三元里人民抗英斗争的影响是怎样的？

5月31日，三元里一带地区人民再次将四方炮台重重包围，龟缩在四方炮台中的英军派奸细混出重围，向清朝政府求救。奕山立即派广州知府余保纯带领南海、番禺知县出城为英军解围，余保纯等用威逼利诱的手段强迫群众队伍解散。6月1日，英军撤出了虎门。义律发出告示，恐吓百姓“后勿再犯”。当地百姓当即在商馆前贴出《申谕英夷告示》，痛斥英国侵略者，并警告他们，若敢再来，“不用官兵，不用国帑，自己出力，杀尽尔等猪狗，方消我各乡惨毒之害也”！

1841年夏，三元里抗英斗争结束不久，广州人民就在广州北郊石井建设立升平社学。随后，东北各乡建立起东平社学，城南建立起南平社学，河南成立了隆平社学，广州城里也成立出现了城厢社学。继广州之后，在南海、番禺、从化、花县、增城等地，也都组织起名目不同的社学，动员的民众多达数十万人。参加社学的基本群众是农民，其次是手工业工人和店员，还有不少爱国人士士绅。他们“踵寓兵于农之法”，“无事则负耒力田，闻警则操戈御侮”。这些社学组织并无统一的领导机构，只是在抵御外侮、保卫家乡的共同目标下，相互联络，守望相助。

社学组织领导广州人民是怎样开展抗英斗争？

1842～1849年间，广州人民在社学组织领导下掀起了一系列不断抗击英国侵略者的斗争。

1842年11月，广州城内的明伦堂贴出了《全粤义士义民公檄》，揭露英国侵略者的侵华罪行，呼吁民众都起来抗英。12月初，广州民众烧毁了“夷楼”。在1844年5月，英国侵略者企图在广州强租河南地区，当地民众3000余人于5月23日集会抗议，阻止了侵略者的行动。此后不久便发生了规模更大的反入城斗争。本来，外商来广州贸易一向住在城外珠江畔的洋馆，《南京条约》也不未允许英人进入广州城。但是在《南京条约》签订以后，英国侵略者硬要进入广州城，多次交涉，均未得逞都没有得逞。

广州民众是怎样挫败英军入城要求的？

1847年4月，英国侵略者以几名英人遭到石块袭击为借口，出动20余艘舰船，1000多名军队，再次闯入珠江，炮击广州城，提出包括进城在内的7项要求。广州民众紧急动员起来，严阵以待。徐广缙亲至到英船谈判，省河两岸群众环列示威，以壮声势，徐婉言拒绝了英人的要求。这时社学已经组织起10万人的团练义勇，从2月到4月每晚操练游行。英军被迫放弃了入城要求。

广州民众挫败了侵略者强行入城的计划，同时也使西方侵略者再次看到中国民众蕴藏的巨大反抗力量。文翰在给其上司的报告中只好承认：“我绝对认为附近民众和团勇会坚决抵抗我们入城，结果使我们非用极大的武力不能达到目的，因为他们的抵抗力量比1841年第一次抵抗时要强得多。”

鸦片战争对我国经济的发展产生了怎样的影响？

鸦片战争后，由于西方资本主义商品的冲击，中国自给自足的自然经济日渐瓦解，造成了广大农民和手工业者纷纷破产。而鸦片贸易的进一步泛滥，白银大量外流，又使银贵钱贱的现象更趋严重。加之失业大军造成人口的超重，农民的负担大大超过了战前。1850年曾国藩奏称：由于银贵钱贱，农民“昔日卖米三斗，输一亩之课而有余。今日卖米六斗，输一亩之课而不足。朝廷自守岁取之常，小民暗加一倍之赋”。列强的资本掠夺，使国人的经济负担加倍。

鸦片战争后为什么频繁爆发人民起义？

在鸦片战争中，清朝政府耗去的兵费，加上《南京条约》规定的赔款，总数约在7000万元，相当于清朝政府一年半的财政收入。这一笔额外的支出，最终都还是由国民来承担，政府通过增加税赋来应对额外支出，国内矛盾进一步激化。民饥则反，这是中国的历史规律，“民之财尽矣，民之苦极矣”，饥荒将再次发生。鸦片战争之后，由于外国资本主义的入侵和资本掠夺，使本来就已经面临社会危机、处于困难之中的中国百姓，生活更加恶化。他们无法照旧生活下去了，为了生存起而反抗为。

据《清实录》记载，1842～1850年，全国各地起义大约在百次以上。例如较

大规模的起义有：1842年年初，湖北崇阳钟人杰领导的农民起义，2月攻占通城崇阳，杀死知县，揭旗称王。参加起义群众增至万余人，清朝政府调集数省军队镇压，3月起义失败；同年这一年安徽亳州捻党首领马宗禹起义；1843年3月，云南腾越南甸彝人刁承绪起义；6月，湖南武冈州曾如炷领导的起义等。

鸦片战争后我国最大的一次人民起义是什么？

鸦片战争后的十年期间，中国社会急剧动荡不安。西方资本主义势力的入侵，加重了中国百姓的负担，中国的社会矛盾更加激化严重，加上人口超重，失业率极高，流亡饥民上百万，各地民众起义连绵不绝。洪秀全领导的太平天国起义是最大的一次。进入19世纪50年代后，由于太平天国运动的推动，最终汇成了中国的饥民全面暴动。

洪秀全的出身是怎样的？

洪秀全（1814～1864年），广东花县官禄村人，出身农民家庭，原名火秀，谱名仁坤。幼年入私塾读书年幼入私塾读书，聪敏勤奋，“五六岁间，即能熟诵《四书》、《五经》、《孝经》及多篇古文多篇，其后更自读中国历史及奇异书籍，均能一目了然”。因家庭生活困难艰难，在他16岁时被迫辍学，在家中帮助父兄务农或到山野放牛。18岁时曾受聘为本村塾师。此后，他一面教书，一面继续研读中国古代典籍。对中国历史朝代更迭和农民起义的战争故事最感兴趣，因此，当他发现中国再一次出现朝代衰败的各种迹象现象时，心里便激动不已，乱世出英雄的时代已经到来，他赶上了这个将要改朝换代的时期。

洪秀全

洪秀全几次到广州应试，正值鸦片战争前后，他耳闻目睹了英国侵略者的暴行，和广州及东南沿海百姓轰轰烈烈反侵略斗争，心中大受震撼，渐渐生成了忧国忧民的胸襟，也对政府感到失望，内心极度迷茫。1836年，洪秀全第二次到广州应试，在广州藏龙街从两位基督教传教士手里得到了一本小册子，这是一本小册子是基督教布道的《劝世良言》。当时他并未在意，只稍作浏览，便放置于书箧中。

洪秀全是怎样创立拜上帝教的？

1843年应试失败后，他才认真地阅读《劝世良言》，顿觉心中豁然开朗，这本小书布道的大意是“上帝”是唯一真神，其他人们所顶礼膜拜的偶像都是妖魔。人人都是“上帝”的子女，都是平等的；“上帝”派遣他的儿子耶稣下凡，替世人赎罪，救世人于苦难。洪秀全饱读史书，知道历史上较大的农民起义都是依赖宗教，用某些妖术和欺骗把戏以惑民众，假借于神灵和上天旨意，来树立威信，比如陈胜吴广起义、黄巾起义、白莲教起义等，自己为何不利用一下上帝的神威呢?

于是，他把1837年科考失败后大病中的梦幻异象相比较，自称曾被天使接引上天，见到了上帝。上帝赐予他一口宝剑和一颗印，命他下凡做太平真主，斩杀妖魔。因此洪秀全把《劝世良言》认作是上帝赐给他的天书，自信“已获得上天堂之真路，及永生快乐之希望”。于是开始信奉上帝，传播他的教义。为避上帝耶和华的名讳（当时译为爷火华），改名火秀为秀全。洪秀全首先向族弟洪仁玕、表弟冯云山（皆屡试不中的失意下层知识分子）传教，并在村边的小河中自行宗教洗礼，自称已经“洗除罪恶，去旧从新”。

冯云山是怎样扩大宣传拜上帝教的?

1844年，冯云山来到紫荆山区传教，他脱掉长衫，穿着短袄，打工拾粪，千方百计与劳苦群众打成一片，宣传拜上帝。后来又做了村塾教师。在他的艰苦努力下，到1847年上半年，紫荆山地区已有信徒2000多人，正式建立了“拜上帝会”组织。参加拜上帝会的群众主要是汉、瑶、壮、等族烧炭工和农民，萧朝贵、杨秀清是他们中的杰出主要人物。冯云山不仅首创紫荆山传教基地，而且胸怀大局，认为洪秀全前途可为，又是“耶稣的弟弟”，于是号召信徒共尊洪秀全为教主。因此，广大教徒对洪秀全十分尊敬，称为“称为洪先生，奉之若神”。

1847年秋，洪秀全来到紫荆山。他看到冯云山创造了如此大好的革命局面，备受鼓舞。同时，在深入劳苦群众和领导他们斗争的实践过程中，洪秀全的反清革命思想迅速确立，并日益坚定。他在此间写的《原道觉世训》《太平天日》，就集中反映了这一点。洪秀全在《太平天日》里写了一篇神话故事。在此文中，洪秀全把自己说成是上帝的次子，亲受帝命下凡斩邪留正、成立地上天国的太平天王。洪秀全决心改朝换代的远大抱负已是得到了充分的表露。

洪秀全和杨秀清之间的矛盾是怎样产生的?

1849年7月，洪秀全救出冯云山后一起回到紫荆山。见到信徒们已经信服杨秀清和萧朝贵的天父、天兄身份，面对既成的事实尽管心有不满，但为了顾全大局，也只好默认，没有与杨、萧二人理论。至此因此，拜上帝会最高领导中枢的权力结构就发生了重大变化，洪、冯失去了原来毋庸置疑的领袖地位，为日后洪、杨之间的矛盾发展埋下了祸根。

后来，随着太平天国运动的顺利发展，杨秀清和萧朝贵二人的野心渐渐膨胀，他们每每以天父、天兄的名义压制洪秀全，甚而让身为天王的洪秀全向他们下跪行礼。洪秀全虽为天王，但在信徒面前，他却只是上帝的弟弟，而萧朝贵是上帝的兄长，杨秀清却是上帝的父亲，他也只好屈尊俯首。如此，致使太平天国高层领导由内讧纷起到互相残杀，最终成为太平天国运动失败的重要主要原因。

金田起义是怎样爆发的?

清政府鉴于广西各地不断接连发生武装起义，先后将广西巡抚郑祖琛、提督

闵正凤革职，命原固原提督向荣任广西提督，起用辞官在籍的林则徐为钦差大臣兼广西巡抚（林在赴桂途中病逝，改派前两江总督李星沅），试图尽快将广西的各路起义军镇压下去。1850年12月和1851年1月初，拜上帝会众在思旺村和蔡村江两次击败政府军，击毙政府军副将伊克坦布，揭开了金田起义的序幕。

1851年1月11日，洪秀全在金田村宣布起义，建号“太平天国”，全军将士皆蓄留长发，红巾包头，以示与清朝势不两立，决心改朝换代的太平天国农民战争正式爆发。《天命诏旨书》由洪秀全颁布，作为太平军的简明军令：一、遵条命；二、别男行女行；三、秋毫莫犯；四、公心和傩，各遵头目约束；五、同心合力，不得临阵退缩。

太平天国初步建立政权的事件是什么？

1851年12月17日，洪秀全在永安州颁布了封王诏令，封杨秀清为东王、萧朝贵为西王、冯云山为南王、韦昌辉为北王、石达开为翼王，同时规定西王以下俱受东王节制，杨秀清坐上了第二把交椅，史称“永安建制”，标志着太平天国初步建立了政权。

由此，太平天国的领导座次正式确立了，形成天王领导于上，东王总理军政，诸王决策的权力运作体制。各王的分封和世袭制，导致了后来各王府均设六部，各有卫队，形成相对独立的派系和“独立王国”，埋下了权力冲突的因素。同时，太平天国再次重申了“凡一切杀妖取城，所得金宝绸帛宝物等项，不得私藏，尽缴归天朝圣库”的规定，教育全体将士“立志顶天，真忠报国”，颁布了冯云山制定的新历法——天历。

永安之围是怎样解除的？

太平军屯驻永安时，成千上万名政府军将永安团团包围。太平军米粮将尽，弹药缺乏。1852年4月5日夜日晚上，太平军避实就虚，冲破了政府军防御力量较薄弱的古苏冲北上。帮办广西军务、广州副都统乌兰泰，尾追不舍。8日凌晨，太平军在大默山山谷设下埋伏，将政府军“前后围裹，肉搏鏖战”，斩杀政府军四总兵及兵勇四五千人，乌兰泰滚落崖涧受伤，仅率数十骑逃。

太平军是怎样猛攻桂林城的？

1852年4月18日，太平军直逼省城桂林。由于城内政府军得到向荣各部队的增援，太平军多次猛攻没有攻下。5月19日，太平军撤离北上。6月3日，攻占全州，但冯云山在战斗中不幸中炮受伤，后来在蓑衣渡不治而亡。太平军遂由桂入湘，相继克道州、江华、郴州等地。同时，杨秀清和萧朝贵联衔发布《奉天讨胡檄布四方谕》、《奉天讨胡救世安民谕》、《救一切天生天养中国人民谕》，号召人们“各各起义，大振旌旗”，“上为上帝报瞒天之仇，下为中国解下首之苦，务期肃清胡氛，同享太平之乐”。

在这一政治口号的号召下，沿途饥民、流民纷起响应，太平军队伍迅速扩大，并组建了组织以挖煤工人为主的“土营”，专挖地道轰城，增强了自己的攻坚能力。

太平军是怎样攻克武汉三镇的？

1852年9月12日，萧朝贵率林凤祥、李开芳等猛攻湖南省城长沙。萧朝贵不幸中炮身亡，太平军久攻长沙不下，在11月30日撤围，继续北上掠食，克益阳，取得岳州（岳阳）。在岳州太平军获得大批船

只、军火，组成“水营”。由是于是，水陆并进，直取武汉三镇，沿江收缴一切官民船只。

12月下旬，太平军相继攻克汉阳、汉口。1853年1月12日，太平军挖掘地道至到武昌城下，放置炸药炸毁文昌门城墙20余丈，攻入武昌。湖北巡抚常大淳、提督双福等力战而死。

武汉为长江中游的经济政治中心和军事重镇。太平军攻占武汉，使政府非常吃惊。咸丰帝令将钦差大臣、署湖广总督徐广缙革职拿问，命向荣为担任钦差大臣，专办两湖军务，并破例增设两位钦差大臣：命两江总督陆建瀛为钦差大臣，督师扼守江皖，防太平军东下；命河南巡抚琦善为钦差大臣，率军进驻信阳、新野一带，防太平军北上掠食。计划“约期会剿，三路并进”，将太平军在武汉附近围歼。

太平天国正式建立政权的事件是什么？

夺取南京是太平天国最重要的决策，“踞为根本，徐图进取”。1953年2月10日，20余万太平军（包括随军家属）放弃武汉，撤离时，放火烧毁武汉三镇，大火三月不息。武汉文明毁于一旦，全城百姓逃难流离。

太平军顺江东下，一路掳掠船只粮草，直趋南京。太平军攻克安徽省城安庆和军事重镇九江。3月7日，太平军兵临南京城下，19日，太平军穴地炸毁仪凤门城墙二丈许，攻入南京城。20日，破旗营。于是太平天国遂改南京为天京，正式定都，建立起与清朝政府对峙的割据政权。

接着，太平军乘胜东进，相继攻克仪征、金山、镇江、瓜洲、扬州等地掠食。通过水师的沟通，天京、镇江、扬州联为统一防御体系，切断了清朝政府的漕粮水道，既可北伐中原，又可继续东进苏浙，太平天国结束了起义以来流动掠食的作战局面。

曾国藩是怎样编练湘军的？

曾国藩（1811～1872年），湖南湘乡人，出身于地主家庭。道光朝进士，官至礼部右侍郎。他推崇程朱理学，常以维护社会纲常为己任。1852年太平军入湖南时，他适因母丧回籍，政府任命他为担任帮办团练大臣，在湖南兴办团练。曾国藩在湘乡地主王鑫、罗泽南招募的千名团勇的基础上，练成湘勇，后来称“湘军”。

湘军与其他团练武装不同，不是只活动于本地区或本省内的地方性武装。曾国藩创办湘军之初，就决心别树一帜，要将湘军办成强有力的新型武装力量。在军制上，湘军以营为基本单位，每营500人，分为4哨。全军由陆军13营、水师10营组成营构成，共计1.7万余人。作战时，水陆相依，互为支持。在组织上，选择中下层地主知识分子为营官，下属什长哨官及丁勇士卒，均由营官自行招募。丁勇士卒不用“滑弁游卒及市井无赖”，专募当地年轻的“农夫牧竖”和“朴实少心窍之人”。在思想上，曾国藩以理学为理论，向湘军士兵讲述“忠信”、“忠义”、“献身国家”的军人道德思想，力图为国家训练出一只忠信有义、能拼敢打的为国献身的铁军，一改政府军弱不能战的局面。

1853年夏，部分湘军到达南昌作战。从1854年起，曾国藩就率水陆两路湘军1.7万余人，在湖南、湖北、江西、安徽等地与太平军抗衡。

太平天国北伐和西征的目标是什么？

在政府采取上述种种镇压措施的同

时，定都天京后的太平天国决定分兵进行西征和北进，力图将战争引向外线。1853年5月8日，天官副丞相林凤祥、地官正丞相李开芳奉命率军自扬州回天京，在浦口与春官副丞相吉文元会师，率领九个军共2万余人北进，攻占北京，推翻政府是太平天国的斗争目标。临行时的指示是先“到天津扎住”，回报天京，“再发兵来”。杨秀清又指示林凤祥等“务宜身先士卒，格外放胆灵变，赶紧行事，共享太平”。

清政府是怎样镇压北伐军的？

咸丰帝命惠亲王绵愉为奉命大将军，率军阻止北伐军继续北上。北伐军东趋运河，连克献县、交河、沧州、静海、杨柳青等地掠食。1853年10月30日，前锋抵达距天津10里处，天津知县谢子澄组织地主团练及壮勇6000余人，配合政府军，掘开运河。北伐军攻势受阻，遂根据从天京出发时奉到的指示，在天津附近的独流、静海“扎住”，等候天京“再发兵来”。

僧格林沁和胜保的两支武装先后赶至天津附近，攻击北伐军。此时已届冬季，北伐军大多为南方人，不习北方干燥寒冷的气候，加之棉衣、粮草、枪械等极为缺乏，开始陷入被动状态。

1854年2月，北伐军南撤，路上冻死和被政府军追杀者甚多。北伐军先至束城镇，又退至到阜城，吉文元在战斗中阵亡。5月退至东光县连镇坚守。

太平军的北伐是怎样失败的？

在北伐军南撤等待支援的同时，太平天国派夏官又副丞相曾立昌、夏官又副丞相陈仕保、冬官又副丞相许宗扬率军增援。1854年4月援军被迫南撤溃退，沿途屡遭政府军及地主团练截击，伤亡惨重，结果仅有少数人回到天京。

北伐军李开芳率马队600多人突围南下迎接，途中知援军已在临清败退，遂所以率部据守于高唐州。林凤祥部在连镇坚守近一年。僧格林沁利用附近州县政权力量征夫筹款，在连镇周围挖沟筑墙，长期围困长时间围困。至1855年3月初，太平军绝粮绝，遂被政府军攻破营垒，最后尚有最后还有2000余人全部战死。林凤祥负伤被俘，槛送北京处斩押送北京处斩。

李开芳见僧格林沁率部来取代胜保，断定林凤祥部已经败亡，遂率余部突围南下于是率余部突围南下。在茌平县冯官屯被僧格林沁包围，坚持5月底，终于失败，李开芳被俘，解送北京后被处死，北伐彻底失败。

太平天国西征军的进攻路线是怎样的？

1853年5月19日，西征军由天京出发。6月10日再克攻安庆，随即西进，由湖口南下进攻南昌。西征军与政府军激战三个月，但未能攻克南昌，遂于9月下旬撤围北上，攻取九江。

从此，西征军兵分两路：一路由胡以晃、曾天养率领进军皖北，1854年1月攻克庐州（今合肥），新任安徽巡抚江忠源兵败投水自杀。太平军占领二十二州县。

另一路由韦志俊、石祥祯率领西上，10月中旬再克汉口、汉阳。后因兵力不足，退守黄州一带。1854年2月，西征军得到增援，兵力达4万余人，在黄州大败政府军，湖广总督吴文镕投水死，西征军三占汉口、汉阳。接着，韦志俊率万余人围攻进攻武昌，并于6月克之，是太平军第二次攻占占领武昌；曾天养率万余人向荆襄发展；石祥祯等率2万余人挺进湖南，连克岳州、湘阴、靖港、宁乡等地，但随即遭到了曾国藩率领的湘军的反击。

太平天国是怎样在军事上达到全盛时期的？

太平天国派冬官正丞相罗大纲、翼王石达开率军西上增援，在九江、湖口与湘军主力激战。2月11日晚，西征军夜袭湘军水师，湘军大败，曾国藩撤回南昌。2月底，西征军反攻，四占汉口汉阳。4月，三占武昌。11月，石达开指挥西征军进军江西，至1856年3月，已控制了江西十三府中的八府50余州县，曾国藩被困于在南昌城内。此时天京被政府军围困，6月中旬，由西征战场回师天京的石达开，会同与秦日纲及天京城内的太平军猛攻清军江南大营，江南大营被攻破，天京解围。

太平天国定都天京以后，分兵进行了北伐、西征伐和天京破围三次重大战役。西征的胜利，北伐失败，使太平天国控制了天京上游的安庆、九江、武昌三大军事重镇，占据了安徽、江西、湖北的大部分地区，为太平天国农民战争的发展提供了可靠的物质基础和根据地基础。特别是天京外围的战斗，打垮了威胁天京三年之久的清军江南、江北大营，解除了肘腋之患，使太平天国政权更加巩固。太平天国控制了从长江中游的武汉至到下游的镇江这一广大地区，军事上达到了全盛时期。

英法侵略者为什么会提出“修约”要求？

1849年，英国在华外交官阿礼国曾上书香港总督兼驻华公使文翰说：“我们的政策就是面向控制那些必然引起改变现状的纠纷，制造那些纠纷，从而试图获得更多的利益。”这就表明，西方列强发动第二次鸦片战争完全是蓄谋已久的。

本着扩大在华侵略权益的宗旨，英、法、美三国先后向清朝政府提出“修约”的要求，企图通过外交途径达到其侵略目的。1854年英国驻华公使包令根据中美《望厦条约》中关于12年后“所有贸易及海面各款，恐不无稍有变通之处”的规定，援引所谓的“一体均沾”的条款，照会清朝政府，首先就提出全面修改条约的无理要求。随后，美国公使麦莲、法国公使布尔布隆也随声附和要求修约。他们提出的要求包括：允许外国人进入中国的整个内地，至少允许进入长江流域和沿海各城市；实行鸦片贸易的合法化；改订税则；外国公使驻北京等。由于当时清朝政府对西方国家存在着很大的疑惧疑惑，严词拒绝了各国的“修约”要求。咸丰皇帝在上谕中明确表示，“至该夷呈出变通清折，所开各条，均属荒谬已极！必须逐层指驳，以杜其无厌之求”。

第二次鸦片战争是怎样爆发的？

1856年10月8日，广东水师总兵梁国定接到收到报告，发现几名海盗躲在停泊在黄埔的发现有几名海盗躲在停靠在黄埔的“亚罗”号船上。这是一艘鸦片走私船，虽然曾在香港注册，但已过期。梁国定率领兵丁立即马上赶到黄埔，逮捕了12名船员，其中包括2名海盗和10名嫌疑犯。广东水师缉查中国船只，本来是中国的内政，即使就算按照不平等条约中领事裁判权的规定，英国也无权过问。然而英国驻广州代理领事巴夏礼存心挑起事端，致函给两广总督叶名琛，要求释放人犯，并制造中国士兵捕人时扯落英国国旗的谎

言，无端要求向英方赔礼道歉。叶名琛复函据理驳斥，但为了息事宁人，答应把人犯送交英国领事馆，而巴夏礼拒不接收。10月23日，3艘英舰在英国海军上将西马糜各里的指挥领导下，突然进犯广州，挑起了第二次鸦片战争。

面对敌人有准备的进犯，叶名琛事先未作战守准备，临时应敌，猎德、龟江、东安、海珠等沿江炮台接连失陷。不久，英军攻破广州外城，并一度攻入内城，抢掠了总督衙门。由于广州军民奋起抵抗抗战，同时英军也没有久占广州的实力，侵略者被迫于10月29日晚撤出广州，退据虎门。1857年春，英国政府决计扩大侵华战争，任命前加拿大总督额尔金为全权专使，率领一支远征军来华。为了壮大声势，英国分别向法、美、法、俄三国发出照会，提议联合出兵。同年10月，法国政府以“马神甫事件”为借口，决定出兵参战。拿破仑三世任命葛罗为全权专使，带领侵华军，尾随英军来到中国。

何谓“马神甫事件”？

所谓“马神甫事件”是指1856年2月广西当局处死非法潜入该省西林县为非作歹的法国天主教神甫马赖一案。美国积极支持英、法，但因国内处于南北战争前夕，政局动荡，没有出兵，而是派出全权大使列卫廉来到远东。沙俄与英、法虽然是宿敌，但在侵略中国的问题上战争中却携手联合。1857年初，沙皇派海军上将普提雅廷为公使来华，先向清朝政府提出在中国东北扩张领土的侵略要求，遭到拒绝后，立即南下香港，充当英法联军侵华的帮凶。至此到此，英、法、美、俄四国相互勾结，暂时结成了一个野心勃勃的侵华联盟。

第二次鸦片战争期间外国侵略者在中国最先扶植扶持的一个傀儡政权是什么？

1857年12月，英法两国在中国海域集结了5000多人的侵略军，准备进攻广州。12月，额尔金和葛罗向两广总督叶名琛递交了照会，要求入城及赔偿损失，并限期10日内答复日内回复。26日，敌人发出最后通牒。28日晨，英法联军登陆，开炮猛攻广州城。政府军猝不及防，连失海珠等炮台。29日，侵略军攻陷广州，叶名琛被俘，广东巡抚柏贵、广州将军穆克德纳投降。英、法侵略者分别派英国人哈罗威上校、巴夏礼和法国修莱海军大佐组成所谓“联军委员会”，对广州实行占领，并让柏贵在三人委员会的控制下担任原职，为其侵略效劳。这是外国侵略者在近代中国最先扶持的一个傀儡政权。

英法联军占领广州后，俄、美两国是何立场？

英法联军占领广州后，在次年4月到达天津大沽口外，照会要求清朝政府派全权大臣举行谈判。清朝政府派直隶总督谭廷襄前往大沽去接洽。英、法代表却声称谭廷襄非全权大臣，无能力行事之权，而拒绝会谈。俄、美公使则假冒“调停人”，出面与谭廷襄斡旋，麻痹了清朝政府。在俄、美公使的掩护下，英法联军在5月20日突袭大沽炮台成功，随后溯白河直抵天津城下，并发出攻打北京的叫喊。

俄、美公使“调停”的结果是什么？

政府军失败的消息传到北京，清朝政府动荡，忙派大学士桂良、吏部尚书花沙纳为全权大臣，前往天津谈和。1858年6月4日，桂良、花沙纳、额尔金和葛罗等人就在天津城南海光寺谈判。俄、美公使则以“调停人”的角色自居趁机打劫。在俄、美的威胁下，清政府在6月13日、18日，分别签订了中俄、中美《天津条约》。6月26日中英《天津条约》签订，共有56款。27日中法《天津条约》签订，共有42款。

《天津条约》使我国丧失了那些主权？

条约的主要内容是：英、法公使驻北京；开放牛庄（后改营口）、登州（后改烟台）、台湾（台南）、淡水、潮州（后改汕头）、琼州、汉口、九江、南京、镇江等地为通商口岸；允许外国人在我国内地游历、传教和通商；外国商船可以自由航行长江各个口岸；修改关税税则；中国向英国、法国分别赔款银400万两和200万两。并且规定，条约的批准书要一年以后在北京互换。1858年11月，清朝政府又分别和英、法、美三国在上海签订了《通商章程善后条约》，主要内容是：海关聘用英国人办理税务；进出口货物一律按当时价值百抽五征税；洋货运到内地或外商从内地购土货出口，只纳其2.5%的子口税，不必再纳厘金；鸦片贸易合法化等。《天津条约》及《善后条约》基本上包括了英、法等国“修约”要求的主要内容。

你了解第二次鸦片战争中大沽口之战吗？

1858年6月17日，英国海军司令何伯率舰队到大沽口外面示威，24日向清朝政府提出“让路”的最后通牒。25日，何伯率领由数千名侵略军组成的英法联合舰队强行闯进白河，强拆毁防御工事。下午2时半，敌舰向大沽炮台发动猛烈的攻击。大沽守军在直隶提督史荣椿的指挥下奋起反抗，经过一夜的激战，击退了敌人的进攻，最后胜利地守住了炮台。激战中，停泊在附近的美国舰队撕下“中立”的伪装，公开支援英法军队，接应、掩护战败的英法军队撤出了大沽口。但在英法联军战败逃脱之后，充当帮凶角色的美使华若翰，却悄悄从北塘登陆换约。此战，英、法侵略者伤亡严重。政府军共击沉击伤英、法兵舰10多艘，毙伤敌军400多人。英军司令何伯受重伤，其副手重伤死亡。法军司令也负了伤。但是清政府军爱国将领史荣椿、副将龙汝元等36名官兵也英勇牺牲。

大沽口之战胜利后对敌我双方产生了怎样的影响？

大沽口之战后，清朝政府并不想把与英、法的关系搞僵，而希望乘胜谈和。咸丰皇帝在上谕中强调：“惟驭夷之法，究

咸丰蜡像

须剿抚兼施，若专事攻击，恐兵连祸结，终无了期，不如乘此获胜之后，设法抚驭，仍令就我范围，方为妥善”。当英、法公使重返上海后，他命令两江总督何桂清与之谈判，仍欢迎英、法公使经过北塘来京换约。

联军大败的消息传回英、法两国之后，在统治阶级中再次掀起了对华用兵的声势。两国的部分报刊和政客，摇唇鼓舌，叫喊着要对中国实行大规模的报复，声称要把中国皇帝赶出皇宫，夺取北京，让西方人成为中国的主人。在这种舆论的推动下，英、法政府在1860年2月再次分别任命额尔金、葛罗为全权大臣，以克灵顿和孟斗班为两国军队的总司令，率领更加庞大的联军（舰只200多艘，军队2.5万多人），卷土重来。4月，联军陷舟山，进攻占据清泥洼（大连）和烟台，7月到达大沽口。俄、美公使仍以“调停人”的角色暗为联军出力，并为联军提供政府军在天津和北京的军事情报。

英法联军是怎样进犯北京的？

1860年8月1日英法联军出动30多艘军舰，由俄国公使伊格那提耶夫带路，袭击不设防的北塘，打破了政府军的防线。占据北塘后，联军分两路攻占新河、军粮城、塘沽，同时把军舰集结到大沽口外，从水陆两面夹击大沽炮台。8月21日联军猛攻大沽炮台。直隶提督乐善率众死守，奋勇迎战，但因寡不敌众，炮台失守，乐善及全体官兵阵亡。大沽失守让天津失去屏障，联军长驱直入，攻陷天津。天津失陷后，咸丰帝命令僧格林沁率部向北京方向撤退，试图在通州一带建立起防线。俄国公使伊格那提耶夫为联军献策出谋划策，要他们尽快进军通州，不使政府军有布防的机会。于是联军遂由河西务进犯通州。

英法联军是怎样控制北京城的？

1860年9月18日，英法联军立即向张家湾的政府军阵地发动攻击，政府军溃败。21日，联军又发动了对通州城西八里桥的进攻。政府军在僧格林沁和朝廷派来的大学士瑞麟、副都统胜保等人的指挥下，英勇作战，顽强地阻击敌军。但由于部分政府军溃散，主将非伤即走，动摇了政府军的防线，使八里桥失守。这次战役政府军虽败，但也使联军受到重创。八里桥张家湾失陷后，咸丰帝无力再战，于22日率后妃及亲信大臣出逃热河，留下他的异母弟恭亲王奕䜣“督办和局”。在英法联军兵临北京之际之时，伊格那提耶夫又为联军提供了政府军在北京布防的重要情报。据此，联军绕抄安定门、德胜门进犯圆明园，并于10月13日占领安定门，控制了北京城。

举世闻名的圆明园是如何被毁的？

圆明园是融汇了中西建筑风格、聚集古今艺术珍品、融汇中西建筑风格、经过数百年扩建始成的壮丽宫苑。园内收藏有大量珍宝、古玩、珍宝、图书和中外珍贵的历史文物。侵略者闯入圆明园，在疯狂抢掠之后，又纵火焚烧。大火三日不灭，致使这座举世闻名的“万园之园”尽成残垣断壁。

第二次鸦片战争是怎样结束的？

奕䜣于1860年10月24、25日，分别与英、法代表交换了《天津条约》，并另签订中英、中法《北京条约》（即《续增条约》）。《北京条约》除承认《天津条约》有效外，其内容还有：开放天津为商埠；准许华工出国；割让九龙司给英国；

交还天主教堂，准许法国传教士在各省租买田地、建造房屋；赔偿英、法兵费各800万两，“恤金”英国50万两、法国20万两。11月初，清朝政府与英、法公使先后换约。约文公布以后，英法侵略军退出北京。沙俄借口“调停”有功，要求订立新约。同年11月14日沙俄强迫清朝政府订立了《北京条约》。美国虽然没有签订新约，但根据“一体均沾”的条款，同样可以得到其他列强获取的利益。至此，历时4年之久的第二次鸦片战争宣告结束。

第二次鸦片战争的影响是怎样的？

通过发动第二次鸦片战争，西方侵略者不仅从在中国获取了更多的权益，而且借助公使驻京可以直接从政治和外交上影响清朝政府，中国的半殖民地危机更加严重了。同时，因为战败的原因，清朝政府抵抗外来侵略的信心空前低落，更倾向于奉行妥协、和谈的对外政策。西方侵略者也在自己的利益暂时得到满足之后，因中国内乱不止，严重影响了列强的在华利益，于是改变了与清朝政府对立的立场，转而对它进行扶植，共同平息内乱，以保护其在华利益。

沙俄是怎样侵吞中国大片领土的？

沙皇俄国对中国东北及西北地区领土的侵略野心，由来已久。鸦片战争之后，沙俄利用清朝政府衰弱的机会加紧了对中国的侵略。早在十八世纪40年代，沙俄就曾数次派人潜入中国的黑龙江境内进行窥伺。1847年9月，沙皇尼古拉一世任命让穆拉维约夫为担任东西伯利亚总督，授意他加紧占领中国的黑龙江地区。穆拉维约夫上任后很快提出全套侵略计划，积极部署推行。在他的支持下，沙俄海军军官涅维尔斯科伊等乘炮舰从海上侵入库页岛地区和黑龙江口地区，并把黑龙江河口湾附近北岸的两处港湾非法命名为“圣尼古拉湾”“幸福湾”和“圣尼古拉湾”。此后，沙俄相继侵占了黑龙江口的库页岛、重镇庙街等地，其侵略魔爪已经伸到了兴衮河和黑龙江下游一带。

1854年，穆拉维约夫开始实行“武装航行黑龙江”计划。他率领70余艘军舰多艘军舰，强行越过石勒喀河中俄边界，通过瑷珲雅克萨、瑷珲雅克萨等地，横穿中国领土2000多公里，并在黑龙江下游地区建立军人“村屯”，迁来大批移民，强行建立俄国居民点。1856年12月，沙俄宣布成立建成以庙街为中心的所谓滨海省，公然把中国的黑龙江下游地区划为该省辖境。1857年，穆拉维约夫更加肆无忌惮地派兵向黑龙江中、下游推进，在沿江遍设哨所。沙俄在向中国东北地区扩张的时候，并没有放松对中国西北地区的侵占。1846年，沙俄入侵中国巴尔喀什湖东南的库克乌苏河地区，不断对这个地区进行蚕食。到第二次鸦片战争前夕，巴尔喀什湖以东以南的大片中国领土已经落入沙俄手中。

中俄《瑷珲条约》是怎样签订的？

在第二次鸦片战争中，沙俄不仅充当了英法联军的帮凶，而且趁火打劫，侵吞了大片的中国领土。

第二次鸦片战争爆发后，清朝政府内忧外患，自顾不暇。沙俄乘机加快了向中国黑龙江地区扩张的步伐。沙俄政府一方面派普提雅廷为公使，展开外交攻势，另一方面指使穆拉维约夫积极进行军事渗透，不断向黑龙江下游和中、上游北岸移民，增兵上游北岸，实行非法的武装占领据。1858年5月22日，就在英法联军攻陷

大沽的第三天，穆拉维约夫率领带领数百名官兵，乘两艘炮舰，气势汹汹地直趋瑷珲，向黑龙江将军奕山提出重划中俄边界的无理要求。谈判开始后，他就拿出一份事先准备好的条约草案，以最后通牒的口气强迫奕山签字画押，并调军队示威，施加压力。奕山经不起恐吓，在没有得到清朝政府允许的情况下，于5月28日签订了中俄《瑷珲条约》。

中俄《瑷珲条约》的内容有哪些？

中俄《瑷珲条约》共三款，主要内容：

（一）黑龙江以北、外兴安岭以南的大片中国领土（约60多万平方公里）划归俄国所有，仅江东六十四屯仍由中国人“永远居住”，归中国官员管理，俄人“不得侵犯”；

（二）乌苏里江以东，包括吉林省全部海岸线以及海参崴海口，划为中俄“共管”；

（三）黑龙江、乌苏里江只准中俄两国船只航行；

（四）准许俄国商人在黑龙江、乌苏里江、松花江一带自由贸易。

通过这一条约，俄国不仅割占侵占了中国黑龙江以北、外兴安岭以南的大片领土，而且还为其进一步侵吞乌苏里江以东的所谓“共管之地”铺平了道路。

何谓中俄《续增条约》？

中俄《北京条约》共15条，除了规定《瑷珲条约》有效以外，还规定：乌苏里江以东的所谓中俄“共管”的40万平方公里的中国领土，划归俄国；中俄西部未定边界，“此后应顺山岭、大河之流，及现在中国常驻卡伦（哨所）等处，及到1728年，即雍正六年，所立沙宾达巴哈之界牌末处起，往西直至斋桑淖尔湖，自此往西南，顺天山之特穆尔图淖尔（伊塞克湖），南至浩罕边界为界”，增开喀什噶尔为商埠；允许沙俄在喀什噶尔、库伦设领事；俄人在中国享有领事裁判权。沙俄通过中俄《北京条约》不仅侵吞了乌苏里江以东的大片中国领土，而且还为它后来在1864年强迫清朝政府订立中俄《勘分西北界约记》，割占巴尔喀什湖以东、以南44万平方公里的中国领土制造了根据。

李鸿章的淮军是怎样崛起的？

1861年11月20日，清朝政府便任命曾国藩统辖江苏、安徽、江西、浙江四省军务，打破了两江总督只辖苏、皖、赣三省的惯例，命令四省巡抚、提镇、以下文武各官悉归其节制。这是曾国藩自出师以来受到的最大重用，授予汉官如此重大的权力，在清朝历史上也实属罕见。所以时人称：“恭邸当国，阴行肃顺政策，亲用汉臣”，“朝用端华、肃顺等遗策，用曾氏节制诸军”。

曾国藩在担任两江总督前，只有军事指挥权而无地方行政权，长期遭受倾轧，客寄虚悬，一筹莫展，今既军政大权在握，遂得发舒。他排斥不听调遣的异己，安插得力亲信，工作效率大大提升，不仅使湘军势力迅速增强起来，而且还扶植起了以李鸿章为首的淮军势力。1861年冬，曾国藩派他的得意门生李鸿章赴安徽招募练勇，准备增援沪、苏、沪、常。李鸿章依照按照湘军的营制及组建方法，于在1862年春编成一支拥有6500余人的淮军，因上海有英法的在华利益，所以英船帮助将淮军运至上海，保卫上海。淮军成为继湘军之后中国又一支具有战斗力的重要武装。

1860年后清政府内部权力机构是怎样变化的？

1860年后，湘、淮军取代绿营兵八旗，成为政府军主力。随着湘、淮军转战南北，各地的军政大权多落入湘、淮系势力的手中。湘淮势力的崛起，显示了政府内部权力结构的重要变化，牵动了晚清的政局。以1837年为例，先后任总督者共10人，其中有7位旗人，占70%。同年任巡抚者共20人，其中有8位旗人，占40%。而在1864年，在10名总督中，旗员只有3人，占30%。在担任过巡抚的19人中，则是清一色的汉员。可见，从道光至同治，在封疆大吏中，满洲官员的比例大幅度下降，汉族官员的比例迅速上升，满汉势力的起落消长出现了根本性的变化。

太平天国后期内部的阶级关系是怎样变化的？

太平天国定都天京后，不断暴露内部矛盾重重，靠欺骗和愚弄百姓的政治手段治理国家终究不能长久。“均富贵”的平均主义思想破产后，太平天国开始逐步实行“分贵贱”、“判尊卑”的等级尊卑礼制，从批孔又转向尊孔，并制定整套等级制度，从天王、诸王、天王、各级将官，直至一般士兵，等级森严，礼仪繁琐，甚至连称呼、服饰、仪卫、舆马等都区分明确，不准逾越。天王及诸王、侯爵位都可以世袭。各级领导人普遍追求穷奢极欲的糜烂生活。攻占南京后，洪秀全、杨秀清等人不仅把清朝的将军衙门、总督府等占为王府，而且还不断地征调工匠，大兴土木，为自己建造新宫殿。洪秀全等人还沿用封建帝王的嫔妃制度，强选民间秀女入宫，以至天王、诸王无不妻妾成群。天王及诸王出行，都有规模庞大的仪仗队护驾。天王的轿夫有64人，东王的轿夫有48人。东王出巡，“役使千数百人，如赛会状”。官兵必须回避道旁，高呼千岁，违者要受严惩。起义队伍中昔日所提倡的那种兄弟姐妹平均平等的人际关系，已荡然无存。

太平天国后期内部矛盾是怎样产生的？

太平天国定都后，从天王到东、北、翼各王，均有都有千人以上的亲信官员和侍从人员，形成各自的利益集团，彼此勾心斗角。在这当中，杨秀清势力的膨胀及其本人的恶劣作风，打破了诸王间权力的平衡，使彼此间的关系日趋紧张。杨秀清虽然对太平天国的发展贡献甚大，但他专横跋扈、居功自傲，成为众矢之的。他掌握了天朝军政实权意犹未足，还要取得与洪秀全平起平坐的地位。杨的所作所为使让其他各王暗中联合起来，形成一个反杨联盟。太平天国诸王剑拔弩张，其矛盾的逐渐尖锐化，至此已成一触即发之势。

这一点连他们的敌人都已然觉察。一位文人说：太平天国诸王间势同水火，“往之倚为心腹股肱者，今仍彼此睽隔，猜忌日生”。

石达开为什么离开天京？

韦昌辉被诛后，天朝的悲剧并没有完结。1856年11月底，石达开返回天京，被天王任命“提理政务”。石达开文武兼备，屡立战功，是天朝深孚众望的一位统帅。但是，洪秀全经过变乱后，不再信任外姓大臣，对石达开心存疑忌。他封少功无才的长兄洪仁发为安王、次兄洪仁达为福王，以牵制石达开。由是翼王与安、福王二人结怨。石达开发现自己主持朝政、大展雄图的道路已被阻断，又不愿像杨、韦那样与天王决裂，更不甘心生活在危险

四伏的环境中，于是选择了避祸出走、自立门户的道路。

1857年6月，石达开离开天京，另起炉灶，并以通军主将的名义向全军发布谆谕，说明与洪秀全分手的原因。不少太平军将士对洪氏兄弟排斥异己深表不满，纷起响应。10月，石达开率领10余万人马自安庆出发，进军江西，开始了独立的军事行动。石达开的出走，使太平天国的力量再次受到严重的削弱。

石达开是怎样慷慨就义的？

石达开率军远征，最初在江西、浙江、福建等地活动，战事不利，继而转战于广西、湖南。1860年准备从广西远征四川。一部分太平军认识到分裂出走没有前途，要求返回天京，共扶天朝。他们在朱衣点、吉庆元等率领下，毅然“万里回朝”。1861年石达开率部出广西，攻入湖南和湖北，后流动作战于川、黔、滇诸省。1863年5月，石达开在四川大渡河紫打地（安顺场）被政府军包围，数战不利，伤亡惨重，陷入绝境，石达开被俘，解至成都，被凌迟处死，时年33岁。

石达开铜像

三河大捷是怎样重创湘军的？

当太平军全力破除江北大营时，湘军李续宾部从九江进攻安徽，连陷太湖、桐城、舒城，前锋直抵庐州南部要冲三河镇。洪秀全急令李秀成、陈玉成率兵回援。太平军采取迂回包抄战术，把湘军合围于三河，并于1958年11月14日发起猛烈攻击。经数日激战，湘军6000余人全部被歼，统帅李续宾自杀，曾国藩之弟曾国华被击毙，太平军大获全胜。三河大捷重创湘军，震动全局。胡林翼哀叹：“三河败溃之后，元气尽伤，四年纠合之精锐，复于一旦。”

三河之战后，太平军士气大振，接连收复桐城、舒城等地，解除了安庆之围。李世贤在皖南也大败政府军邓绍良部，扭转了不利的局势。在江西，杨辅清在1858年12月攻占景德镇，收复多处失地。由于天朝将士的浴血奋战，天京上游的局势暂时得到稳定。1859年下半年，李秀成、陈玉成以战功卓著，分别被封为忠王和英王。

太平天国的战略决战是在哪里进行的？

安庆是天京上游最后一道屏障，处于连结太平天国和皖北捻军的要冲。因此，太平天国和清朝方面都把安庆视为各自争夺的目标。1861年，双方在这里进行了一场生死攸关的战略决战。

三河大败后，湘军一度退出皖北战场。曾国藩根据以往作战失利的教训，调整了军事部署，提出“先剪枝叶，并捣老巢”的战略方针，即先夺取安庆、庐州等天京外围城市，最后攻占天京。他把夺取安庆看作实施这一战略方针的关键所在，说：“自古平江南之贼，必踞上游之势，建瓴而下，乃能成功。欲复金陵，北岸则

须先克安庆、和州，南岸则须先克池州、芜湖，庶得以上制下之势。安庆一军目前关系淮南之全局，将来即为克复金陵张本。”1860年春，曾国藩趁太平军东征之际之时，指挥湘军分三路围攻安庆，设大营于皖南祁门。这一作战方针抓住了战争全局的关键问题，使湘军取得了战略决战的主动权。

太平天国后期的政治局面是怎样的？

进入十九世纪60年代后，洪秀全大封诸王，到太平天国败亡前，封王多达2700余人。其结果使太平天国内部的分散主义、宗派主义恶性膨胀，诸将拥兵自重，各自为政，不顾大局，甚至在重大军事行动上也不配合。此外许多将帅广蓄财货，安富尊荣。李秀成在苏州、天京均建有豪华府第。每逢生日，他都要大事铺张，接收礼物。1862年常州守将钱桂仁以祝寿为名，聚敛民间黄金，打成金狮、金凤各一对，献给忠王。太平天国领导人的这种作风在广大官兵中产生了恶劣影响，中下级军官纷纷效尤，奢靡之风日炽。

由是太平军纪律废弛，行贿、贪污、赌博、吸鸦片等恶行在军中蔓延，极大地削弱了战斗力。太平天国昭王黄文英在谈到天朝后期政治时说：“到后来就乱了，由广东跟出来的都封王，本家亲戚也都封王，捐钱粮的也都封王，竟有2700多王。天朝的事越做越坏。”

太平天国后期的经济政策是怎样的？

在经济上，苏浙太平天国当局仍旧实行“照旧交粮纳税”的政策，承认过去的地主土地所有制，通过地主设局收租、领凭收租和“着佃交粮”等方式向农民收取租税。各地不断发生抗租斗争和农民起义，不满的农民甚至捣毁收租局，杀死催租派捐的旅帅、师帅。每逢事发，当地乡官往往带兵弹压。靠农民起义刚刚建立的农民政权，也不断发生农民起义，真是极大的讽刺。看来起义解决不了中国农民的问题，起到的只是在战乱中快速破坏经济和加速减灭农民人口的作用。

曾国藩是怎样围攻天京的？

湘军攻占安庆后，曾国藩实现了其战略部署的关键性一步，立即筹划天京会战。他分兵三路对太平天国实行战略围攻：派曾国荃攻天京，派左宗棠攻浙江，派李鸿章取苏南。围攻重点是天京，浙江和苏南是牵制战场。

1862年5月，曾国荃率带领湘军自安庆沿江东下直抵天京，在雨花台扎营。彭玉麟所部水师泊护城河口，保护水上交通，湘军3万余众兵临城下，再次对天京构成威胁。洪秀全急令李秀成驰援。6、7月间，李秀成在苏州召开军事会议，决定调动大军援救天京。

10至11月间，李秀成指挥10余万太平军在天京外围同湘军大战44天，虽然重创敌军，击伤曾国荃，但是终未冲出湘军的包围。11月底，太平军久战无功，士气低落，加之后援不继，被迫撤出战斗。为了挽回败局，洪秀全命令李秀成渡江执行“进北攻南”的计划，目的是要联合活动在河南、湖北一带的赖文光、陈得才部，攻湘军后方，迫使曾国荃回援，以解天京之围。但曾国藩不为所动，令皖北守军固守顽抗，并实行坚壁清野政策，使太平军处处碰壁，无以立足。1863年6月，湘军攻陷雨花台，洪秀全召李秀成回师救援。渡长江时，恰逢江水猛涨，太平军又遭湘军水师截杀，损失惨重。

天京是怎样被攻陷的？

1864年6月3日，洪秀全病逝。天朝群臣拥幼天王洪贵福登基，以定人心。7月19日，湘军从地道轰塌城墙20余丈，攻入城内。天京守军与敌人短兵相接，展开血战，绝大部分壮烈牺牲。城破当晚，李秀成保护幼天王逃出天京，并把自己的坐骑让与幼主，后李秀成与幼天王失散，被政府军俘获。在囚禁期间，他写下长达数万言的供词，充满了谀词，提出了“招降十要”，来取悦曾氏兄弟。曾国藩在8月7日将李秀成处死。天京失陷，是太平天国失败的标志。但在大江南北仍然有数十万太平军余部和捻军，继续仍坚持反清斗争。

太平天国是怎样彻底失败的？

在长江以南，李世贤部于1864年7月从江西经广东入福建，占领漳州为根据地。在政府军的攻击下，从撤出漳州。李世贤投奔康王汪海洋，不幸被害。1866年2月，汪海洋重伤牺牲，诸将选举偕王谭体元为首领，退走黄沙嶂。谭督后队掩护撤退，中弹受伤，跳崖自尽，余部被湘军全部歼灭。

1866年10月，捻军在河南许州分兵两支：一支由张宗禹率领，进军西北，称为西捻军。一支由赖文光、任化邦率领，在中原地区活动，称为东捻军；西捻军先在陕西活动，后回师增援东捻军，转战于山西、河南、直隶、山东等地。1868年8月，西捻军在山东境内黄河、运河、徒骇河之间的狭窄地带被政府军包围，全军覆没。东捻军曾经大败淮军，但在1867年12月被淮军在山东寿光包围，大部战死。赖文光突围入江苏，行至扬州东北湾头瓦窑铺遭袭击被俘，于1868年1月10日在扬州就义。

至此，太平天国运动彻底失败了，其他各地小规模的起义也陆续被镇压。中国又暂时恢复了和平。

第十四章　洋务运动与列强入侵

什么是洋务与洋务运动?

洋务，又称夷务，其时泛指包括通商、传教、外交等在内的与西方资本主义有关的一切事务。洋务运动，则是指清朝政府为强化中国工业力量和军事力量，自上而下推行的一场以引进西方的机器生产、军事装备和科学技术为主要内容，以富国强兵为目的的强国运动。洋务运动力主向西方学习科技文化，在此过程中，也伴随着西方的掠夺和入侵，中国的民族工业和国营工业也在艰难中发展。

洋务运动分为几个时期?

洋务运动开始于19世纪60年代，到90年代告一段落，涉及的范围十分广泛，包括制造枪炮船舰、编练新式海陆军、兴办近代工矿交通企业、举办新式学堂、向海外派遣留学生等。随着主持者对西方国家和西学认识的深化以及形势的发展，洋务运动的重点前后有所不同。前期（60～90年代）以“自强”为主，重在训练新式军队和创办使用机器生产的军事工业，力图建立一套新的防务体系；后期（70～90年代）除继续进行“自强”活动外，又在“求富”的口号下，逐渐兴办工矿、轮船、电报、铁路和纺织等民用工业。同时，还举办了一批新式学堂，翻译西方书籍和向海外派遣留学生等。

经过两次鸦片战争，政府对西方船坚炮利这一点，已看得十分清楚。曾国藩在创办湘军初期即采用洋炮装备其水师，由两广总督叶名琛源源不断地供应“真正洋装，选验合用之炮”。在总结岳州、湘潭两个战役湘军取胜的原因时，曾国藩认为“实赖洋炮之力”，并要求清朝政府“尤须有洋炮继续接济，乃能收越战越精之效”。后来他在安庆设军械所，开始竭力仿造西洋船炮。

洋务运动购置洋枪洋炮的最初原因是什么?

1862年李鸿章率淮军来到上海，曾登上英法兵舰参观，惊叹不已。他说：“其大炮之精纯、子药之细巧、器械之鲜明、队伍之雄整，实非中国所能及。”李鸿章购置西洋船炮的愿望，随着太平军越来越多地使用洋枪洋炮，变得越来越急切。当时，“忠王军三分之一都有洋枪”；李秀成解天京之围时，带有“开花炮多尊及洋枪二万杆”，其火器精利“远优于湘军百倍”。李鸿章向曾国藩建议，“李秀成所部最重，洋枪最多”，“欲剿此贼，非改小枪队为洋枪队不可”。这是购置洋枪洋炮的最初原因之一。

洋务派为什么重视“师夷长技以制夷”的主张?

经过第二次鸦片战争，英法侵略军直接进入京师，这在清朝政府内外引起极大震动，“夷祸之烈极矣”，“实为数千年未有之变局”。由是，人们重新想起了魏源“师夷长技以制夷”的主张。李鸿章说：“师彼（西方）之长，去我之短，今及为之，而已迟矣。若再因循不办，或旋

作旋辙，后患殆不忍言。”奕䜣则强调指出：“治国之道，在乎自强，而审时度势而揆情度理，则自强以练兵为要，练兵又以制器为先。”这话集中概括了洋务运动的基本内容、目的和实施步骤。

不仅如此，它强调“审时度势”，应将“师夷长技”当作治国之道，说明洋务运动的主持者们与魏源、林则徐的思想一脉相承，他们对世界资本主义潮流的冲击，所做的回应更显得自觉和积极。

洋务运动中曾国藩有哪些贡献？

曾国藩是最早的洋务派人物。早在1854年，他就竭力购置洋枪洋炮装备湘军，以镇压太平天国。1860年以后，他奏称：“目前资夷力以助剿济运，得纾一时之忧，将来师夷智以造炮制船，尤可期永远之利”，已明确提出了“师夷智”制造船炮、开展洋务活动的思想主张。所以，他的洋务实践也由单纯购买西洋枪炮发展到了仿制西洋船炮的阶段。

曾国藩不仅广泛网罗懂科技的专门人才，而且提拔重用了一大批包括左宗棠、李鸿章、郭嵩焘、丁日昌、沈葆桢等在内推进洋务运动的中坚和骨干。曾国藩去世比较早，所办洋务项目有限，但他在培养人才、开创风气等方面建树颇著，因而成为公认的洋务运动之父，是洋务派的开创领袖。

洋务运动中左宗棠的贡献是什么？

左宗棠在洋务派首领中独具个性独特。早在第一次鸦片战争时期期间，他就不仅指出英国“包藏祸心”，是个积极的抵抗派，而且主张改造中国的旧式船炮，是魏源“师夷长技以制夷”思想的积极拥护者。经第二次鸦片战争，其洋务思想已十分鲜明。他说：“自海上用兵以来，泰西诸邦以机器轮船横行海上，英、法、德、俄又各以船炮互相矜耀，日竞其鲸吞蚕食之谋，乘虚蹈瑕，无所不至，此时而言自强之策，又非师远人之长还以治之不可。”

左宗棠的洋务活动以造船为中心，旁及包括举办新式学堂和制造枪炮弹药。他认为，中国海防师船落后，导致启外人轻视之心，因此“东南要务，以造船为先著”。他提出了“借不如雇，雇不如买，买不如自造”的名言，力主设立中国新式的造船厂，所谓“内纾国计利民生，外销异患树强援，举在此乎”。

洋务运动中李鸿章的贡献是什么？

李鸿章是举办洋务事业最多、成绩最为显著的洋务派主将。1862年他率淮军到上海后，目睹西洋船炮之精良，为此慨叹不已，认为“中国文武制度，事事远出西人之上，独火器不能及”，由是便以倡导洋务为己任。他曾经对人说：“处今日喜谈洋务乃圣之时，人人厌谈怕谈、怕谈厌谈，事至非张皇即鲁莽，甚少不误国。公可不喜谈，鄙人若亦不谈，天下赖何术以

李鸿章字词

支持耶？中国渐弱，外人日骄，此岂一人一事之咎，过此以往自强者尽可自立，若不强则事不可知。”

70年代以后，李鸿章的洋务思想得到了深化，视野越来越开阔。他认为，“必先富而后能强，尤必富在民生而国本乃可益固”。自通商以来，洋货充斥，利权大量外溢。中国既不能禁止洋货不来，又不能禁止民间不用，不若“亦设机器自为制造，轮船铁路自为转运”。由是洋务活动便超越了仿制西洋船炮的阶段，而进入了办工厂、开矿山、修铁路以及举办轮船航运、电报通讯等发展民用工业的更为广阔的新阶段。同时，李鸿章将办洋务与“变法”内政改革相互联系起来，强调唯有“稍变成法”，才能出人才，精制造，“转贫弱而为富强”。

湘系集团的势力是怎样衰落的？

19世纪80年代中期，随着左宗棠的去世，湘系集团的势力逐渐衰落，洋务集团形成了淮系一枝独秀的局面。中央扶植洋务派后起之秀张之洞，以期用来牵制淮系势力。张之洞原为是清流派健将，以批评朝政著称，很有才干。1881年外放山西巡抚，思想开始发生变化。中法战争爆发后调任两广总督，在实践中深感中国军事和工业的落后，便大力办厂、开矿、筑路、练兵、建立新式学堂，迅速组成了一个新的实力雄厚、自成系统的洋务集团。

洋务派对中国社会发展的贡献是什么？

洋务派主张学习西方科学技术，发展近代工业，是接续了魏源、林则徐等地主阶级改革派“师夷长技”的思路，并在新的历史条件下，将之付诸实践。从这个意义上说，洋务派是最初改革派的后继者。

他们之间是继承与发展的关系。二者都主张“师夷长技”以强国御侮，但魏源、林则徐等人既是倡导者，又是行者，他们大多参加参与了反抗外国侵略的实际斗争，具体没有太多洋务成就。可是，李鸿章、张之洞们在有所妥协的情况下，获得了洋务运动的巨大成就，奠定了中国近代工业和中国近代海军的基础，成为中国近代工业之父和近代海军之父。

洋务派创办军事工业的活动开始于何时？

洋务派认为“自强以练兵为要，练兵又以制器为先”，所以，他们大力仿效西方设厂制造新式枪炮和兵舰，致力于创办近代军事工业。这构成了早期洋务运动的重点和基本内容。

这一活动肇始于这一活动开始于60年代初。1861年，湘军陷安庆，曾国藩在这里设立内军械所，主要生产炸炮子弹、火药子弹和火药炸炮。几个月之后，李鸿章到上海，他很快就着手创建洋炮局，一共3所，从此中国有了自己的军事工业，能自行生产自己的军事武器了。

清朝政府是怎样开展洋务运动的？

1864年，湘军攻陷天京，太平天国失败，内患基本解除，清朝政府便全力支持洋务派开展洋务运动，把更多的人力物力投入建设军事工业的活动中。他们引进机器设备，聘用外国技术人员，于是近代军事工业由是迅速兴起。1865年至1894年甲午战争爆发前，洋务派共建立了20余个制造枪炮、弹药和船舰的军工厂。其中有的规模比较大，能够制造枪炮弹药，有的还可以造轮船机器，并附设铁矿场、炼钢厂等一系列配套工厂。

江南机器制造总局是怎样成立的？

曾国藩在创办安庆军械所的过程中，发现手工生产效率低，质量也很差。1863年，从美国留学归来的容闳来到安庆，向曾国藩建议购买机器进行生产。曾国藩欣然接受，并派容闳携款赴美选购。李鸿章将苏州洋炮局的部分机器和容闳从美国买回的机器，以及上海洋炮局并入铁厂，成立了江南机器制造总局（简称“沪局”），占地400余亩，到1891年已有一个工程处和13个分厂。

福州船政遗址

金陵机器局是怎样成立的？

1863年，马格里经营的洋炮局随李鸿章迁往苏州，改称苏州炮局。不久购买了“阿思本舰队”配备的一套制造枪炮子弹的机器，成为近代中国第一个采用机器生产的军事工厂，生产能力有所提高。1865年，李鸿章担任两江总督，苏州炮局又随之迁往南京，改称金陵机器局（简称“宁局”）。

金陵机器局的产品主要是弹药和大炮，80年代中期曾制造过两艘小轮船。在中法战争和中日战争期间，宁局曾经日夜加班，扩大生产，以供前方军需之用，在对外战争中发挥了很大作用。

福州船政局是怎样成立的？

1866年，左宗棠设立建立福州船政局（简称“闽局”），专门制造和修理船舰，是当时中国人创建的规模最大的船舶修造厂。

左宗棠很早就开始关注外国的船舰，极力强调制造轮船对巩固国防的作用。1864年他曾找工匠用手工生产的方式仿造了一艘小轮船，但在西湖试航，行驶缓慢，于是决心引进机器生产。

1866年6月，左宗棠奏请设立船政局，至1873年共建有14个厂，形成了一座以造船为中心的大型机器厂。又附设船政学堂（也称“求是堂艺局”），培养轮船驾驶的技工以及技术人员。

天津机器局是怎样成立的？

除了曾国藩、李鸿章发展洋务事业以外，恭亲王奕䜣也开始着手洋务军工事业。1866年，恭亲王奕奏准在天津设局制造各种军火，1870年，筹建工作基本完成，自英国购买的机器安置在天津城东贾家沽，是为东局，规模比较大；自香港、上海等地购置的机器安置在城南海光寺，是为西局。两局都是天津机器局的一部分。

第一艘轮船“万年青”号于1869年6月下水，至1887年已能造战船和铁甲船。

1869年冬，新任直隶总督李鸿章接管津局，李鸿章发现天津局工作效率低下，采取了整改措施，从江南制造局调来了沈葆靖总理局务，还换上了不少南方来的熟练工人。又先后增设了洋枪厂、枪子厂等，至1875年基本完成，生产能力提高了3至4倍。

天津机器局主要生产各种枪弹火药、

水雷、地雷等，还制造各种军用器具，如炮架、炮车等。1887年兴建栗色火药厂，开始制造最新式的火药。1891年又动工建设炼钢厂，1893年正式投产。

湖北枪炮厂是怎样成立的？

湖北枪炮厂是张之洞创办的。1884年中法战争爆发，张之洞调任两广总督，主持广东防务。当时沿海各地同时告急，沪、津等局虽日夜加班生产军火，但仍供不应求。张之洞不得不向洋商购买，洋商乘机哄抬物价，张之洞感触颇多，认识到“自强之本，以权操在我为先，以取用不穷为贵”。战争结束的第二年，张之洞开始了设厂制械的活动。

湖北枪炮厂的设备最新，规模庞大，能够生产当时世界上新式快炮，最新式的小口径步枪，以及各种大炮、炮架、弹药等。后来还筹建了无烟火药厂。

洋务派举办的军事工业已初步具备了近代化水平和规模，基本上都是国营性质，这些企业一般都采用了机器生产，把大批工人组织在机器周围，实现了生产技术的根本转变。

洋务运动发展的第二阶段有什么特点？

进入19世纪70年代后，洋务派在创建军事企业的基础上，又进而大力创办民用企业，这成为洋务运动发展第二阶段中的主要特点。军事工业是国民经济综合发展的产物，没有原材料的充分供应和电讯运输等部门与之配套，新的防务体系是难以建立起来的。

洋务运动重心的转移，反映了洋务派力图阻碍外国对华经济掠夺的目的。李鸿章说：“英国呢布运至中国，每岁售银三千余万，又铜铁铅锡售银数百万，于中国女红匠作之利，妨夺不少。曷若亦设机器自为制造，轮船铁路自为转运。但使货物精华与彼相埒，彼物来自重洋，势不能与内地自产者比较，我利日兴，则彼利自薄，不独有益厘饷也。”开始有了与西方展开市场竞争的思想。

洋务派轮船招商局是怎样成立的？

从70年代起至年代起到1894年，洋务派大约大概兴办了20多个民用企业，涉及航运、采矿、冶炼、纺织、电讯等工业交通运输业。比较重要的民用企业有几个.

洋务派兴办的第一个民用企业是轮船招商局，采用官督商办的方式。

鸦片战争特别是第二次鸦片战争后，外国轮船公司蜂拥而至，很快垄断了中国沿海和长江中下游的航运业，旧式沙船业面临破产，漕粮北运发生了严重的困难。1872年1月，内阁学士宋晋以“糜费太重”为理由攻击洋务派创办的军事工业，奏请饬令闽沪两局停止制造轮船。洋务派力表反对，李鸿章提出兼造商船，华商自立轮船公司，以解决养船经费和稍缓漕粮北运之困的建议，并得到了清朝政府的特批。轮船招商局就是在这种情况下产生的。

中国自建的第一条货运铁路是什么？

为了解决军事工业的原材料供应问题，达到“权操诸我”，堵塞漏卮的目的，1875年5月，清朝政府谕令李鸿章、沈葆桢在直隶、台湾试办煤矿。台湾基隆煤矿不久开始试办，并于1879年正式出煤，成为中国第一座近代化煤矿。

1878年8月，开平矿务局正式成立，1880年，自芦台至胥各庄开挖了一长约70华里的运河，专供运煤之用，取名“煤

河”。同时，自胥各庄修筑了一条长15华里的铁路，直通矿区。这是中国自建的第一条货运铁路。

1881年，开平煤矿开始出煤。投产后产量逐年增加，1889年已达到24.7万吨，并迅速占领了天津市场，到80年代末，天津市场上的洋煤从原来的将近20万吨，降至120吨，市场大部分被国产煤占领。

洋务运动时期电报总局是怎样发展起来的？

电报总局是成效最为显著的民用洋务企业之一，它的产生是军事需要与经济发展的结果。

19世纪70年代初，洋务派已经意识到了电报在传递军事情报上的重要意义，开始提出敷设电线的要求。1874年日本侵犯侵占台湾，沈葆桢奉命率兵援台，实战中深感中国传递手段的落后，得出了中国“断不可无电线”的结论，并奏准举办。

10月，电报总局在天津成立，盛宣怀任总办，并在紫竹林、大沽、济宁、清江浦、镇江、苏州、上海等处设立分局。津沪线随后开始架设，1881年7月竣工，全长2724华里。

1884年，架通上海到广东的线路架通，电报局从天津迁往上海，第二年，至汉口的电线也接通。从此，电报局的营业范围迅速扩展。至1894年中日甲午战争前，除西藏等少数边陲地区以外，大部分省和重要商业城市都已通报，初步形成了一个四通八达的电讯网，不仅方便了官方的军事、外交、政治信息的传递，而且对繁荣和促进工商业的发展起了积极作用。

洋务运动时期最大的近代化民用重工业是什么？

洋务运动时期洋务派建立的规模最大的近代化民用重工业是湖北铁政局，兼营采矿、采炼、炼铁和炼钢，是一个综合性的大型钢铁联合企业。中法战争后，张之洞亟亟于新式工业，在筹办枪炮厂的同时，又筹建炼铁厂，企图“开辟利源”“杜绝外耗”，改变中国“以银易铁”的现状。

汉阳铁厂远眺

1891年，汉阳铁厂在汉阳大别山下正式动工兴建，1893年年底全部竣工，有造钢轨厂、贝色麻钢厂等大小10个厂，工人3000多人，产品除供应本国使用外，还可出口。

洋务派举办民用企业的方式是什么？

洋务派举办的民用企业大都采用官督商办的方式，即官方督理商人经营，少数采用官商合办和官办的方式。在官督商办的企业中，经费由企业自筹，政府不再拨款，仅在必要时予以贷款或垫款的支持，但事后必须偿还。这样，筹措资金成为官督商办民用企业生存下去必须妥善解决的首要问题，克服了国营官办总是赔钱的局面状况。自轮船招商局开始，官督商办的民用企业都采用股份公司的组织形式，通过募集商股聚集资金。

清政府是怎样编练新式海陆军的？

洋务派主张“自强以练兵为要”，他们把编练新式海陆军、建立新的防务体系，作为洋务运动的一个重点。

1862年第一批八旗京兵赴天津接受西法训练。不久，西法训练推广到沿江沿海的八旗和绿营。1864年，总理衙门大臣奕等在北京设立“威远”队，练习洋枪、洋炮以及“洋人阵式”。1866年，他又在直隶选练6军，共有1.5万人，称为“练军”。

就在政府选练八旗绿营之时，湘淮军也开始大量改用洋枪洋炮。淮军从1862年到上海后开始装备洋枪洋炮，雇用洋人担任各营教习，发展迅速。至1865年就由原来的6000余人增至5万余人，其中洋枪就有三四万杆，炮队4营，成为装备精良、战斗力较强的一支军队。左宗棠所部湘军也在进入浙江后开始装备洋枪，1867年进军西北之后，军中的洋枪比例增加到6成。

清朝政府是怎样整顿海防的？

清朝政府在19世纪70年代开始整顿海防、筹设新式海军。中国本无海军，只有使用木质帆船的水师，任务是“防守海口，缉捕海盗”。鸦片战争期间，英军进犯广东，先进的大炮船舰让中国人震惊，“始有购置外洋舰以辅水军之议”。林则徐曾购买美国商船加以改装，运用于实战。

1874年，日本派兵侵略台湾在中国引起了极大震动，他们意识到日本将“为中国永久大患”，不能不为筹防。11月5日，清朝政府就总理衙门所上《海防亟宜切筹折》发布上谕，命令沿海沿江各省督抚及左宗棠详细筹议。经过半年多的讨论，政府高层终于达成共识，确立了加强海防的方针。至1894年甲午战争爆发前夕，清朝政府已拥有船舰六七十艘，分别建成北洋水师、南洋水师、福建水师和广东水师。

新式海陆军是怎样抵御外来侵略的？

1885年，清朝政府总结中法战争的教训，认为“陆路各军屡获大胜，尚能张扬我军威，如果水师得力，互相应援，何至处处牵制。当此事定之时，惩前毖后，自以大治水师为主”。是年10月，遂在北京成立海军衙门，由醇亲王奕劻任总理海军事务大臣，李鸿章任会办，善庆和曾纪泽为帮办，意在统一各支海军的指挥权。

洋务派在创办新式海军的过程中，还在沿海各省口岸先后修建了近代化的船坞、炮台、港口。其中重要的有大连湾、旅顺口、大沽、烟台、威海卫、马尾、吴淞口、广东黄埔等。旅顺口的船坞、炮台最先进，装备最好。

洋务派大力筹设新式海军时，全国规模的农民起义已基本大体平息。所以洋务派的主要目的主要是为了防范和抵御来自海上的侵略者。福建水师和北洋水师先后在中法战争、中日战争中同外来侵略者进行过激烈战斗，说明了它们的御侮性质。但均被更加强大的列强舰队所败。

中国第一所外国语学校何时成立？

1862年7月，酝酿了一年多的外国语学校正式成立，命名为“同文馆”，通称京师同文馆。同文馆附属总理各国事务衙门，初设英文班，不久增设俄文班和法文班，招收满族学生入馆学习，除学习外文以外，还要学习汉文。

随着洋务运动的深入，洋务派逐渐认

识到仅学习外国语言文字是不够的，“洋人制造火器、机器等，以及行船、行军无一不自天文算学中来。若不能从根本上用着实功夫，即学习皮毛，仍无裨实用”。1866年底，洋务派筹备在同文馆内添设天文算学馆，招收30岁以下的汉文初通并科甲正途出身的人员入馆学习，以便集中精力专攻西学。

京师同文馆是中国近代第一所新式的学校，以后陆续设立的以学习外国语言文字为主的学校后来陆续设立，还有上海广方言馆、广州同文馆以及台湾西学堂、湖北自强学堂等。

中国最早的科技学校是何时成立的？

为适应建设近代化工业的需要，洋务派还举办了以学习外国科学技术为主的各类学堂。最早成立的是1867年随着福州船政局的筹建而设立的求是堂艺局，又称船政学堂。它分为前后学堂两部分，前学堂是造船学校，主要培养修造船的技术人员；后学堂是航海学校，目的是培养驾驶人员和高级轮机人员。培养中国自己的技术人才，尽快摆脱依赖外国人的局面是洋务派设立这一学堂的目的。左宗棠和沈葆桢先后主持福州船政局的，左宗棠和沈葆桢都认为“船政根本在学堂”，“夫习造轮船，非为造轮船也，欲尽其制造驾驶之术耳”。如果将来洋匠回国，“中国匠徒仍复茫然，究于中国何益”。求是堂艺局培养了中国第一批造船驾驶科技人才，为中国航海业、造船业和海军的近代化都做出了重要贡献。

洋务派设立的以航海专业和学习造船为主的技术学校还有广东实学馆。此外，还有以学习电讯电报技术为主的上海电报学堂、天津电报学堂等，以及以学习采矿、测绘等技术为主的其他各类学堂。

清政府创建的军事学校有哪些？

洋务派还开办为建设新式海陆军服务的各类军事学校，例如1874年设于上海的操炮学堂、1880年建立的天津水师学堂、1885年建立的天津武备学堂，以及广东黄埔鱼雷学堂、江南水师学堂、广东黄埔鱼雷学堂、湖北自强学堂等等。截止1894年，洋务派共建立各类新式学堂20余所。

1872年起，清朝政府开始向外派遣留学生。同年8月12日，第一批赴美学习的幼童30人离开上海，以后清朝政府又相继派遣了3批。1873年起，福州船政局也酝酿向外派遣留学生，第一届出洋学生共35人，1877年3月13日启程。以后又派出了第二届、第三届，分赴欧洲的英、法诸国学习法各国学习。总计洋务运动时期，清朝政府共向外派遣留学生200余人。

洋务派创办的新式学堂对中国社会的发展有何贡献？

洋务派举办的教育事业培养了近代中国第一批新型的翻译、科技和军事人才。如福州船政局在1873年第一期合同期满后，大批洋人被解聘，大部分技术工作由船政学堂毕业的中国技术人员担任。后来又在留欧学生魏瀚、郑清濂等人的组织领导下不断实现了技术上的进步。再又如新式海军的高级军官大都是留学归来的专门人才。参加中日甲午黄海海战的北洋水师12艘舰船的管带，全部是新式学堂毕业生，其中有6人是船政学堂赴欧留学生，2人是第一批幼童留美学生。另外，清朝政府的很多外交官是同文馆或广方言馆的毕业生。电报学堂等专业性很强的新式学堂培养的学生，则直接促进了同一行业的发展。

洋务派举办的教育事业促进了西学在中国的传播。京师同文馆的重要活动之一是译书，1888年以前共翻译西书22种，涉及西方近代自然科学和部分社会科学领域，印成后免费赠送京城内外官员，扩大了西学的影响。许多留学生归国后，直接把西学介绍给国人。洋务派举办的新式学堂还直接引进了西方资产阶级的教育制度，建立了与科举制不同的新的教育体制，如分年排课、按班级授课，以及考试、升级等制度，一直为后人沿用至今。

中国民族资本主义工业是怎样产生的？

随着自然经济的逐渐解体，19世纪70年代前后，中国出现了民族资本主义工业。具体的说，它的产生有两种途径：一种是部分手工工场开始采用机器生产，转变为近代工矿企业；一种是一部分中小地主、官僚、买办、商人、华侨等，投资于近代工矿企业。

中国的民族工业到1894年时已经有了一定的发展，民族资本企业总数为170家，投资额800余万元。

中国民族工业的发展状况是怎样的？

机器缫丝是民族资本最早建立的近代工业之一。1872年侨商陈启源在广东南海县简村创办继昌隆缫丝厂，采用蒸汽机和传动装置，雇女工数百人，“出丝精美，行销于欧美两洲，价值之高，倍于从前，遂获厚利”。在继昌隆的带动下，顺德、南海两县的缫丝业勃然兴起，到1881年已有10个厂，缫车2400架。90年代初，广东缫丝厂发展到50～60家，大厂雇佣工人达800人之多。1892年后，上海也出现了公和永缫丝厂。

1885～1886年，严信厚在宁波首次创立通久机器轧花厂。1891年前后上海也出现了几家轧花厂。1894年扩建了通久源纱厂。1891年上海建成华新纱厂，商人朱鸿度则于1894年成立上海裕源纱厂。轧花与棉纺织业便首次在上海、宁波发展起来。

1878年招商局会办朱其昂在天津紫竹林创办贻来牟机器磨坊，利用蒸汽机磨面，雇佣工人十多人，“出面极多，且面色纯白，与用牛磨者迥不相同”。80年代后，上海、福州、北京等地也陆续建起了小型机器面粉厂。

1879年侨居日本的华侨卫省轩在广东佛山创办了第一家火柴厂。此后，天津、上海、重庆、厦门、广州、太原等地都先后开办了火柴厂。至1894年共有11家火柴工厂。

80年代初由曹子俊兄弟创办的上海机器造纸局是最早的华商机器造纸厂。1890年商人钟星溪也在广州开办宏远堂机器造纸厂。此外，北京、广州、杭州、武昌、苏州、宁波也陆续创办了印刷厂。

中国近代第一家资本主义工业企业是什么？

1866年出现于上海的发昌机器厂是近代第一家资本主义工业企业，它最初只是一家打铁作坊，之后逐步发展壮大。1876年制造了第一艘小轮船，1877年兼造车床，到1890年已发展成为拥有车床10多台，可以容纳200人工作的工厂。1866～1894年，上海、广州、天津、汉阳先后创办的机器制造厂共16家，主要业务是船舶修造，少数兼造缫丝车、轧花车等。

中国近代民营轮船航运业是怎样兴起的？

在1880年前后，安徽池州、湖北荆

门、山东峄县枣庄、广西富川贺县、直隶临城等地，都先后开办了煤矿。

煤矿开采的发展促进了轮船航运业的发展，民营轮船航运业到90年代才崭露头角。1890年上海开办鸿安轮船公司，汕头开办汕潮揭轮船公司，1893年又有戴生昌轮船公司在上海成立。甲午战争前华商轮船业只有3家小公司，它们只能承揽中小城镇间的航运业务。

此外，制茶、制糖、制药、玻璃、碾米等行业也开始使用机器。公用事业方面，1890年华侨黄秉常创办广州电灯公司，此外，汉口、广州、天津都酝酿着创办自来水公司。

中国民族资本主义企业有何特点？

民族资本主义企业多聚集在轻工业部门，资本少，规模小。个别厂矿资本达到20万～30万两，大部分企业都在10万两以下。所以，民族工业的规模与实力，远不如洋务派的军事工业以及官办、官督商办的民用工业。

中国民族工业为何难以发展壮大？

中国近代资本主义工业诞生在半殖民地半封建条件下，同外国资本主义和本国封建势力存在着既对立又统一的关系。

外国资本主义凭借依靠不平等条约所获取的种种特权，压制了中国资本主义的发展。民族工业无论在原料收购还是产品销售上都遭受到了外国资本主义的巨大压力，处于十分不利的地位。在产品销售上，外国洋行和外国在华企业千方百计地以降价销售的方式打压民族产品。

中国民族工业，外受帝国主义的压迫，内受封建官僚势力的压榨，中国民族工业只能在外国资本主义和中国官僚资本主义的双重压迫下，艰难发展。

中国的民族资产阶级是怎样出现的？

随着中国近代资本主义工业的出现，中国的资产阶级也就产生了。由于中国近代资本主义工业从产生之初，就区分为民间商办民族资本主义企业和由洋务派创办的资本主义企业，因此中国的资产阶级从产生之初也就区分为民族资产阶级和官僚资产阶级两部分。

官商主要是由创办、经营、控制官办和与某些官督商办或官商合办企业的洋务派大官僚及其大买办所组成。他们既是大官僚、大地主、大买办，同时又具有工业资本家的特征。

民族资产阶级，主要包括一般商人、华侨商人、商人、手工作坊主。

中国的无产阶级是怎样产生的？

19世纪60、70年代以后，随着洋务派举办军事工业和民用企业，以及商办企业的出现，产业工人的数量开始增多。至1894年，中国产业工人的数量约有10万人，此外还有海员、船员、码头运输工人、城市建筑工人、手工业雇佣劳动者、商店店员以及农村中的雇农和其他城乡无产者，也属于早期无产阶级的范畴。近代产业工人是中国无产阶级的核心。

中国早期资产阶级维新派是怎样产生的？

19世纪70～90年代，随着民族资产阶级的产生，反映新兴民族资产阶级利益的早期维新思想出现了。王韬、薛福成、郑观应、马建忠等，是这种思想的代表人物。

早期资产阶级维新派是从洋务派中分化出来的。他们早年或出国留学，或办理外交，或参与洋务，或投身洋行，接触了

不少西方文化，掌握了一些社会科学知识和近代自然科学。他们的思想主张其实并不完全一致，但具有共同的政治倾向。他们主张向西方国家学习，要求实行某些政治经济的改革，希望使中国变成一个独立富强的国家。

中国早期维新派的政治主张是怎样的？

早期维新派具有反对外国资本主义侵略、维护国家主权和民族独立的爱国思想。他们谴责外国侵略者强迫清朝政府签订的不平等条约，主张发展民族工商业，把中国逐步变成独立富强的资本主义国家。他们认为，中国积贫积弱的原因，主要是因为外国资本主义的对华经济掠夺造成的，因此，中国在讲求武备，与西方资本主义国家进行“兵战”的同时，必须致力于发展民族工商业，与西方资本主义国家进行“商战”。富国是强国之本，“国既富矣，兵奚不强”，必须“借商以强国，借兵以卫商”。他们批判中国传统的“重农抑商”思想，反对清朝政府限制私营企业发展的政策，主张听任民间自办，政府不能限制。只有做到“人尽其才”、“地尽其利”、“物畅其流”，才能真正促使民族经济迅速发展。

早期维新派主张革新政治，建立君主立宪的政治制度。他们认为，随着社会不断向前发展，一个国家的政治制度也必须随之发生相应变化。他们比较了西方君主、民主、君民共主三种类型的政治制度，认为君民共主最优越，最适合于具有两千多年传统君主历史的中国。

十九世纪中后期美国是怎样侵略台湾的？

台湾岛地处东海，与福建省隔海相望，物产丰饶，战略地位很重要。鸦片战争以后，它一直是外国侵略势力觊觎的重要目标。

1854年，美国舰队司令皮雷率领两艘兵舰在基隆登陆，在那里做军事和物资调查，为进一步侵略台湾作准备。皮雷在结束调查后，曾极力向美国政府建议提议，台湾“非常适合于作为美国商业的集散点”，美国应该占领台湾，“在该岛驻泊足够的海军”。1856年英、法企图联合对中国发动第二次鸦片战争时，美国驻华专使伯驾又向美国政府提出由英、法、美分别占领舟山、朝鲜和台湾的建议，并唆使在台湾高雄的美国商人升起美国国旗，企图变台湾为美国的殖民地。1867年，美国借口失事船只“罗佛”号轮船的水手在台湾遇害，公然派海军少将贝尔率两艘军舰进攻台湾，美军180多人在琅峤（今恒春）登陆。高山族人民英勇抵抗，打退了美军的进攻，并击毙美国副舰长马肯基等多人，残敌被迫退去。

十九世纪中后期日本是怎样侵略台湾的？

19世纪70年代以后，日本成为侵略台湾最危险的敌人。

日本自1868年明治维新后开始走上军国主义的道路，表现出极强烈的向外扩张野心，其首要主要侵略目标就是朝鲜和台湾。1871年12月，一只琉球国渔船遇飓风漂流至台湾东岸，因与当地高山族人发生冲突，死伤数十人。自1382年（明洪武十五年）起，琉球即与中国建立起“宗藩关系”。此次冲突，本是清朝政府与琉球国政府间的事情，与日本毫无关系。但是，日本为寻找侵台借口，先于1872年9月迫使琉球国王接受日本的“藩王”封号，然后诡称琉球渔

民为日本管属之民，于1873年5月派遣柳原前光来华进行外交讹诈。总理衙门大臣毛昶熙等驳斥说，台湾“番民之杀琉民，既闻其事，害贵国人则未闻之。夫二岛（即台湾岛与琉球岛）俱属我土，属土之人相杀，裁决固在于我。我恤琉人，自有措置，何预贵国事，而烦为过问？”

日本政府见外交讹诈不成，遂于1874年4月任命陆军中将西乡从道为“台湾番地事务都督”，在长崎设立基地，准备武装侵台。日本的扩张野心得到了美国的支持和鼓励，美驻日公使德隆把原美国驻厦门领事李仙得介绍给日本政府。李仙得接受日本的聘请为其顾问，从而成为日本侵台的有力谋士。此外，美国海军少校凯赛尔和陆军上尉华森等多人在侵台的日舰上担任指挥职务，美船“纽约”号还受雇为日本运兵。

1874年5月初，日本陆、海军3000多人在琅峤登陆，分兵三路向台湾大举进犯。当地高山族人民不畏强暴，利用有利地形据险阻击，兼之当时疫病流行，日军病亡者甚众。侵略者被迫退踞龟山，在那里设立都督府及医院，修筑道路，蓄意长久盘踞。

台湾省的第一任巡抚是谁？

美、日对台湾的侵略，使清朝政府中的有识之士更加重视台湾的战略地位与防务。淮军将领刘铭传曾明确指出，“台湾为东南七省门户，各国无不垂涎，一有衅端，辄欲攘为根据”，主张大力加强台湾防务。中法战争结束后，清廷于1885年10月正式在台湾建省，刘铭传为第一任台湾巡抚。由此，台湾与大陆的联系进一步加强了，促进了台湾政治、经济、文化等方面的发展。

何谓“马嘉理事件”？

当美、日侵略台湾之时，英国也加紧了对中国西南滇、藏地区的侵略。缅甸是与中国云南接壤接近的邻邦。英国在武力征服印度之后，于1824年、1852年两次发动侵缅战争，占领了缅甸。此后，英国将其侵略目光转向中国云南。英印政府不断派人偷越中缅边境，潜赴云南地区测绘地形，刺探当地政治、经济、风习等情报。事后他们向英国政府报告说：修筑修建一条经缅甸至云南的铁路，英国“就能有效地开发云南的资源，且可使我们与中国西南的财富和资源发生直接联系”。1874年，英国组建了一支近200人的武装“探路队”，由英军上校柏郎率领，准备由缅入滇。英国驻华公使威妥玛却向总理衙门谎称，有几名英国人将赴滇游历，要求总理衙门发给护照。为保证此次“探路”成功，英国派遣其前驻烟台领事马嘉理经湖北、云南等省先期到达缅甸的八莫，接应“探路队”。

1875年2月，马嘉理等在并未知照云南地方官府的情况下，引导着这支庞大的“探路队”进入云南。当他们行至腾越西南蛮允景颇族山寨时，遇到了当地民众的盘查。马嘉理等态度蛮横，竟然开枪行凶，打死中国边民多人。愤怒的民众当即开枪还击，打死了马嘉理及随员数名，柏郎率领的“探路队”被迫退回八莫。这就是所谓的“马嘉理事件”，又称“滇案”或“云南事件”。

英国侵略者是怎样侵略西藏的？

英国早就觊觎着中国的西藏地区。18世纪中叶世纪，英国东印度公司就曾不断派人潜赴西藏地区搜集有关政治、经济、地理等方面的情报，并力图企图诱使西藏地方当局与之建立商务关系。19世纪以

清军士兵英勇抵抗

后，英印当局一面以“游历”、“考察”等为名，继续派遣间谍分子潜入西藏刺探情报，一面加紧侵略和控制与西藏接壤的尼泊尔、哲孟雄（锡金）、不丹等国，建立侵略西藏的基地。

《烟台条约》签订后，英国自恃已取得进入西藏的条约依据，于1886年组织了一个以英印政府秘书马科蕾为首的“商务代表团”，经哲孟雄进入西藏。这一“商务代表团”中有测绘、翻译、医务人员，还有印度士兵300人，却没有一名商人。他们在干坝宗遭到当地宗本和藏民的阻拦。马科蕾以武力相威胁，扬言将率兵宣称将率兵3000入藏。当地人民无所畏惧，坚决表示：若英国人恃强入藏，“合藏僧俗大众，纵有男尽女绝之忧”，亦必“复仇抵御，永远力阻，别无所思”。马科蕾一行被迫退回印度。

1888年3月，英军突袭隆吐山驻防藏兵，悍然发动了第一次侵藏战争。藏兵在多尔济仁（孜本）的指挥下，依托有利地形，用土炮、火绳枪、弓箭等简陋武器英勇挫败了以近代化枪炮武装的入侵者。英军不甘心失败，又调来援军重炮、援军，向藏兵发起猛攻。经过数日激战，隆吐山失守，藏兵退守纳汤。西藏地方政府一边向清朝政府请援，一面从前、后藏征调1万余名藏兵集结于亚东地区，积极准备反攻。

清政府是怎样解决西藏人民抗英问题的？

清朝政府，屈服于英国的压力，斥责积极支持西藏人民抗英的驻藏大臣文硕“识见乖谬，不顾大局”，并将其革职，改任升泰为驻藏帮办大臣，令其“开导”藏民，尽快实现与英国停战议和。

1890年1月，升泰以海关总税务司赫德的弟弟赫政为助手，前往到印度的加尔各答与英印总督兰士顿谈判，并于同年3月17日签订了《中英会议藏印条约》，共8款。主要内容是：哲孟雄由英国保护；西藏与哲孟雄边界以咱利山一带山顶为界；哲孟雄由英国保护；有关通商、游牧等问题，在本条约批准互换之日起6个月内，由两国委派大臣再议。

1891年底，中英双方根据《藏印条约》有关规定再开谈判。经过两年的反复谈判，英国代表柏尔与清政府代表何长荣于1893年12月5日在哲孟雄大吉岭签订了《中英会议藏印条款》，又叫《藏印续约》，共13款。主要内容是：中国开放亚东为商埠，允许英商自由通商；五年内藏、印、哲贸易免税；英国人在西藏享有治外法权；限制藏民在哲孟雄的传统游牧权力等。从此，西藏的大门被英国打开了西藏的大门，其侵略势力不断深入，乃至公然进行策动西藏“独立”的罪恶活动。

俄国侵略新疆的背景是怎样的？

与西南边疆和东南沿海的危机相较，其时中国新疆地区遭受俄国等外来势力的侵略，出现了更加复杂和严重的局面。

1864年，新疆各族人民在陕甘回民起义的影响下，陆续发动反清起事，先后

建立起几个互不相属的封建割据政权。这些政权均为当地民族上层分子和宗教所掌握，彼此间互相攻伐，煽动民族仇杀，新疆处于纷争不已的战乱之中。

1864年8月，柯尔克孜族人思的克虽然夺取喀什噶尔的回城疏附，但汉城疏勒却久攻不下，于是派回族封建主金相印赴中亚的浩罕国（现在乌孜别克共和国境内）“请援”。浩罕统治者派帕夏（陆军司令）阿古柏于1865年初率军侵占喀什噶尔，驱逐了思的克。此后两年间，阿古柏又先后攻占南疆各城，吞并了其他几个割据政权。1867年，阿古柏悍然宣布成立“哲德沙尔汗国”（意为七城国，即喀什噶尔、莎车、和田、库车、叶尔羌、阿克苏、吐鲁番），自称“毕条勒特汗”（意为“幸运者”）。1870年，又将侵略势力扩张到北疆，相继侵占乌鲁木齐和吐鲁番盆等地。阿古柏以外族入侵新疆，对各族人民进行残酷野蛮的统治，给新疆人民带来了深重的灾难。当时在中亚进行激烈争夺的沙俄和英国，都试图通过支持阿古柏政权，染指中国新疆地区。

俄英在新疆是怎样明争暗斗的？

沙俄一直致力于在中亚的扩张，1865年攻占浩罕国重镇塔什干，不久迫其臣服。1866年，沙俄与阿古柏达成协议：互给对方以入境追捕逃犯的权利；双方互不干涉对方行动等。

1872年6月，沙俄竟无视中国主权，擅自与阿古柏签订“通商条约”（即“俄阿条约”），规定：沙俄承认阿古柏为“哲德沙尔”首领；阿古柏则同意沙俄在南疆设立商馆和商务专员；允许俄商队经南疆至邻国俄货只纳百分之二点五的关税。随后，阿古柏派他的外甥赴俄访问，受到沙皇亚历山大二世“极其殷勤的，像接待王侯那样的待遇”。

此后，俄国的武器、商品等大量涌入南疆。英国不愿意看到俄国势力深入南疆，先是煽惑煽动阿古柏臣属于自己的附庸土耳其，接着又在1873年秋冬之际任命弗赛斯为全权使节，率领由300人组成的特派使团到达喀什噶尔，带去英国女王给阿古柏的亲笔信及英印总督赠送的大批枪支弹药。翌年2月，双方签订了“通商条约”（即“英阿条约”）12条，其主要内容是：英国正式承认阿古柏为“艾米尔”；阿古柏同意英国在南疆驻使、通商、设立领事；英货只纳2.5%的关税；英国人可在南疆买卖或租用土地、房屋及货仓等。

俄英两国向阿古柏提供大量武器，支持其抗拒政府军收复新疆，分裂中国，进又一步加剧了中国的边疆危机。在此期间，沙俄还借口安定边境秩序，出兵强占了中国的伊犁地区。

沙俄是怎样强占伊犁地区的？

伊犁地区土地肥沃，物产丰饶，是清朝政府伊犁将军的驻地和新疆的军政中心。1864年沙俄侵占中国巴尔喀什湖以东以南的44万平方公里领土后，一直觊觎着整个新疆地区。阿古柏侵犯北疆时，沙俄唯恐阿古柏占领伊犁，于1870年8月出兵强占了新疆通往伊犁的咽喉要道穆扎尔特山。1871年5月，沙俄军队分兵两路进犯伊犁，遭到了当地各族人民的英勇抗击，俄军经过两个月的苦战，才占领了伊犁。其后，俄军又四处侵扰，企图将天山北路全部置于自己的统治之下。

沙俄侵占伊犁后，非法设官分治，对当地各族人民横征暴敛，实行野蛮的殖民统治。各族人民纷纷反抗，或逃至内地，请求清朝政府出兵“速为救援”。

"塞防"与"海防"之争是怎样出现的？

此后不久，日本侵占了台湾。面对西北和东南地区同时并起的严重边疆危机，清朝政府内部出现了所谓"塞防"与"海防"之争。直隶总督李鸿章等认为，东南海防重于西北塞防，断言"新疆不复，于肢体之元气无伤；海疆不防，则腹心之大患愈棘"，且新疆地区北、西、南三面为列强环伺，"即勉图恢复，将来断不能久守"。既然中国兵单饷匮，"海防西征，力难兼顾"，所以应该放弃新疆，"移西饷以助海防"。陕甘总督左宗棠等则认为，海防与塞防并重，"但使俄人不得志于西北，则各国必不至构衅于东南"。若为节饷而停兵，如同"自撤藩篱"，"我退寸而寇进尺，不独陇右堪虞，即北路科布多、乌里雅苏台等处，恐亦未能晏然。"力主以刚刚镇压了陕甘回民起义的得胜之师，锐意西进，驱逐阿古柏，规复新疆。

海防与塞防之争，虽反映出淮系与湘系集团间的派系之争，但左宗棠等的主张同时又具有平叛和反对外国侵略，维护国家领土统一的进步意义，因而得到国内爱国人士的广泛支持。清朝政府权衡利弊之后，于在1875年4月任命左宗棠为钦差大臣，督办新疆军务，准备武力收复新疆。

左宗棠雕像

左宗棠是怎样收复新疆的？

1876年3月，左宗棠移驻肃州（今酒泉），督率率领220营大军西征，并买了一副棺材随行上战场，以表马革裹尸、以死报国的决心。到新疆后，他根据新疆北可控南的地理形势，确定了先北后南的战略方针，指挥政府军仅用半年时间，就收复了古牧地、乌鲁木齐、玛纳斯等北疆大部分地区。在此期间，英国始则反对政府军进新疆，则诱迫清朝政府承认阿古柏政权为"属国"，对中国"只隶版图，不必朝贡"，企图牺牲中国南疆主权，维护阿古柏政权。沙俄则接连派出以库罗巴特金为首的"特别代表团"和以普尔热瓦尔斯基为首的"考察队"到达南疆，诱逼阿古柏与之签订所谓"俄阿边界条约"，企图以边界的欲以边界的"既成事实"，割占中国新疆西南部的大片领土。政府军的迅速进军，粉碎了英、俄的种种阴谋。

1877年春，政府军向新疆推进。在新疆各族人民的支持下，政府军连克达坂、托克逊、吐鲁番等城，消灭了阿古柏的主力军队。阿古柏退守库尔勒，不久兵败自杀。他的儿子伯克胡里自立为"汗"，企图继续顽抗。12月18日，政府军攻克占领喀什噶尔，伯克胡里率残部逃入俄境。1878年1月，政府军收复了除沙俄侵占的伊犁地区以外的全部新疆领土。

《中俄伊犁条约》是一个怎样的条约？

1880年8月，曾纪泽抵达彼得堡。他深知此次谈判改约无异于"探虎口而索已投之食"，任重道远。果然，在谈判中，

果然沙俄代表代理外交大臣吉尔斯态度蛮横，声称原约“只候照行，无可商议”。与此同时，沙俄继续陈兵伊犁，增调兵舰到中国海面进行军事讹诈。曾纪泽为了维护国家的领土主权，根据与总理衙门商订的力争收回伊犁全境、酌允通商、增加赔款的既定方针，与俄方据理力争。沙俄提出中国当割让西北边界或沿海某地作为交还伊犁地区的“补偿”，曾纪泽明确拒绝说：“中国土地，断无再让之事”。面对沙俄“若再延迟，不如打仗”的战争讹诈，曾纪泽毫不示弱，针锋相对地回答说：如若开仗，“胜负难知，中国获胜，则俄国亦须偿我兵费”。

经过半年的反复交涉，中俄双方在于1881年2月24日签订《中俄伊犁条约》（时称《改订条约》，因签订于彼得堡，因此又称《圣彼得堡条约》）和《改订陆路通商章程》。其主要内容是：中国收回伊犁和特克斯河流域，但沙俄以安置“入俄籍而弃田地之民”为借口，仍割占了中国霍尔果斯河以西的大片领土；中国偿付沙俄“代收代守”伊犁兵费900万卢布（约合白银509万两）；俄国在新疆各城贸易“暂不纳税”，在蒙古贸易全部免税；俄国可在嘉峪关、吐鲁番两地增设领事馆；重新勘定中俄边界的“不妥之处”，按俄国“现管之界”勘定边界，安设界牌等。此后，沙俄利用这一条款，又迫使清朝政府与之签订了中俄《伊犁界约》、《喀什噶尔界约》、《续勘喀什噶尔界约》等勘界议定书。通过“勘界”，沙俄又割占中国斋桑泊以东、霍尔果斯河以西、斋桑泊以东、特穆尔图淖尔（伊塞克湖）东南等地区共约7万平方公里的领土。

《中俄伊犁条约》与《里瓦几亚条约》相比，中国在商务、边界方面虽收回了部分主权，“迫使俄国做出了它从未做过的事，把业已吞下去的领土又吐出来了”，但它仍是沙俄外交讹诈和武力威胁的产物，是一个不平等条约。

中法战争是怎样爆发的？

在主战主和两种意见影响下，清朝政府对法态度举棋不定。它一方面通过外交途径对法侵越表示抗议；派人秘密与刘永福联络，向黑旗军提供军械、饷银等，暗中助其抗法；密谕两广地方督抚，“目前办法，总以固守北圻为主，倘法人侵及我军驻扎之地，则衅自彼开，自不能不与接仗”。另一方面却又授权李鸿章，谋求与法议和，再三谕令驻越政府军“不可衅自我开，转滋口实”。

清朝政府这种和战不定、消极模棱的态度，不但束缚了政府军的手脚，而且进一步助长了法国侵略者的气焰。1883年12月，法国议会通过了1.5万名远征军的侵华方案和追加2900万法郎军费。12月11日，法军司令孤拔率兵6000人，从河内出发，水陆并进，向驻扎在北圻山西的黑旗军和政府军发起进攻，中法战争爆发。

何谓“北黎冲突”？

1884年6月23日，法军不等中法全权大臣商定政府军撤军的具体时间与办法，突然到达北黎（观音桥），通令驻守在那里的政府军立即退回中国境内。政府军因未接到撤退命令，不便遽然撤兵，派出代表与法军交涉。法军残忍杀害了3名政府军代表，并向政府军阵地发动进攻，旋被击退。此事被称为“观音桥事件”或“北黎冲突”。

法国代理公使谢满禄于在7月12日向清朝政府提出最后通牒，要中国马上从越南撤兵，对法赔款二亿五千万法郎（约合白银3800余万两）。否则，法国将占领中国一两个沿海港口作为赔款的担保品，并极其蛮横地限令7日内答复。7月13日，法国海军部长裴龙电令侵华海军司令孤拔："派遣你所有可调用的船只到福州和基隆去，我们的用意是要拿住这两个埠口作条件，如果我们的最后通牒被拒绝的话。"第二天，两艘法国军舰以"游历"为名，开入闽江口。两天后，孤拔率法军舰队闯入闽江的马尾港。

对马尾海战清政府是怎样备战的？

面对法国咄咄逼人的外交攻势及军事讹诈，软弱无能的清廷不做战守准备，而是将希望寄托在英、美、德等国的"调停"上。为表示和平诚意，清朝政府于1884年7月16日下达了政府军将在一个月内由越南"全部撤竣"的明令，并指派两江总督曾国荃在上海与和法国新任驻华公使巴德诺议和。

马尾港是福建水师的基地，著名的洋务企业马尾造船厂就建在这里。闽江口外岛屿礁沙密布，有大小龟屿、五虎岛等，形势险峻，素有"双龟守户，五虎把门"的说法。从闽江口至马尾，两岸山岭夹峙，水道狭窄，最窄处仅有300米，两岸建有炮台。当时有人称"福州海口，奇险天生，当事者苟未雨绸缪，（法军）虽铁胁亦难飞渡"。但福州船政大臣何如璋、闽浙总督何璟等，唯恐阻止法舰进港会影响中法和谈，竟听任法舰自由出入，自失天险凭借。法舰驶入马尾港之后，与福建水师同泊一处，长达40天之久，战争一触即发。当时有人提议根据"万国公法"，对驶入马尾港的法舰予以武力驱逐，或堵塞江口，先发制人，予以聚歼。但清廷却抱定"彼若不动，我亦不动"的妥协方针，何如璋、何璟等甚至"严谕水师，不准先行开炮，违者虽胜亦斩"。

马尾海战中福建水师是怎样失败的？

1884年8月22日，孤拔接到法国政府的进攻密令。23日中午12点左右点许，法驻福州副领事白藻泰照会闽浙总督何璟，法国今日对清开战。何璟急忙电告马尾，而马尾未接到电信而法人已先开炮。法军精心策划，以假宣战之名，而行偷袭之实。23日13点许点左右，停泊停靠在马尾港的法国军舰向福建水师发动突然袭击，情况在这种十分不利的情况下，福建水师广大官兵仍奋起英勇反击。

旗舰"扬武"号在被敌鱼雷击中即将沉没之时的时候，我军仍以尾炮击中法旗舰"窝尔达"号，孤拔险些丧命。"福星"号被3艘敌舰包围，舰身多处受伤，犹如一条火龙，但全舰将士毫无惧色，沉着应战，直至弹药库爆炸而英勇捐躯。"振威"号受伤，船身失去控制，随波漂向下游，舰上官兵依旧发炮击敌，直到中鱼雷沉没。其他兵船，如"福胜"号、"飞云"号，也都临危不惧，奋勇杀敌，表现了大无畏的英雄气概崇高的爱国主义精神和大无畏的英雄气概。以致于法国侵略者也不得不承认，福建水师"表现出勇敢和英雄的抗战榜样"。

激烈的战斗持续了近一个小时，由于敌我力量悬殊（法舰队计有军舰9艘，排水量为14 500吨，火炮77门，官兵1800人。而福建水师虽有兵舰11艘，但排水量仅9900吨，火炮47门，官兵1100人），加上仓促应战，处境不利，福建水师损失惨重，11艘兵舰和19艘运输船全部沉毁，伤亡官兵700余人。24日、25日，法舰在击毁了马江两岸炮台及马尾造船厂后，驶出闽江。

8月26日，清廷正式对法宣战，谴责法国“专行诡计，反复无常，先启兵端”。同时根据“应以进兵越南，规复北圻，俾彼族不敢悉众内犯为制敌要策”的指导思想，确定了沿海防御陆路反攻、“牵敌以战越为上策”的战略方针。法国则决定以海军攻占台湾，“据地为质，挟中国议约”，同时命陆军向驻守谅山的政府军发动进攻，占领越南全境，然后由陆路将战火直接烧至中国本土。

台湾人民是如何抗击法军的？

法侵华海军副司令利士比奉巴德诺之命，1884年在8月4日，率4艘军舰到达台湾基隆海面，次日发动进攻。督办台湾军务刘铭传指挥政府军奋勇抗战，伤毙法军100多人，残敌狼狈逃回军舰。

在1884年9月中旬，法侵华海军司令孤拔率军舰5艘，副司令利士比率军舰3艘，分别进攻台湾的基隆和淡水，企图在两处得手后合击台北。10月1日，法军在猛烈的舰炮掩护下，攻占基隆。10月2日，进攻淡水的法军遭到惨败。8日，得到增援的法军在强大炮火支持下强行登陆，再次猛攻淡水。刘铭传指挥民团、政府军等诱敌陆战，设伏截击，经过几个小时的拉锯战，法军死伤数十人，狼狈逃回军舰，慌乱中又有数十人坠海溺死。法军在淡水失败后，将兵力收缩至基隆，并于并在10月下旬封锁台湾，企图孤立台湾守军。

1885年2、3月间，孤拔率军舰多次进犯镇海，清军在浙江提督欧阳利见的指挥下沉着应战，击沉击伤法军舢板及舰只各两艘。孤拔本人中弹受伤，被迫于被迫在3月7日南撤，转而攻占澎湖岛。不久，孤拔死于澎湖。

在法军封锁台湾、侵扰浙江镇海之时，清军也在北圻向法军发起反击。在西线战场上，自1884年10月至1885年3月，中法军队在宣光反复争夺。清军与黑旗军紧密配合，虽取得歼敌千人的战绩，但因法军不断得到增援，始终未能攻克宣光，被迫撤出战斗，准备新的反攻。在东线战场上，政府军出谅山反攻郎甲船头。

冯子材的抗法斗争是怎样备战的？

1885年1月底，法军7000余人分别由尼格里波里也指挥，由河内出发，向清军进行反扑，不久攻占谷松。政府军统帅、广西巡抚潘鼎新畏敌如虎，于2月13日不战弃守战略要地谅山，逃至中国境内的龙州。

2月23日，法军攻占中越边境重镇——镇南关。后因担心战线过长，给养困难，炸毁了镇南关城墙及附近的政府军防御工事，退回越南境内的文渊（今同登）、谅山，并在关前废墟上竖起一块木牌，狂妄地宣称“广西的门户已不再存在了”。这时，称疾在乡的老将冯子材受命帮办广西关外军务，率部开赴前线，收编溃散政府军，整饬军纪，被前线各路清军将领一并推举为前敌总指挥。当地军民信心倍增，在法军竖立木牌的地方也竖立起一块木牌，上面针锋相对地写着：“我们将用法国人的头颅重建我们的门户。”经过实地勘察，冯子材选定镇南关内侧10里处的关前隘为诱敌聚歼的战场。这里东西两面高山夹峙，中间只有一条宽约2华里的关道。冯子材指挥军民在此用土石修建起一条高7尺、长3里、底厚1丈、连接东西两岭的长墙，墙外开挖宽约4尺的深沟，切断关道。同时在东西两岭赶筑堡垒群，安设炮位，控制制高点，屏护长墙主阵地。在兵力部署上，冯子材率军居中正面迎敌，在兵力部署上，命令王德榜率军

驻守镇南关东北30里处的油隘，并准备伺机狙击法军的增援助部队，切断其军事补给线。另外，冯子材还在长墙主阵地后面4里及纵深地区配置了多重预备梯队，使得清军的防御较为坚实，和处于进可攻、退可守的有利地位。

你知道中法战争中的镇南关大捷吗？

冯子材率军突袭盘踞文渊的法军，于1885年3月3月21日夜，冯子材率军突袭盘踞文渊的法军，引诱法军前线指挥尼格里的来攻。3月23日凌晨，尼格里指挥的法军2000余名及3个炮兵连，兵分两路进犯清军长墙主阵战地和及东岭的炮台。两军展开激战。争夺东岭炮台的战斗最为激烈，双方势均力敌，死伤相当。入夜时分，战斗才渐渐平息。政府军连夜赶修工事，补充给养弹药。3月24日清晨，法军利用天降大雾的有利时机，在猛烈炮火的掩护下兵分三路，再次发动猛攻，“药烟弥漫，至不辨旗帜，弹积阵前逾寸”。

冯子材与各军将领商定“有退者，无论何将遇何军，皆诛之”，并誓与阵地共存亡。当法军接近长墙主阵地时，老将冯子材身先士卒，持矛大呼越出战壕，率领自己的两个儿子首先冲入敌锋献阵。其他官兵见状，人人振奋，紧随其后纷纷冲向法军，与之展开近战肉搏。就在这时，清军的后援部队陆续赶来，逐渐遏制住了法军的猖蹶攻势，并转入反攻。法军因增援助部队和弹药补给养遭到政府军的截击，得不到及时补充，法军陷入困境，伤亡惨重。指挥尼格里见大势已去，便率领残部狼狈溃逃。冯子材率领部军乘胜追击，直至深夜，暂且收兵。此次战役共击毙法军精锐1000余人，缴获枪支弹药不计其数。法国侵略者战后不得不承认，自他们入侵中国以来，“从未受此大创”。

为了扩大战果，不给敌军留以喘息的机会，冯子材率军出关。3月26日占文渊，3月29日攻克谅山，并重伤尼格里。法军将38门大炮及13万银元弃入淇江，狼狈溃逃。3月30日清军攻克谷松，3月31日攻克北黎。东线陆路战场上出现了空前的大好形势。与镇南关大捷同时，西线战场上的黑旗军和清军依托工事，引发地雷，在临洮击毙法军数百余人。于是，乘胜相继收复了广威府、黄冈屯、老社等十几个州县。至此这个时候，越南战场的形势全然改观。

镇南关大捷产生了怎样的影响？

法军在镇南关——谅山惨败的消息传到本国之后，引起了法国统治集团的极大震动。他们把这一失败看作是1815年拿破仑在滑铁卢相同的失败，担心法国的殖民统治会在远东建立的殖民统治因此而动摇。法国人民纷纷走上街头示威，高呼打倒茹费理的口号，“几使巴黎闹成革命”。法国的反对党也猛烈抨击茹费理是“国家的蠹贼”。3月31日夜晚，茹费理内阁彻底倒台，于是法国在政治、军事诸方面陷入一片混乱之中。

清廷之所以在中国取得重大军事胜利的情况下，决意对法议和，有着客观与主观两方面的原因。从客观上来看，英美等国担心，中国一旦取得对法战争的全面胜利，就会进一步增强增加中国人民反对外国侵略者的决心，清朝政府也可能不再如以前那样驯服了，从而危及自己在华的整个所有侵略权益。英国外交大臣就曾说过：“中国的任何胜利，都会对欧洲人产生严重后果。”因此，它们极力施加影响，迫使清廷尽快对法妥协。俄国和日本则企图利用中法战争，浑水摸鱼。俄国因

强占中国伊犁的阴谋未能得逞，时刻都在伺机报复。

清廷因为国力不足，无力继续深入作战，决定和平解决，电令张之洞“冯、王若不乘胜即收，不唯全局败坏，且孤军深入，战事益无把握，著该督遵旨，亟电各营，如期停战撤兵，尚有违误，致生他变，唯该督是问”。爱国将士被迫从越南撤兵。

1885年6月9日，中法两国的代表李鸿章和巴德诺分别在天津签订《中法会订越南条约》（另称《中法新约》）。

甲午中日战争的历史背景是怎样的？

1894年春，朝鲜爆发了东学道（又称东学党）领导的大规模农民起义，他们提出了“济世安民”、“灭尽权贵”、“逐灭倭夷”等口号，很快席卷了朝鲜南部全罗、忠清、庆尚三个道。朝鲜统治者无力镇压，于是向清廷求援。日本军国主义者认为这是挑起战争的天赐良机，一面派日本驻朝官员向清廷驻朝“总理交涉通商大臣”袁世凯表示：东学党道起义“愈久愈难办，贵政府何不速代韩戡”，对此，“我政府必无他意”；一面秘密下达动员令，准备出兵朝鲜，企图将清朝政府拖入战争的陷阱。

希望和平发展经济的清朝政府相信了日本的“保证”，于6月4日派太原镇总兵聂士成、直隶提督叶志超率政府军2500人赴朝，驻屯于牙山，并根据中日《天津会议专条》的规定，通知了日本。日本侵略者见清朝政府中计，即借口保护使馆，派兵400人进入朝鲜首都汉城。接着又派遣大批日军在仁川登陆，占领自仁川至汉城沿线的各战略要地。6月底，在朝日军已达10 000余人，此外还有10余艘日舰进泊朝鲜港口，兵力远在政府军之上。

清廷得知日本出兵朝鲜的消息后，大为惊恐，曾于6月21日由驻日公使汪凤藻照会日本政府，建议中日两国同时从朝鲜撤兵。日本非但拒不撤兵，反而提出由中日两国共同监督朝鲜内政“改革”的无理要求，蓄意扩大事态，挑起战争。当时担任日本外务大臣的陆奥宗光后来回忆说，日本政府之所以这样做，目的就是要促成中日关系的“彻底决裂”。

甲午中日战争是何时爆发的？

李鸿章试图和谈的努力失败，于是决定开战，于在7月中旬派遣卫汝贵、马玉崑、左宝贵、丰绅阿等4支军队15 000人由陆路入朝增援。7月21日又租用英国商船“飞鲸”号和“爱仁”号载政府军自海路增援牙山，由北洋舰队“济远”号、“广乙”号等舰护航。25日，“济远”号、“广乙”号完成护航任务返航途经丰岛海面时，突遭日舰“吉野”号、“浪速”号、“秋津洲”号的袭击。日本不宣而战，正式挑起了侵华战争。

“广乙”号为排水量仅千余吨的钢骨木质炮舰，战斗力与防卫力都比较差，开战不久即受重伤，退至朝鲜十八岛附近搁浅，后为免被敌俘获而纵火自焚。“济远”号船舵被击毁，向西退去，日舰紧追其后。此时，清朝政府租用的另一艘英国商船“高升”号载政府军1000人，“操江”号载军械物资等正好驶来。结果，“操江”号被日舰“秋津洲”掳去，“高升”号遭“浪速”号截击。日本侵略者欲迫其投降，但是船上广大政府军官兵誓死不降。“高升”号最后被日舰击沉，大部分政府军官士兵壮烈殉国。

丰岛海战的同一天，日陆军4000人由大岛旅团长指挥，从汉城出发进攻牙山

政府军。此时聂士成率部分政府军驻守成欢，叶志超等驻守背山面江的公洲，互为犄角。聂士成部在成欢设伏重创日军，后因寡不敌众，随叶志超退往平壤。

你知道“黄海海战”吗？

1894年9月16日，北洋舰队护送轮船招商局的“新裕”、“图南”等五艘轮船载运政府军由大连来到大东沟登陆，准备增援平壤。次日返航，将近中午时分，突遇日本联合舰队阻截，提督丁汝昌命各舰准备迎战。

12时50分左右，当双方舰队相距5000米时，“定远”管带刘步蟾首先命令发主炮攻击，其他各舰亦相继开炮，但均未击中目标。双方相距3000米时，日第一游击队已绕至北洋舰队的右后翼，战斗力较差的“扬威”和“超勇”相继中敌弹起火。“超勇”很快沉没，“扬威”退出战斗后搁浅沉毁。此时，日舰本队亦与北洋舰队主力交火。

提督丁汝昌因“定远”号飞桥被震塌而摔伤，但他仍裹伤坐于甲板上鼓舞士气。右翼总兵、“定远”管带刘步蟾代其督战。不久，日第一游击队与和日舰本队形成对北洋舰队的夹击之势。当日舰严重威胁主力舰“定远”时，“致远”管带邓世昌下令“开足机轮，驶出定远之前”，迎战日舰。鏖战多时，弹药将尽，船舰受创，恰与猖獗异常的“吉野”相遇。邓世昌认为：“倭舰专恃吉野，苟沉是船，则我军可以集事”，下令鼓轮怒驶，猛撞“吉野”，欲与同归于尽，不幸中鱼雷沉没。全舰官兵250余人除少数获救外，其余皆壮烈殉国。“经远”号受到4艘日舰围攻，全舰官兵毫无惧色，在管带林永升指挥下“发炮以攻敌，激水以救火”，在军舰被鱼雷击中即将沉没之时，官兵仍继续开炮战斗。

激战中，日旗舰“松岛”号被清军“镇远”舰所发的巨弹击中，“霹雳一声，船舳倾斜了五度，”死伤日军100余人，“血流满船”，日舰队司令伊东祐亨被迫改用“桥立”号为旗舰。“吉野”号受重创，几乎丧失战斗力。“西京丸”也因受重创而退出战列。下午5时许时左右，北洋舰队的“靖远”和“来远”经抢修后重新投入战斗，泊于大东沟港内的“镇中”“镇南”等炮艇亦来助战。伊东祐亨恐遭北洋舰队鱼雷袭击，于在5时40分下令各舰撤出战斗，向东南遁去。北洋舰队稍事追击，亦收队返回旅顺。

黄海海战历时5个多小时，日舰5艘受重创，伤亡600余人。北洋舰队5艘军舰沉毁，伤亡近千人，损失略大于日方。黄海海战后，李鸿章认为北洋舰队“快船快炮太少，仅足守口，实难从令海战”，更不愿“以北洋一隅之力，搏倭人全国之师”，因而命令北洋海军聚泊于威海卫军港，实行所谓“保船制敌”的消极防御方针，使日本掌握了黄海制海权。

北洋舰队是怎样全军覆没的？

威海卫位于坐落在山东半岛顶端北侧，港湾南北两岸设有十余座炮台。港口有刘公岛、日岛、黄岛横列湾内，岛上还设有炮台多座，正面防御强固。

1895年1月20日，2万余名日军在16艘鱼雷艇和25艘军舰掩护下，在山东半岛荣成县成山头登陆，由陆路向西绕攻威海卫。政府军孙万龄等部未能阻止日军进攻，威海卫后防要地尽失。由是日军得以海陆配合，用大炮轰击港内的北洋舰队。

当时北洋舰队尚有2艘铁甲舰、5艘巡洋舰、6艘炮艇、12艘鱼雷艇，仍可出海与日本舰队一搏。但是北洋舰队提督丁

汝昌遵从李鸿章“保船制敌”的指示，坐困湾内不肯出战。自1月30日至日到2月11日，北洋舰队官兵击退了日军八次进攻，击伤日舰2艘，击沉日鱼雷艇5艘。北洋舰队“定远”号中鱼雷搁浅，“平远”和“靖远”等舰受重创，形势危急。北洋舰队内的洋员浩威、马格禄及威海卫营务处提调牛炳昶等煽动部分士兵胁迫丁汝昌投降。丁汝昌命各舰同时沉船，以免资敌，但无人执行。

2月11日，丁汝昌得到密报，知陆路援军已绝，遂召开会议，令各舰拼死突围，洋员与部分贪生怕死将领又以自动散会相抵制。丁汝昌见大势已去，当日自杀殉国。

在此之前，“定远”管带刘步蟾在命人炸沉已受重创的“定远”舰后以手枪自杀。北洋舰队内的洋员和部分将领盗用丁汝昌名义起草降书，12日由“广丙”管带程璧光乘“镇北”炮艇向日联合舰队司令伊东祐亨乞降，并签订降约11条，将“镇远”和“济远”等10艘舰艇及刘公岛上全部军用设施和物资拱手交给了日本。至此，北洋舰队全军覆没。

《马关条约》是怎样订立的？

中日甲午战争爆发后，清廷始终没有勇气将战争进行到底，一直在谋求对日和谈。早在1894年9月下旬，总理衙门就曾乞请英、俄、美、德、法五国进行联合调停，结果因列强各有打算而受挫。11月，接到日本首相伊藤博文的书信，清廷又派天津海关总税务司、德国人德璀琳携李鸿章赴日议和。

3月20日，李鸿章等与陆奥宗光、伊藤博文在日本的马关（今下关）春帆楼进行谈判。谈判初期，李鸿章提出一个节略，“要求在开始和谈判之前，首先议定休战事项”。日本代表蛮横嚣张，提出必须由日军占领大沽、天津、山海关等的几项极为苛刻的停战条件。3月24日，李鸿章在谈判后返回寓所途中，遭到日本暴徒小山丰太郎枪击受伤，各国舆论哗然。日方担心引起列强的干涉，遂同意在中国北方停战3周，但并不放松议和谈判中的讹诈。

伊藤博文

中国迫于日本的军事压力和国力的匮乏，于在1895年4月17日由李鸿章与伊藤博文等签订了丧权辱国的《马关条约》。条约共11款，主要内容是：

1.承认日本对朝鲜的控制；

2.中国割让辽东半岛、台湾、辽东半岛、澎湖列岛给日本；

3.赔偿日本军费白银二亿两；

4.允许日本在中国通商口岸设立工厂，又得将各项机器任便装运进口，只交所定进口税；

5.开放沙市、重庆、苏州、杭州为商埠。

《马关条约》是《南京条约》以来的最严重的不平等条约。日本据此割占了中国大片领土，不但进一步破坏了中国的领土完整，还助长了列强侵略中国的野心，引发了列强企图瓜分中国的狂潮。